U0537076

艺术体育
高校学术研究论著丛刊

高校体育教育理论与项目实践教程

周丽云　刘朝猛　王献升　主编

中国书籍出版社
China Book Press

图书在版编目 (CIP) 数据

高校体育教育理论与项目实践教程 / 周丽云，刘朝猛，王献升主编 . -- 北京 : 中国书籍出版社，2020.11

ISBN 978-7-5068-8130-2

Ⅰ. ①高… Ⅱ. ①周… ②刘… ③王… Ⅲ. ①体育 - 高等学校 - 教材 Ⅳ. ① G807.4

中国版本图书馆 CIP 数据核字（2020）第 226636 号

高校体育教育理论与项目实践教程

周丽云　刘朝猛　王献升　主编

丛书策划　谭　鹏　武　斌
责任编辑　牛　超
责任印制　孙马飞　马　芝
封面设计　东方美迪
出版发行　中国书籍出版社
地　　址　北京市丰台区三路居路 97 号 (邮编：100073)
电　　话　（010）52257143（总编室）　（010）52257140（发行部）
电子邮箱　eo@chinabp.com.cn
经　　销　全国新华书店
印　　厂　三河市德贤弘印务有限公司
开　　本　710 毫米 ×1000 毫米 1/16
字　　数　252 千字
印　　张　17.75
版　　次　2022 年 1 月第 1 版
印　　次　2022 年 1 月第 1 次印刷
书　　号　ISBN 978-7-5068-8130-2
定　　价　86.00 元

编委会

目　录

第一章　高校体育教育概述

第一节　体育的产生与发展

一、体育的产生

体育作为一种社会文化现象，是伴随着人类社会的产生与发展而不断演进与发展的。体育具有非常悠久的发展历史。可以说，体育的产生要追溯到原始社会。

在远古时期，体育源于人们的强身、自卫、求生存。原始人为了生存和保卫自身安全，必须经常与凶禽猛兽和自然灾害进行斗争，其中狩猎就是人类最古老的生产活动，也是人类为了生存和自卫所必需的行为。原始人迫于谋生需要，为寻找食物要跋山涉水，为追捕野兽要跨涧越沟，为杀伤猎物要掷石投棍，为逃避自然灾害而跋涉迁徙，从而发展了走、跑、跳、投、游水、格斗等身体基本活动能力。这些就是人类最初的运动方式，在这样的情形下，体育逐渐得到了演变与发展，经过长期的发展，逐渐演变成了现在的形式。

综上所述，体育产生于原始人类在生产劳动和生存竞争中的身体活动，是人类生产和社会不可或缺的一种行为，是历史发展的必然产物。归根结底，体育产生于原始社会，并伴随着人类社会的不断发展而发展着。

二、体育的发展

自从人类进入奴隶社会，随着社会生产力的不断发展，人类社会生活中逐渐出现了教育、文化、艺术、宗教、军事、娱乐和国家等复杂的社会现象。这为体育的产生与发展奠定了良好的社会基础，体育正是在这些社会现象的带动下而不断发展起来的。

中国是世界文明古国之一，有着悠久的历史。在整个历史长河中，我们的祖先以其聪明才智和辛勤劳动，创造了光辉灿烂的中华文化，体育就是中华灿烂文化的杰出代表。古代体育发源很早，可以追溯到黄帝时代，即公元前 2500 年，人类就已经先后创造发明了蹴鞠、摔跤、射箭、武术、导引术、气功、围棋、投壶等丰富多彩的体育活动项目。周朝时的教育内容称为“六艺”，即礼、乐、射、御、书、数，其中射和御都带有体育教育的性质。从秦代到宋代又先后出现了达摩祖师的十八罗汉手、百戏、五禽戏，此外，宋代岳飞编制了一套健身操叫“八段锦”，发展至今仍然存在着。由此可见，体育的产生有着悠久的历史根源。

在封建社会，体育发展的过程受统治阶级的影响。体育一直都比较注重实践性和教育性，各统治阶级把体育作为一种富国强民的重要手段来对待。在各个时期，由战争刺激起来的“军事体育”，供统治阶级欣赏的“娱乐体育”，修身养性的“养生体育”，在百姓节日闲暇时开展的“民间体育”等，都属于体育的范畴，极大地丰富了体育的内容。

在欧洲，古希腊人非常热衷于体育这一形式。他们信奉神灵，在祭祀活动中，一些具有较强竞争力的竞技运动普遍受到人们的欢迎和喜爱。角力、赛跑、拳击、格斗、射箭、掷石饼成为重要的竞技内容，并且在全希腊规模较大的体育竞技赛会和宗教性的祭神集会上进行比赛和表演，每四年举行一次。那时举行的“古代奥林匹克运动会”，简称古代奥运会，就是现代奥运会的雏形，在整个世界体育发展史中有着非常重要的地位。

17 世纪中叶，伴随着英国工业文明的发展，体育运动也得到了迅速的发展。在这一时期，英国的户外运动、娱乐体育和竞技项目在世界范围内得到了迅速的传播与推广。体育运动的世界影响力逐步加大，总体来看，这一时期体育运动的项目和规模都远远超过了奴隶社会和封建社会。

现代体育一般被认为起源于 19 世纪的英国。1828 年，英国教育家托马斯·阿诺德开办了一所橄榄球学校，第一次把体育列入学校课程，这对现代体育的产生和发展起到了决定性作用，他也因此被称为现代体育的创始人。在英国的影响下，1844 年，柏林举行了大学生田径运动会。1857 年又成立了田径协会，并在剑桥大学举行了世界第一次大学生田径比赛，这对世界现代体育的产生和发展，影响更为深刻。1863 年，产生了起源于英格兰的现代足球运动，从它诞生的那一天起，就以其独特的魅力赢得了世人的钟爱，并在短短一百多年的时间里征服了世界，让无数人为之疯狂，成为世界第一运动。为现代体育的产生和发展，提供重要的理论与实践基础的，还有欧洲的文艺复兴和现代奥林匹克运动的创始人、奠基人——法国著名社会活动家皮埃尔·德·顾拜旦先生，他所倡导的现代奥林匹克运动，已成为全球规模最大的综合性体育盛会，这对于促进体育的国际化发展起到了非常重要的作用。

体育是历史和人类社会不断发展的产物，而现代体育的兴起则是文明社会的重要标志之一。随着现代社会的不断发展，体育逐渐成为人们一种重要的生活方式，也成为现代社会的一种普遍现象，体育渗透到社会各个领域和角落之中。目前，世界上各个国家都非常重视体育的发展，都已深刻认识到体育对整个社会发展的作用和意义。在现代社会背景下，人们对体育的需求越来越迫切，体育日益成为人们生活中不可或缺的重要组成部分。

第二节　高校体育教育的组织与实施

一、高校体育的地位

（1）高校体育是我国培养身心健康发展的高级专门人才的需要。《中华人民共和国高等教育法》指出："高等教育必须贯彻国家的教育方针，为社会主义现代化建设服务，与生产劳动相结合，使受教育者成为德、智、体等方面全面发展的社会主义事业的建设者和接班人。"学校的根本任务是培养身心全面发展的人才，以适应社会发展的需要。在我国，党和政府要求学校应面向现代化、面向世界、面向未来，认真贯彻德、智、体全面发展的方针，使学生身心健康发展，成为社会主义现代化事业的建设者和接班人。

无论是培养高级专门人才，还是发展科学技术文化，都集中反映在对人才规格的要求上，必须是德、智、体全面发展，而不是片面发展。只有这样，才能担负这个重大使命。因此，高校应在中小学教育的基础上，正确认识并处理德、智、体三育的逻辑关系，确立体育在高校教育中的地位，纠正忽视体育的种种倾向，把高校体育与培养合格的高级专门人才的目标紧紧相连，采取有力措施，全面完成高校体育与健康的各项工作。

当代社会，科学技术突飞猛进，社会生产力高度发展。随着社会的进步，对人的素质（包括身体素质）以及人的全面发展的社会需要，已日益成为人类共同关注的问题。社会的不断发展，对人们的健康与体质提出了新的更高的要求，以适应在高速度、高强度、高度紧张的情况下工作。我国正在实现社会主义现代化建设的宏伟任务，为了适应我国经济腾飞和社会发展的需要，必须大规模地培养新的能够坚持社会主义方向的各级各类的合格人才。这一大批人才，都应是有理想、有道德、有文化、守纪律、身体健康的且能够为建设有中国特色的社会主义事业做贡献的合格人才。高等教育担负着艰巨而光荣的任务。作为高等教育重要组成部分的高校体育，必须与德育、智育紧密配合，在培养新世纪合格人才中作出积极的贡献。

（2）高校体育是国民体育的基础，搞好学校体育不仅是学校教育的需要，也是发展我国体育事业的需要。与中小学学生相比，大学生的年龄特征、身心发展已日趋成熟，但从生长发展的全过程来讲，大学生身心仍处在不断发展与不断完善之中。因此，高校体育对大学生身心自我完善，乃至提高全民族身体素质都有深远的意义。新中国成立以来，我国大学生的体质与健康水平都有了很大的提高，但由于种种原因，目前我国大学生的体质与健康水平与世界一些发达国家相比尚存在一些差距。如我国大学生各年龄组的身高、体重、胸围、肺活量等各项指标与日本相比，除22岁年龄组女生的身高略高于日本外，其余指标均低于日本；[①]又如身体素质，我国大学生除男生立定跳远（爆发力）的水平略高外，其他所有的指标均低于日本和加拿大。此外，我国大学生中的常见病，如视力不良、神经衰弱症、心血管疾病等也占有相当大的比例，有的已严重影响大学生身心健康。为此，在加强中小学体育与健康训练、打好基础的同时，必须十分重视高校体育与健康，努力改善高校体育条件，进一步搞好高校体育工作，促使高校体育各项任务的全面完成，是一项十分紧迫的任务。

高校体育是培养我国体育后备人才，提高竞技水平的重要源泉。尤其是当代竞技体育的发展，要求贯彻科学训练与比赛的原则，运动员必须具有良好的体力和智力，才能不断提高运动技术水平。大学生在体能与智能上都有较大的适应性和优势，有条件且有可能为我国竞技体育的发展作出贡献。因此，《学校体育工作条例》规定："学校应当在体育课教学和课外活动的基础上，开展各种形式的课余体育训练，提高学生的运动技术水平。普通大学经国家教育部批准，可以开展培养优秀体育后备人才的训练。"

① 金启林．中日青少年体质健康促进政策比较研究[D].上海师范大学，2019.

大学生形成良好的体育习惯，掌握体育的知识与技能，提高运动能力，不仅是自身完善和推动高校群众性体育活动的需要，也是毕业后走向社会，坚持终身体育，成为社会体育的骨干，推动我国体育事业发展的需要。

（3）高校体育是丰富大学生课余文化生活，建设校园社会主义精神文明的需要。大学生在紧张的学习生活中，需要健康、文明、娱乐、和谐的课余文化生活，以适应身心健康发展的要求。体育活动能使大学校园充满活力与生机，并以其丰富多彩、形式多样的内容，吸引广大学生参与和观赏。它不仅可以丰富大学生的课余文化生活，还可以促进校园社会主义精神文明建设。

体育作为社会主义精神文明建设的重要手段，它既是文化建设的一项重要内容，也是思想建设的重要手段。通过大学生对体育活动的参与和观赏，可以发展大学生体能，促进智能发展；可以培养大学生勇敢、顽强、坚毅等思想品质，以及团结、战斗的集体主义精神和进取精神；可以培养大学生爱国主义思想，并树立正确的审美观。因此，开展大学校园的体育活动，是占领课余思想阵地，引导大学生健康、文明生活，防止和纠正不良行为的重要手段。对此，我们必须明确认识，并予以足够的重视。

综上所述，我们可以看到体育在高等教育中占据着至关重要的地位，它关系到大学生的体能、智能发展和整体素质水平的提高，关系到大学生在大学阶段的学习以及大学毕业后的工作和生活，关系到我国全民健身计划的实施和全民身体素质的提高，关系到我国社会主义物质文明和精神文明建设，是高校不容忽视的一项重要工作。

二、高校体育教育的任务

高校体育应紧密围绕增强学生体质的中心任务，使学生在德、智、体、美几个方面都能得到发展。高校体育要改变传统的思想观念，树立“健康第一”的指导思想，针对当代学生体质健康状况实施教学；要发挥学生的主体作用，营造宽松、愉悦的气氛；要以实用为目的，开展一些易学、有趣的体育活动，激发学生参加体育运动的自觉性和主动性。其最终目的是：增强学生体质，提高大学生身心健康水平，培养大学生的体育健康意识、能力和终身锻炼习惯，以及良好的思想品质，使其成为身、心、智健康发展的社会主义建设的接班人。为了达到这个目的，高校体育要承担并完成以下5个方面的任务。

（1）促进学生身体的正常生长发育，使学生在身体形态、生理功能、身体素质和基本活动能力等方面得到全面发展，全面提高学生的体能和对环境的适应能力，增强学生对疾病的抵抗能力。

（2）向学生进行系统的体育卫生、卫生保健和自我养护的基础知识教育，使学生掌握体育的基本理论知识，确立正确的体育健康观念，学会科学锻炼身体的基本技能和手段，培养他们体育运动的能力和科学锻炼的习惯。

（3）使学生认识到体育的地位和意义，提高学生的体育、卫生和文化素养，培养学生的体育保健、独立锻炼和自我评价等能力，养成经常锻炼身体的习惯，为终身体育奠定良好的基础。

（4）将思想品德教育寓于体育中，对学生进行品德教育，培养学生热爱集体、遵纪守法、团结合作、勇敢顽强、拼搏进取、开拓创新、艰苦奋斗的思想品德和良好的体育作风。培养学生对体育的兴趣和爱好，树立正确的体育道德观，促进学生健康个性的发展。

（5）培养并挖掘学生的体育才能，重点关注有运动才能的学生，提高学生的运动技术水平，为国家和社会培养体育后备人才。

三、高校体育的实施

（一）体育教育

体育教育是高校体育的核心工作。它是通过体育课及课外活动，以身体练习为基本手段，增强大学生的体质，传授锻炼身体的知识、技能和技术，使大学生养成锻炼习惯，获得终生体育锻炼技能,培养大学生道德和意志品质为目的的教育过程。

1. 体育课程教育

我国高校体育课程的依据是教育部颁发的《全国普通高等学校体育课程指导纲要》。在组织实施过程中,各大学根据本学校的具体情况,在体育课程设置、学分管理等方面存在一定差别,但其培养目标和体育课类型都是相同的。

(1)理论课

理论课是教师以讲授理论的形式向学生传授体育知识的教学过程,其组织形式是在教室内进行的。

(2)实践课

实践课是在特定体育场所进行的,通过身体活动向学生传授提高身体素质、发展基本活动能力、增进健康、增强体质的方法,帮助学生掌握体育运动项目的基本技术和技能,提高基本活动能力和运动能力,形成个人体育专长,最终达到增强学生体质、增进身心健康、养成自主锻炼的习惯、树立终身体育思想目的的教学过程。实践课有必修课和选修课两种。《全国普通高等学校体育课程指导纲要》要求普通高等学校的一、二年级必须开设体育课程(4 个学期共计 144 学时),对三年级以上学生(包括研究生)开设体育选修课。在执行中学校可根据情况开设保健课、体育俱乐部课及特色体育课。

2. 课外锻炼

体育课外锻炼不仅是体育课的延伸和补充,而且也在培养大学生对体育的兴趣和爱好、帮助学生养成体育锻炼意识和良好的生活习惯、树立终身体育思想等方面发挥着良好的作用。课外锻炼主要有体育俱乐部,早操,院、系、年级、班的课外锻炼等形式。

3. 运动竞赛

运动竞赛是高校体育教育的重要组成部分。通过运动竞赛的组织与实施,可以调动学生参加体育活动的积极性,丰富校园文化生活,促进学生人际交往,增强学生的集体荣誉感,培养学生的组织能力。

(二)运动训练

组建校级代表队进行课余训练,是高校体育工作的组成部分,同时也是我国体育事业发展的需要。一般而言,高校体育在培养高水平运动员方面包括两个层面:一个层面是以从普通大学生中选拔在某一方面有运动特长的学生为对象的运动训练,其主要功能是为在某一方面有运动特长的学生提供进一步提高的平台,同时也对丰富校园文化生活,营造体育氛围,以提高运动成绩带动普及体育运动,通过校际交流提升学校知名度都起着积极的作用;另一个层面是招收专业运动员及具有专业培养潜质的高中生组建校高水平运动队,其主要功能是培养高水平竞技运动员,并代表我国参加世界性比赛,这一层面的运动训练是我国奥运计划的组成部分,在我国体育制度中,它与省市专业队、俱乐部队共同列为竞技体育的最高层次。随着我国竞技体育体制改革的深入,大学将逐步成为我国培养高水平竞技运动员的重要基地。

(三)体育科学研究

体育科学研究是高校体育的工作之一。高校具有不同学科的高水平科研队伍和实验室设备,为体育科学研究提供了跨学科研究的条件和基础。随着高校体育教师体育科研水平的不断提高,高校体育科学研究将成为我国体育科学研究的重要组成部分。

(四)社会服务

为了适应我国社会发展的需要,1995 年国务院颁发了《全民健身计划纲要》。它是一项在国家宏观领导下,依托社会,全民参与的、旨在提高国民素质的、跨世纪的群众体育发展战略。大学具备相对完善的体育设施和体育专门人才,因此,高校体育工作在肩负大学校园全民健身运动开展的同时,还对社会全民健身运动的普及承担着责任和义务,包括提供健身场地器材和技术指导。

第三节　高校体育教育的发展与改革

一、高校体育教育发展的整体情况

(一)高校体育教育深化改革的必要性

作为高等教育的一个重要组成部分,高校体育必然要为社会培养全面发展人才发挥重要作用。从我国高校体育教育的整体发展状况来看,体育还没有真正成为大学生的生活方式,如何使广大大学生喜欢上体育,愿意参与到体育健身中,掌握 1 ~ 2 项运动技能,形成终身体育的意识,使体育成为大学生的生活方式,这是高校体育教育的努力方向。因此,高校体育还要进一步深化改革,不断强化高校体育的功能,拓宽高校体育的渠道,尊重体育运动规律,改革高校体育的组织形式,充分发挥高校体育在打造人才强国和建设人力资源强国中的教育作用。

高校体育教育深化改革的核心是使大学生养成终身体育的习惯。法国著名教育专家保尔·朗格朗率先提出“终身教育”的理念。终身体育是指一个人终身都要接受体育教育和体育锻炼健身的一个系统化过程,属于一个整体的概念。终身体育是人生一个系统连贯的体育锻炼过程。高校体育是学校体育的最后阶段,也是学生发展的一个重大的转折点,是人从学校步入社会的节点,使人从“学生”的角色转变为“社会人”的角色,衔接着中小学体育和社会体育。学校体育是有组织、有计划的体育活动形式,有着相关的制度作为保障。大学生离开学校后步入社会各个阶层,体育活动的开展完全失去了学校教育中的组织性、针对性和有计划性，完全依靠人的自主行为。自觉体育行为的养成，要求行为主体必须要具备终身体育的意识，要有喜欢并擅长的体育项目，且在特长的运动项目上具备一定的技战术能力，形成一定的体育文化水平。只有这样，在运动场地和相关条件具备的情况下，才会形成主动参与体育锻炼的意愿。学校体育教育的作用就是要培养学生终身体育的意识，使学生掌握 1 ~ 2 项自己喜欢的运动技能，为进入社会养成自觉的体育行为打好基础。

高校体育要巩固大学生在小学、中学阶段体育技能和健身知识的基础上，帮助大学生在有喜欢的运动项目的基础上进一步提高运动技能水平，储备进入社会的体育运动技能和健身理论知识。大量的实践证明，影响学生终身体育形成的主要障碍是运动兴趣的缺乏和运动能力的不足。因此，高校体育必须要通过深化改革，充分调动大学生的运动参与兴趣，形成终身体育的意识，提高运动能力并养成终身体育的锻炼习惯。

（二）高校体育教育改革的重点

教育是社会进步和民族复兴的基石，中共中央不止一次地提出要实现现代化教育，学校体育作为教育的重要内容，在培养全面发展人才中具有举足轻重的地位，是实现教育现代化的重要体现。因此，高校体育未来的发展与改革必须要紧紧围绕培养全面发展人才的需要，开拓创新学校体育工作，充分发挥高校体育在培养全面发展的创新型人才的积极作用。

1. 努力提高大学生体质健康水平

高校体育要充分发挥对大学生的健身功能，尊重体育锻炼规律，控制好体育课的运动强度和密度，努力在增强大学生体质上开拓创新，努力增强大学生体质健康水平。

2. 致力于大学生运动技能掌握与提高

目前，我国学校体育教育中存在的最大问题就是，人从小学时的少年儿童到大学时的青年,历时15年左右,运动项目什么都学,但什么都没有学会,不少的学生到大学毕业也对体育知之甚少,甚至完全是个体育盲。因此,高校体育改革必须对此进行深入的思考,努力改变现状。

科学研究和体育教学实践证明,学生运动技能水平的高低与增强体质是成正比的。逐步提高大学生的运动能力水平,是增强大学生体质、发挥体育育人功能的基础。只有让大学生走进运动场,体育的健身和育人功能才能发挥作用。因此,使大学生掌握1～2项运动技能,将是高校体育深化改革的重要任务之一。

3. 引导大学生在兴趣项目上学习

遵守教育性原则、乐趣性原则、健身性原则、文化性原则和可行性原则,在兴趣的指引下,优化高校体育教学内容,指导大学生选择适合自己的1～2项运动技能。大量的实践证明,只有具备可以拿得出手的运动技能,才能使人养成自觉进行体育锻炼的习惯,在人生中大显体育特长身手,提高生活品质,增进健康水平,减少疾患,终身受益。

提高学生的运动兴趣,要通过选择合适的教学方法、优化现有教学内容和提高教师的专业能力等手段去实现。根据大学生现有的运动能力和喜欢的项目,采取分层教学、不同年龄教学的方式方法,充分尊重学生的兴趣选择;根据现有的教学和师资条件,对教学内容进行优化,让学生尽量选择能长期进行练习和锻炼的喜爱的运动项目进行学习,这是今后高校体育需要深入研究和探讨的课题。

4. 提高体育教师的专业技能,塑造体育教师魅力

体育教师作为从事体育教育的专业人员,在体育教学过程中的作用至关重要。体育教师素质的高低,是影响体育教学质量的关键。学生运动兴趣的缺乏、运动能力的不足,在一定程度上与体育教师专业技能水平直接相关。我们知道,体育教师专业运动

技能的展示，不但可以在感官上给学生带来愉悦的心情，同时也会给学生树立榜样，成为学生效仿的对象，直接对学生体育兴趣的培养产生作用。从高校体育师资现状的分析来看，目前具有田径运动项目背景的教师比例比较高，而大学生对田径的学习兴趣很低；相反，诸如游泳、乒乓球、羽毛球、网球等项目则成了现在学生们所喜爱的热门项目，而具有这些运动项目专业背景的教师比例则很低。在实际教学中，大多数从事这些热门运动项目教学的教师是从田径等项目转过来的，在这种情况下，教师的专业技能水平普遍不高，必然造成教学效果的下降，影响学生体育兴趣的持续性培养。

总之，要使体育教师的主导地位不断提升，体育教师自身的专业化程度就必须要不断满足日益提高的大学生运动技能水平的要求。让教师能在所教授的运动项目上充分展现运动魅力，学生满怀憧憬与渴望地进行学习，这是推动体育教学质量提高，帮助学生掌握运动技能的关键环节。因此，不断提高教师的专业技能水平，也是今后高校体育深化改革的重要内容之一。

二、高校体育教育发展中存在的主要问题

（一）对体育的重要作用认识不充分

我国的教育方针指出，应该使受教育者在德育、智育、体育几方面都得到发展，但这在实际中已经完全成为一句口号。从目前的情况看，多数大学对待学校体育工作的态度都是，说起来重要但做起来不重要。学校关心更多的是学校的招生、就业、专业排名、学科建设、科研经费、项目及学校的排名等问题，学校体育工作作为非主流的学科被置于边缘化状态。目前，由于我国青少年体质健康水平持续下滑，引起了党中央、国务院的高度重视，并求教育部门要着重加强学校体育工作，教育部采取了一系列的加强学校体育工作的措施。在此背景下，部分学校的体育工作确实得到了重视和加强，但也有相当多的学校把国家加强学校体育工作

的措施看成了负担,采取回避、应付、观望的态度,使很多措施并没真正落实到位。造成这一状况的主要原因之一,是学校的认识问题。

学校的体育部门是主导学校体育工作的核心力量,管理人员的素质、认识水平、责任心是决定学校体育工作成效的关键。从目前了解的情况看,相当比例的高校体育管理人员进取心不强,长期不作为,生怕出事,不想多事,也不想揽事,只要上几节体育课,学生不出现大的伤害事故,对上级的要求能应付差事就算完成了任务。他们很少站在国家的角度来思考学校体育工作对培养全面发展人才的重要性,也很少主动改变学校体育长此以往的运行现状,同时并没有积极发挥学校体育在全面人才培养中的作用,在校内外争取资源和打造学校体育的发展平台缺乏足够的勇气。

一些学校领导层和与体育工作密切相关的职能部门,普遍存在着“学校体育是大学生课余闲暇之时随便玩玩”的观点,当体育工作不影响学校的主要工作时,他们还都是支持的,但矛盾一旦发生,他们往往会首先对体育工作提出反对意见,甚至会把体育上的所作所为,看成是多事和添乱,这是高校体育中普遍存在的现象。之所以会这样,问题的关键还在于认识,即学校领导层和学校相关职能部门的管理者缺乏对学校体育工作的深刻认识。对此,刘延东同志在2014年全国学校体育工作会议上也明确指出:“目前对学校体育工作的意义认识不到位,从社会、学校到家庭,片面追求升学率的现象比较严重,现在确实存在重智育轻体育、重营养轻锻炼、重技能轻体能,学校体育仍然是个短板,因故挤占或停上体育课的现象仍然比较普遍。”

中外众多的著名教育家就体育对人才培养的作用发表过诸多观点,其中反映出体育教育对人的全面发展的不可替代作用。著名教育家对体育认识之深刻是值得大学领导层和相关职能部门管理者认真反思的。由于高校体育工作受到来自自身管理团队和学校领导层及相关职能部门管理者认识上不足的制约,要深化高校体育的改革必然会遭遇到很多的阻力，出现种种问题。因此纠正认识是高校体育深化改革首先要解决的关键问题。

（二）学校体育法律保障制度不完善

目前，我国学校体育工作中遇到了许多难以回避和需要依法解决的矛盾，譬如，由校园运动伤害、运动猝死等引起的纠纷。我们知道，法制是治国、治校的根本保障，完善的法制建设可为学校体育工作的开展和深化高校体育改革保驾护航，做到有法可依。

截至目前，我国涉及学校体育的法律法规还十分欠缺。

第一，是我国的学校体育立法数量偏少。除了有《宪法》《体育法》《教育法》等少量立法以外，其他绝大多数内容都是以“通知”、“指示”等形式出现的，不具备法律效用。在执行“通知”、“指示”的过程中，当遇到了法律纠纷而无法解决时，“通知”、“指示”的效力和权威性将不复存在，这无疑会对学校体育工作的开展造成阻碍。

第二，是法律空白，立法滞后。特别是有关体育教学风险的界定和规避，立法几乎是空白，由此造成了目前学校普遍出现如下情况：为了规避事故责任，删减了大量有风险的体育教学内容，如体操、长跑等。

第三，监管和评价机制不完善，体育教学活动缺乏相应的监管机制和评价机制作为保障。由此可见，由于缺乏学校体育开展的法制保障，严重阻碍了学校体育改革，以至于影响到高校体育深化改革的步伐。

（三）学生“喜欢体育，不喜欢体育课”

高校体育教育经过多年的改革，教学内容已经越来越丰富，学生选择体育项目的面越来越宽，机会也越来越多，多数大学都开设了丰富多彩的体育选修课。尽管如此，可还是存在学生不喜欢上体育课的现象或是体育课上学生运动的积极性不高，缺乏激情。可见，体育教学改革无论有多么的成功，可上体育课的学生动不起来，缺乏运动的激情，还是说明体育教学存在问题。看来，大学生对体育课缺乏激情已不仅仅是体育教学内容的问题，体育课教学内容形式单一、课程的组织多年不变、教学手段陈旧、教师专业水平不高等都是造成体育课缺乏吸引力的重要因素。

有调查显示，大学生普遍认为长跑枯燥无味，缺乏吸引力，所以讨厌跑步。然而，他们对于羽毛球、乒乓球、网球、篮球、足球等项目，甚至是定向越野、爬山、远足等长时间、长距离的活动却乐此不疲。这说明大学生对体育并不排斥，但对体育的内容和锻炼的形式会有选择偏好，这就是我们通常所讲到的体育兴趣。因此，改革不但要改变体育教学内容，而且还要改变教学内容的多种表达形式和体育课的组织形式，这些都至关重要。

是否能开拓创新地改变大学生“喜欢体育，不喜欢体育课”的现象，是标志高校体育教学成功与失败的关键所在。

（四）体育场馆及设施功能建设不够完善

高校体育场馆及设施条件较中小学要优越得多，特别是随着各地大学新校区及大学城的建设，体育场馆及设施条件有了极大的改善，运动场地的平均面积普遍有明显提高，基本不缺乏运动场地。但高校的体育场地的构成及功能布置，与大学生参与体育锻炼对场地的需求之间存在着较明显的差距。

（1）多数大学明显缺乏室内运动场地，室内与室外运动场地相差悬殊，学生无法在风雨天上体育课和进行体育锻炼。另外，在阳光充足的夏日，学生特别是女生更喜欢在室内参与体育锻炼，而多数大学的室内场馆明显不足，这使得大学生参加体育锻炼的热情受抑制，校园体育活动受到限制性影响。

（2）运动项目的功能布置不合理，特别是目前学生普遍喜爱的运动项目，如足球、篮球、乒乓球、羽毛球、网球、游泳、武术、健美操等场地及健身房缺乏，仅有的场馆都人满为患，学生的运动爱好无法得到满足。相反，田径、排球等学生不喜爱的运动项目，则时常发生场地中没人锻炼，利用率不高，存在闲置和浪费现象。

（3）场馆设施的品质不高，容易造成运动损伤的情况。目前，许多室外运动场地，如篮球、足球、网球场地不符合运动要求，水泥地面的场地、简陋的篮球架、没有吊网的篮筐、排球网不整洁、足球场地欠规范、健身器械不安全的现象普遍存在。由于高校体育场馆设施的专业化程度低，不但无法确保高水平运动员的正常训练，而且更对培养大学生的体育兴趣有着负面影响。

（五）体育教师专业水平不高，执行力不强

体育运动是借助肢体来表达美的一种身体语言，运动技能水平越高，肢体在运动中所表达的美感越强，对受众的吸引力越强，反之则越弱。体育教师是向学生展现运动美的最直接的示范者，体育教师的专业水平高，就容易对学生产生影响力，成为学生效仿的对象和崇拜的榜样。

刘延东同志在2014年全国学校体育工作会议上，针对体育教师师资队伍建设问题，专门指出："要加强体育教师队伍建设，要针对缺编、凑数、老化、专业不精这样一些问题，抓紧调整教师结构""制定、落实优秀的退役运动员从事学校体育工作的有关规定"。由此来看，国家已充分认识到了体育教师存在的专业不精的问题，并敦促抓紧调整师资队伍结构，这对提高高校体育教师的专业水平是有力的促进。

从目前我国高校的整体情况来看，多数体育教师的专业水平不突出，无论是技术示范能力，还是教学讲解及组织能力，都表现平平，而且在为人师表的育人和教学执行力方面，也是差强人意。以"三自主"教学改革为例，近几年来，为了调动学生的积极性，许多学校都采取了以培养学生体育兴趣为主导的"三自主"教学模式，但"三自主"的教学模式在开展的过程中就存在着体育教师执行不到位的问题，主要表现在以下方面。

（1）"三自主"模式强调学生自愿选择学习内容，但在执行中，体育教学内容并没有根据学生的体育兴趣来提供，而是根据教师能开出什么体育项目为依据，学生没有真正进行自主选课。

（2）“三自主”强调学生自主学习，在执行中，体育教师由原来体育课的主导者，走极端变成了旁观者，说是迎合学生的自主学习兴趣，实际上放弃了教师引导学生学习的责任，体育课成了“放羊课”，从而导致运动强度不够，练习运动量不足，学生掌握运动技术动作不完整，改革效果微乎其微。

（3）由于体育教师的执行力问题，“三自主”体育教学改革在许多学校，到头来依然是换汤不换药，教学内容简单重复，学生喜欢的运动项目开不出，教师能教的运动项目学生又不喜欢，最终反而导致学生参加体育的兴趣和积极性受到严重的挫败。

总的来说，高校体育教师的专业水平不高和执行力不强的问题，是阻碍高校体育教学深化改革的关键因素，只有不断提高高校体育教师的专业水平和执行力，才能使好的改革措施落实到位，显现改革的成效。

三、高校体育教育发展与改革的思考

（一）高校体育教育发展与改革的优势

高校体育与中小学校体育有着很大的不同，主要体现在以下几方面。

（1）大学没有中小学的升学压力，大学生活有着较大的自主空间，而且大学校长更容易从培养德、智、体全面发展人才的角度认识体育的价值。因此，高校体育与中小学相比更容易得到学校的支持。追溯以往，我们发现大教育家多出现在大学，他们对体育往往都情有独钟，例如蔡元培、张伯苓、胡适、恽代英、陶行知、竺可桢、吴蕴瑞、钱伟长等，在他们的教育思想中，无不蕴含着体育教育的理念。因此，大学校长的先进教育理念使得高校体育更能得到学校的大力支持。

（2）大学具有较强的体育师资力量。目前大学具有硕士、博士学位和副高级以上职称的体育教师的比例明显提高，高校体育师资力量较以往明显增强。

（3）大学广阔的校园面积和较为完善的体育场馆设施，为高校体育的开展提供了基础条件。

（4）大学普遍具备试办高水平运动队的条件。试办高水平运动队可以有效推动高校体育教学水平的提高，对大学生参与体育可产生积极的影响。

（5）高校体育具有良好的学术氛围。目前高校体育科研氛围日渐浓厚，科研立项的质与量明显提升，从事科学研究的教师比例逐渐增大，参与学术论文报告会投稿数量和录取比例不断增大，关注和参加专家学术讲座的积极性明显提高。

（6）大学具有较大的办学自主权，可形成以兴趣培养为导向的丰富的体育课程体系内容。游泳、网球、武术、击剑、健美操、足球、篮球、乒乓球、荷球、高尔夫球、板球等项目在大学的开展都较为普及，学生自主组织竞赛活动，体育社团及教工俱乐部活动活跃，课内外一体化理念特色易于落实。

（二）高校体育教育发展与改革面临的挑战

目前，我国学校体育教育面临的挑战是如何尽早扭转青少年体质健康水平持续下降的现状。要解决这个问题需要全社会的努力和配合，当然学校体育是关键，而高校体育又是学校体育的重要环节，是反映我国青少年体质健康水平变化和学校体育工作成效的关键阶段。

由此，高校体育将面临比中小学更大的挑战，既要通过各种手段和办法扭转大学生体质水平下降的现状，同时，还要对大学生进行体质健康管理教育，使大学生掌握身体健康管理的方法，掌握 1 ～ 2 项运动技能，为养成终身体育锻炼习惯打下基础。除此之外，高校体育还要准确评估大学生体质健康水平的变化，提出提高青少年体质健康水平的建议和办法，以引导中小学学校体育改进工作，提高效率，取得更大的成效。

大学新生的体质健康水平反映出中小学体育工作的成效，对大学新生的体质健康水平的评估应该成为指导中小学体育工作的重要依据，应该成为高校体育的重要内容。要完成大学生体质健康水平的准确监测和评估，首先就要改变目前学校体育达标测试目的性过强的状况，而要做好这项工作将面临极大的挑战。

大学生体育习惯的养成，包括以下方面的内容。

第一，要懂得进行体育锻炼的道理；

第二，要培养出体育锻炼的兴趣；

第三，要掌握体育锻炼的方法。

当然，要解决每一个问题都不是一件轻而易举的工作，大学阶段毕竟时间短暂，中小学体育没有完成的工作不可能通过高校体育一蹴而就。但高校体育教育也必须正视问题的存在，有责任面对青少年体质健康水平下降所堆积的各类问题，全力做好工作，从学校体育全局的角度，发挥高校体育在人、财、物等方面的优势，为搞好我国学校体育工作发挥引领作用。

（三）高校体育教育改革与发展的建议

1. 确立高校体育发展的指导思想

高校体育应确立以提高大学生体质健康水平、掌握1～2项运动技能、养成终身体育习惯为主攻方向的体育学科发展指导思想；通过加强体育师资队伍建设，提高体育教师的科学研究能力，搞好体育教学和开展好校园群体活动，提高高水平运动队的科学化训练水平，推动高校体育学科水平，发挥体育学科在培养大学生全面发展中的重要作用。

2. 明确高校体育发展的愿景与目标

高校体育学科发展应全面贯彻党的教育方针，树立"以人为本、健康第一、全面发展、终身受益"的体育教育理念。通过体育教学和体育活动，促进学生体质健康水平的提高，使学生学会和掌握体育锻炼的方法和技能；培养学生团队精神、拼搏精神、百折不挠精神，使学生成为身心健康的合格人才，从而实现"健康工作五十年，健康生活一辈子”的理想愿景。

根据发展愿景，高校体育的发展应发挥大学综合学科的优势，以面向全体学生为宗旨，建立有特色的体育课程，开展大范围的群众体育活动，发挥高水平运动队对全体学生参与体育活动的引领作用，加强体育学科建设和科学研究。有条件的大学可以在培养高级体育专业人才方面发挥作用，努力提升学生体质健康水平，实现对学生体质健康的科学监测，形成各大学在体育学科建设中的特色，成为面向全体学生并服务于社会的体育特色学科。

3. 创新高校体育教学改革思路

长期以来，学校体育教学虽然经过不懈努力取得了一些成果，但效果不明显，让学生掌握 1 ~ 2 项运动技能的承诺并没有实现，学生的体育兴趣依然没有被有效唤起。之所以会如此，有些研究者认为问题的关键还在于学校体育教学改革的思路没有突破，教学改革的手段与方法、教学的模式、课程的组织形式和内容、教师的授课方式等缺乏开拓与创新。

为此，必须确立以持续培养学生体育兴趣为导向的学校体育教学改革思路。毛泽东同志在早年发表的《体育之研究》一文中就强调“欲图体育之有效，非动其主观、促其对体育之自觉不可”，兴趣是最好的老师。高校体育教学改革也需要从充分满足学生的兴趣入手，这是培养学生终身体育观念、养成锻炼习惯的需要。

第一，持续培养学生的体育兴趣。学生的兴趣项目一经确定，就要为学生提供学习的条件和营造学习的环境，经过大学课内外始终如一的专注练习，使学生掌握 1 ~ 2 项兴趣项目的运动技能，这是以持续培养学生体育兴趣为导向的高校体育教学改革的有效途径。这与以往提供学生选择和学习多个项目的高校体育课完全不同，它的最大优点是能集中学生的精力，使之在较短时间内掌握 1 ~ 2 项运动技能，形成一技之长，提高学生的满足感和成就感，并由此形成对该运动项目持续浓厚的兴趣。一旦有了体育兴趣，就很容易养成自觉的体育锻炼习惯，进而有效促进体质健康水平的提高。

第二，新兴时尚体育项目层出不穷。当代大学生的体育兴趣是多样、动态、变化的，要全面适应大学生可能的体育兴趣点，就必须有意识、有计划、有目的地建立可进可出的体育特色课程群，丰富课程内容，但对于增设的休闲体育课程，应加大教师教学培训力度，拓展教师的专项教学技能。

第三，努力建设学校体育教学与管理的信息化服务平台，在有条件的场馆场地要引入现代教育技术手段和教学训练，即时视频反馈系统，以突破传统体育教学模式。使用生动、形象、直观的视频教学辅助手段，为学生的课内学习、课外活动和社团体育活动提供便利的条件，激发学生的学习热情，培养体育的兴趣。

第四，为学生开设健康教育和健康管理方法通识讲座，并通过体质健康水平评价实验课，让学生提高思想认识，掌握方法，促进体质健康水平提高。

4. 重新审视高校体育师资队伍建设

目前，高校体育师资队伍的结构逐渐发生变化，由单一技能型开始向复合型的方向转变，部分高校体育已开始与学校优势学科相结合，通过学科交叉，在体育人文、体育管理、体育材料、运动生物力学、体育工程等方向上形成了体育学科特色，相应录用和引进了具有相关学科知识结构的师资人才。随着学生体质健康监测与运动干预的逐渐加强，具有生理、生化、医学等知识结构的专门人才开始进入高校体育师资队伍，复合型师资队伍的特征愈发明显。

当前，高校体育已不再是“把体育课上好”的简单概念，围绕学生体质健康促进及学生体育兴趣的培养，需要在教学改革、课外体育社团、科学研究与探索、特色体育人才培养、校园体育文化建设等多个方面开展工作，提升体育学科地位。调查发现，已有学校开始确定自身的体育学科发展重点方向，并按发展的重点方向规划5—10年的师资队伍建设目标，其重点方向涉及高校体育教学改革与体育社团促进、体育人文与城市发展、时尚与传统体育、体育与新材料、大学生体质健康与促进、体育建筑与设计等。

由此来看，面对高校体育工作的新变化，必须重新审视师资队伍的建设问题。

5. 加强高校体育社团建设与发展

大学生体育社团或体育俱乐部已成为推动高校体育工作的重要抓手，是落实课内外一体化理念的重要手段。我们知道，体育课堂教学时间有限，教学内容的局限性较大，运动技能的掌握仅靠课堂教学的有限时间是远远不够的。体育社团或体育俱乐部是学生自愿参加的体育兴趣组织，进入体育社团的学生通常都是对该体育项目比较有兴趣的同学，比较容易形成自觉锻炼的行为。通常，体育社团或体育俱乐部的活动都是在课外，活动时间安排、活动时间的长短比较灵活，不需要教师强制性的管理和过多的投入，只需要有效引导。通过体育社团或体育俱乐部活动，学生可以有效强化课堂上学习的内容，从而熟练掌握运动技能，养成终身体育锻炼的习惯。

因此，高校要采取多种手段，有效促进体育课堂教学与体育社团联动发展，体育社团应在体育辅导教师的引导下，自主组织活动。同时，为扩大体育社团的影响力，要发展出一定的规模，通过编发体育社团活动简讯，评比体育活动先进社团，参与组织或承办校、院两级竞赛活动，做到大学生运动队的选拔与组建工作，以提高社团的知名度。

总之，大学生体育社团或体育俱乐部是培养大学生体育兴趣的有效载体，通过这一载体可有效落实课内外一体化的教学理念。为此，学校要有计划地加大体育社团或俱乐部的人力、财力、物力投入，提供活动必需的场地，制定各项管理制度及配套措施。

6. 转变大学生体质健康监测与运动干预方式

当前，我国学生体质健康状况不容乐观，主要体现在营养过剩和营养不良问题同时存在。据我国青少年生长发育与营养状况调查报道,5岁以下儿童生长迟缓率14.3%; 3 ~ 12岁儿童维生素A缺乏率9.3%; 人群贫血患病率15.2%; 人群超重率17.6%,肥胖率5.6%。据中国营养学会调查,近十年来,高血压、糖尿病、肥胖症等慢性病发病率呈上升趋势。据相关数据统计,至2016年,我国18岁以上居民高血压患者1.6亿人,糖尿病患者2 000万人,血脂异常患者1.6亿人,体重超重者2亿多人。

据卫生局对学生体质健康的调查显示,我国学生体质健康问题主要表现在三个方面: 一是机能水平有所降低,关节硬、肌肉软、动作不协调; 耐力、爆发力、力量素质等指标较五年以前有了明显的下降; 二是肥胖儿童越来越多,其中16 ~ 18岁学生肥胖率最高; 三是视力不良率逐年上升,大中学生视力不良者占80%以上。

专家指出,青少年时期的体质状况往往对成年后疾病的诱发造成直接影响,青少年肥胖极易引发成年后的心血管病,近视将导致发生眼疾概率增加,睡眠不足又会影响智力发展、免疫力和耐力下降等。在学生体质的各项指标中,下降幅度有所不同,在解剖形态类指标里,围径下降的幅度高于长度,而生理机能又高于解剖结构; 运动能力下降的幅度又高于生理机能,下降最严重的是反映心血管功能的耐力和反映运动系统能力的肌肉力量,而这两项恰恰是影响学生健康最重要的身体素质。由此可以归纳出学生体质下降的总体规律,受遗传影响较大的指标下降较少,而受体育运动影响的指标下降最为严重。这些现象又都会集中反映在大学生人群中,因此,大学生的体质水平可以作为青少年整体水平的重要体现,对大学生体质健康水平的有效监测和体育干预具有重大意义。

从目前情况看,围绕大学生体质健康与运动干预的研究已相当普遍,对大学生体质下降现状都已有了深刻认识,问题是如何通过实际的工作来改善大学生的体质不良状况。当然,面对大学生体质健康不佳的问题,多数学校已通过体育教学改革、加强课外群体活动、促进体育社团发展和发挥高水平运动队引领作用等多方面措施加以改善，但我们认为科学性、针对性还不够强，特别是对采取措施后实际效果的跟踪调查缺乏科学性，拿不出真实、有说服力的量化数据予以反馈，由此，使得再干预的方向和干预重点显得比较盲目。

鉴于上述情况，应从以下三个方面来发展体质健康的监测工作。

第一，对于大学生体质健康的监测与运动干预必须由研究转入实际操作，即每一所大学都应行动起来，通过采取多种体育手段和措施干预大学生体质健康状况的恶化趋势。

第二，建立大学生体质监测与运动干预实验室，以实验室为工作平台，建立为大学生提供日常体质健康水平评价和运动干预的服务项目，作为日常工作内容为有需要的大学生提供服务，并以此积累监测数据，建立起大学生体质健康水平测试数据库。

第三，建立大学生体质健康监测会员制，定期监测大学生会员的体质健康变化和评价运动干预的效果，以提高运动干预水平，跟踪大学生在校期间的体质健康水平的变化，为高校体育教学改革提供依据。

对于高校体育教育来说，应开展大学生体质监测与运动干预，准确监测大学生体质健康水平的变化规律，并通过合理、有效的运动干预促进大学生体质健康水平提升。学生体质健康监测与运动干预应作为高校体育教育一项日常性工作，这一项工作要在学校的大力支持下，从可持续角度出发，建设好基础性硬件环境，培养和形成一支专业队伍，经过长期的实际工作，对学生的健康理念形成影响，对促进学生的体质健康发挥作用。

7. 促进大学校园体育文化大繁荣

大学校园体育文化是校园文化建设的重要组成部分，对营造“德、智、体”全面发展人才培养的氛围、丰富文化体育生活、养成文明的生活方式、树立自强不息和团结协作的价值取向具有重要影响。体育是培养全面发展人才的重要组成部分,不仅在促进大学生体质健康上发挥作用,而且也将全面影响大学生的素质教育。大学校园体育文化的建设不是一朝一夕的事情,它是一项系统工程。

第一,充分发挥高水平运动队的影响力。目前,大学的高水平运动队建设过于单一,往往只重视成绩的取得,在校园网上及时发布消息或发布海报,而在后续深入宣传方面并没有太多的手段。通过校园体育明星巡回展、年度最有影响力体育社团评选、开辟校园体育角等手段,使高水平运动队的影响力扩散到全校的每一名学生中,使每一位大学生在追求卓越、自强不息、敢于攀登、直面困难、团结协作等层面充分感受体育运动所具有的魅力。

第二,承接高水平的体育竞赛及体育展示活动。近年来,随着大学校园体育场地设施的不断完善,许多学校已具备了承办高水平体育竞赛活动的硬件条件,部分大学已开始尝试有选择地引进高水平的赛事。上海大学已尝试引进全国女子篮球和女子足球职业联赛,把上海大学作为上海女篮和上海女足的主场进行运作,这两项赛事已为上海大学校园体育文化建设发挥了作用。随着高水平的赛事进入校园,可以使大学生更近距离地接触和感受运动员的拼搏精神,扩大体育精神在校园文化建设中的渗透力。除此以外,大学还可以利用体育场馆的优势,承办一些以体育为主题的展示和项目推广活动,让体育的每一个元素都能对大学生产生影响。

第三,打造校园体育标志性建筑品牌,扩大校园体育宣传的覆盖面。良好的体育场馆条件和标志性体育建筑是校园体育文化建设和宣传的最好载体,围绕标志性体育建筑,丰富多样的体育竞赛活动的举办是对校园体育的最好宣传。特别要注重有组织、有计划地开展各类以图片、视频、文字、标语、雕塑、实物展等为主要内容的宣传,形成全年度、全方位、多形式的校园体育宣传系列,覆盖全校园,覆盖全年度,是扩大校园体育文化影响力的策略。为此,建议高校体育工作应与校宣传部门联合组建校园体育文化推广团队，制订推广规划，确立校园体育文化推广特色，建立可持续推广校园体育文化的长效机制。

第四，形成校园特色体育项目。校园特色体育项目的高度普及和制度化管理，最容易形成校园体育特色。如清华大学的夜跑，上海大学的游泳、网球，北京大学的登山，中国地质大学的攀岩，东华大学的足球等，上海第二工业大学的毽球，通过打造特色体育项目的品牌，形成在同行中的影响力，吸引更多的学生参与，形成项目更大的普及和影响力。当然，在进行项目推广的过程中，如果能结合运动项目自身蕴涵的文化加大宣讲力度，则会起到更好的效果，如高尔夫、网球的诚信与修养，跆拳道的规范与礼仪，马拉松的坚持不懈等。

总之，扭转我国青少年体质健康水平持续下降的趋势是高校体育教育面临的一项重大挑战。高校体育有责任从学校体育的全局出发，充分发挥普通高等院校体育在人力、财力、物力等方面的优势，创新体育教学改革，创建以体育兴趣培养为导向的课程体育与教学模式，大力促进体育社团大发展，科学评价大学生体质健康水平和实施有效的运动干预，树立"健康第一"的指导思想，明确高校体育发展愿景和工作目标，建设复合型师资队伍，尝试体育教师分层管理，努力打造高校体育特色团队，为我国学校体育工作发挥引领作用。

第四节　高校体育教育的新理念

一、以人为本

"以人为本"就是以学生的全面发展为本。教育应面向全体学生，开发学生的智慧潜能，突出学生的主体性，发展学生的个性和创造力，使每一个学生都能得到充分的发展，树立"以人为本"的教育理念。

“以人为本”的教育注重人的自然性和社会性的统一,是与现代认知心理学和人的社会性发展理论相适应的教育理念。“以人为本”的教学,不是在知识能力和素质之间、学生与课程之间、技能教育和人文知识教育之间取其侧重,而是立足学科、学生和社会三大基点,以学生的主体性发展和完善为重心来组织教学。具体到体育教学中的“以人为本”理念,应做到以实现学生终身的身心健康为根本目标,面向全体学生,为学生创造良好的学习环境,强调学生的主动参与、相互合作和成功体验,注重激发学生的体育主体意识,着重培养学生的体育意识、素养和能力,加强教师与学生、学生与学生之间的理解和情感交流,为学生终身体育打好基础。

“以人为本”的教育理念是时代和社会发展的需要,是现代体育教育思想的进步,也是人的自身发展的需要。具体表现如下:

(1)教育目标的制定。在承认学生之间存在个体差异的情况下,教学目标应设立一个上下浮动的区间,根据教材的性质、技术的难易系数及体能的要求等,对目标进行分类、分层。学生在教师的指导下,根据自身的条件与期望值自主选择相应的目标层次,体现因材施教。

(2)选项课作为高校体育课的主要形式。要选择适应现代大学生价值取向的教学内容,适当增加现代体育运动项目,尤其是休闲项目的教学,同时也要尽量保留优秀的民族传统体育项目。这样能扩大学生的选择面,开拓他们的体育视野,激发他们的体育兴趣。

(3)灵活变通。体育教学方法也要体现内部激发性,不拘一格,具有灵活针对性和多边合作性。

(4)完善评价体系。完善教学评价体系,对学生的考核评定,应特别强调个体差异,注重学生的参与、体验和进步幅度。

二、健康第一

当今世界科学技术突飞猛进,知识经济已初见端倪,国力竞争日趋激烈。而国力竞争实质是国民素质的竞争，中华民族能否在21世纪胜利迎接世界综合国力竞争的严峻挑战，实现中华民族伟大复兴的宏伟目标，关键在于学校能否培养适应现代化要求的高素质的劳动者和接班人。但在应试教育的影响下，党的教育方针未能得到全面贯彻，片面追求升学率的现象随处可见。鉴于此，党中央召开第三次全国教育工作会议，颁发了《关于深化教育改革，全面推进素质教育的决定》(以下简称《决定》)。《决定》中明确提出“健康体魄是青少年为祖国和人民服务的基本前提，是中华民族旺盛生命力的体现，学校教育要树立‘健康第一’的教育指导思想，切实加强学校体育工作，使学生掌握基本的运动技能，养成坚持锻炼身体的好习惯”。体育课程作为学校教育的一个重要组成部分，担负着增进学生健康的重任。因此，学校应牢牢树立“健康第一”的指导思想。

“健康第一”的指导思想是指党中央、国务院根据当前教育现状，为纠正应试教育的偏差，全面推进素质教育，培养德、智、体、美、劳全面发展人才的需要而提出的一个教育理念。它包括人体生理、心理和社会适应能力的三维健康观。具体应该表现在以下几个方面：

(1)“健康第一”的思想要体现在课程目标的制定和课程内容的选择之中。

(2)对学生要加强健身理论课的传授，在学生中建立一种“健康第一”的思想。

(3)在实践课中注意课的科学性、实效性和趣味性，强调以健身为主，注意传授科学的健身方法，改变过去以竞技运动技术为主的授课方式。

(4)根据学生的身体素质、个性和健康状况，在教学中注意因材施教。

(5)注重考评对学生的导向作用。

(6)普遍增强学生身体健康的同时，注意提高学生的心理健康。

总之,"健康第一"的思想观念正在逐步发展和完善。通过体育教学实践,让学生体验和理解健康的意义,同时也让学生认识到体育锻炼是增进健康的有效途径。使学生掌握正确的锻炼方法,养成良好的生活习惯和终身体育意识。

三、终身体育

20 世纪 60 年代末,一些国家的体育学者受终身教育思想的影响,根据人体自身发展规律和体育锻炼的作用以及现代社会发展的需要,提出了终身体育的思想。终身体育是指在人的一生中都要进行身体锻炼和接受体育教育与指导,它是终身教育的组成部分。这一思想得到了世界上许多国家体育学者的赞同,并逐渐形成一种新的体育思想和体育实践。

终身体育是健康的基础,它对人们各个不同时期的身体健康,都具有积极影响。在生长发育时期,可以促进身体正常的生长发育;在成熟期,可使人保持充沛的体力与旺盛的精力;在衰退期,可延缓衰老、延年益寿。"生命在于运动","用进废退",体育锻炼应当伴随着人的一生。

学校体育是终身体育的基础,学校体育既是为了达到在校期间的体育教学目标,也是为终身体育打好基础。学校体育阶段是有目的、有计划、系统地全面锻炼身体,促进身心健康,掌握体育知识、技术、技能,养成锻炼身体的习惯,培养体育意识的重要时期。这个时期,身体生长发育得如何,体育意识培养得怎样,直接影响着人的一生。在青少年时期,通过学校体育,有计划、有组织地进行体育锻炼,培养自我体育意识,养成锻炼习惯,并能根据自己的兴趣和条件,学会几种实用性较强的健身方法和 1 ~ 2 个可以参与的运动项目,将会终身受益。

学校体育在终身体育的体系中起着承上启下的作用,是终身体育的重要一环,也是人们奠定终身体育基础的关键时期。因此,大学生要从思想上认识到终身体育的重要性，珍惜学校体育，热爱学校体育，主动参加体育锻炼，养成良好的运动习惯，为终身体育打好基础，也为将来走向社会做好准备。

第二章　高校体育教育与大学生身心健康

第一节　大学生身心发展特点分析

一、大学生生理发展特征

一般大学生年龄在 18 ~ 25 岁之间，处在青春发育期后期，是人在生理上走向成熟期的关键阶段。此阶段人的体格、体态、体姿、体力、机能、心理、性格和行为基本定型。

（一）身体形态特征

1. 身体形态发育减慢

由于处在青春发育期的后期，所以绝大多数的大学生的身体生长发育速度明显减慢，身高、体重和各器官的生长发育已相对稳定，身体各部分的比例、体格、体型和身体姿势等近似成人。一般说来，我国女子到 17 岁，男子到 19 岁，身高增长的速度日趋缓慢，直至完成骨化而终止；体重一般是女子到 18 岁，男子到 20 岁趋于稳定。在青春发育期的最后阶段，大学生应全面加强身体锻炼，从而使体格更健壮，体型更匀称。

2. 身体形态发育性别差异明显

大学生的身体发育基本成熟，男女在体型发育上出现了明显差异，即男子上体宽粗、骨盆窄、下肢细；女子上体窄细、骨盆宽、下肢较短粗。

（二）生理机能特征

1. 新陈代谢特征

新陈代谢指生物体与外界环境之间的物质和能量交换以及生物体内物质和能量的转变过程，它包括物质代谢和能量代谢两个方面。大学生的生长发育还未完全成熟，物质代谢和能量代谢均处于较高水平，加之体育锻炼可促进人体的新陈代谢过程和提高机能活动水平，所以是增强体质的一个极好时期。

2. 神经系统特征

人的神经系统发育得最早最快，其功能在少年时期已基本完善。但这时期大脑皮质中兴奋和抑制两个过程不够均衡，兴奋过程占优势，抑制过程相对较弱。学生到大学阶段，大脑发育逐渐成熟，神经过程的灵活性提高，神经系统的机能能力达到成人水平。第二信号系统（指抽象的刺激信号，如语言、文字）发展迅速，它与第一信号系统（指具体的刺激信号，如声、光、电等）更加完善，分析与综合能力显著提高。大学生进行球类运动，有助于大脑发育成熟，提高神经系统的灵活性。

3. 心血管系统特征

心血管系统由心脏和血管组成，担负着人体新陈代谢的运输任务，其是人体发育最晚完成的系统。心血管系统是人体健康的重要标志之一。与中学生相比，大学生的心脏收缩力增强，每搏输出量增大，心率缓慢，收缩压增高，使血液供应适应机体负荷增大的需要，能承受较大的运动负荷。大学生的心脏在形态结构和功能作用上，均已达到成人水平。心脏质量约为 300 ~ 400 克，心脏容积达到 240 ~ 250 毫升，心跳频率每分钟 65 ~ 75 次。刚入学的大学生可能会出现青春期高血压。青春期高血压的出现主要是由于在青春期早期心脏的发育速度快于血管的发育，加上内分泌变化的影响，使心脏在收缩时收缩压偏高，但舒张压保持在正常范围，而且时有起伏。如果坚持参加体育锻炼，且运动后无不良反应，可以依然正常从事体育锻炼和体力劳动，但要注意运动量并做医务监督。随着青春期的结束，这种现象会自然消失。

4. 运动系统特征

运动系统由骨骼、关节、肌肉三部分组成。人体的骨骼发育一般在 25 岁左右完成。随着年龄的增长，骨骼内质地较柔软的有机物和水分逐渐减少，较坚硬的无机物逐渐增加，骨密质增多，骨骼变粗变硬，能承受较大压力。到大学高年级时，骨化基本完成，身高不再增加。大学生的关节由于软骨较厚，关节囊韧带伸展性大，关节周围的肌肉细长，所以关节活动范围大，但是牢固性较差，在外力的作用下易脱位。因此要提高柔韧素质，重视发展关节的坚固性，以防关节脱位。人体肌肉发育在 30 岁左右完成。随着年龄的增长，肌肉中水分明显减少，有机物增多，肌纤维增粗，横向发展较快，肌肉重量不断增加，肌力增强。因此大学生应该进行较多的力量练习，以促进肌肉继续生长。

5. 呼吸系统特征

大学生肺脏的横径和纵径都继续增加，肺泡体积也随之增加，男生尤为显著。由于呼吸肌增强，频率减慢，深度加大，肺活量增大，呼吸系统发育日臻完善。我国大学男生的肺活量一般为 3 800 ~ 4 400 毫升，大学女生一般为 2 700 ~ 3 100 毫升。在这个时期，应适当发展耐力素质，以增强肺功能。

（三）身体素质特征

身体素质通常指人体的基本活动能力，是人体各器官系统的机能在肌肉工作中的反映。人们把人体机能在肌肉工作中反映出来的力量、速度、耐久力、灵敏性、柔韧性、协调性和平衡性等能力统称为身体素质。

1. 年龄特征

全国学生体质调研结果表明,速度、腰腹力量、静力性力量、耐力、弹跳和耐久力等指标,男子 19 岁前,女子 12、13 岁前随年龄的增长而增长。男生各项素质的高峰分别出现在 19 ~ 22 岁;女生则出现两个高峰,第一高峰为 11 ~ 14 岁,第二高峰为 19 ~ 22 岁,第二高峰各项指标均高于第一高峰。男生各项指标的增长高峰,除速度(50 米跑)在 7 ~ 8 岁出现外,其他素质均在 12 ~ 16 岁期间出现;女生大部分素质高峰期都出现在 7 ~ 9 岁,而柔韧和耐力素质到 18 ~ 19 岁又出现高峰。因此大学阶段,大学生身体素质还有一定上升的空间,仍应加强全面锻炼,以促进身体全面发展。

2. 性别差异特征

从身体素质各项指标值看,力量、灵敏度、耐力、速度等素质,一般男生都超过女生,而柔韧、平衡能力,一般女生都超过男生,表现出明显的性别差异。

3. 地域差异特征

一般经济发达、物质条件好的地区,学生的速度、灵敏度、爆发力较好;经济不发达、物质条件差的地区,学生的力量、耐力较好。

(四)性发育特征

性成熟是青春期最重要的变化之一,它包括生殖器官的形态发育、功能发育和第二性征发育等。男生的性成熟主要表现在性器官——睾丸功能的发育与成熟。睾丸的功能是产生精子和分泌雄性激素。睾丸的发育时间最早在 10 岁前后,12 ~ 16 岁期间迅速增大,17 岁前后达到正常水平。性功能发育主要表现为遗精，一般在 12 ～ 19 岁期间。第二性征发育的表现是开始长胡须，体毛多，喉结增大突出，音调变低、变粗，皮下脂肪减少，肌肉强健有力。女生的性成熟主要表现在性器官——卵巢功能的发育和成熟。卵巢的功能是产生卵子和分泌雌性激素。8 ～ 10 岁卵巢发育较快，10 ～ 18 岁期间子宫等器官迅速发育。随着生殖器官的逐渐成熟，月经出现。第二性征的发育，表现在随着乳腺的发育和脂肪的沉积，乳房逐渐隆起，乳头突出，声调变高，骨盆增宽，皮下脂肪增厚。

二、大学生心理发展特征

（一）自我意识显著提高

自我意识是对个人身心活动的觉察，以及由此形成的对自我的情感。自我意识主要包括自我观察、自我评价、自我体验、自我监督、自我控制和自我教育等多种形式。自我意识的形成与发展是个体社会化的过程，是从周围人们对自己的期待和自我评价过程中由主观体验而发展起来的，既包括自我评价，又包括他人对自己的评价。大学生的自我意识有以下特点：

（1）自我认识和评价水平显著提高。其表现在自我认识的自觉性和主动性较强，能根据周围的人对自己的各种态度来评价认识自己，也能将自己与别人进行对比来评价自己，自我评价的客观性有所提高。

（2）自我控制的愿望非常强烈，水平明显提高。大学时期的学生，有了明显的自觉性和主动性，并逐渐以社会标准、社会期望、社会条件为转移。

（3）自尊心十分突出。大学生突出的自尊心主要表现为对真诚赞扬的尊重，批评常使自己感到内疚和羞愧，嘲笑更是让他们难以忍受。

（4）独立意向十分强烈。大学生多会要求自主和独立，要求摆脱对成人的依赖。当这种意向因某些原因受阻时，他们会产生不满、对立情绪或反抗行为。

（5）自信心、好胜心增强。大学生往往在接受新任务时表现出跃跃欲试，不甘人后。

（二）认知能力达到高峰

认知活动是人最基本的心理活动，主要包括观察、记忆、思维等。人们进行各种认知活动时所表现出的能力，统称为认知能力，即智力。大学生的认知能力已差不多发展到最佳水平。智力测验表明，个体的智测分数随年龄的增长而上升，发展到 20 岁以后才停止。由韦克斯勒的智力量表分数可以看出，智力发展的顶点约在20～25岁之间。大学生的智力发展具体表现在以下几方面：

（1）观察力显著提高。

（2）记忆力处于最佳时期。

（3）抽象思维、逻辑思维逐渐占主导。

（三）情感日益丰富

情绪是人对客观事物的一种态度体验，是个体与环境意义事件之间关系的一种反映。环境事件是否能引起人们的态度体验，要看环境事件与某一个体是否存在意义关系。大学生的情感日益丰富，但容易情绪化，对事物表现出强烈爱憎。长时期的不良情绪可以引起精神障碍和心身疾病。大学球类运动的开展，应该与体育教育结合，使学生在运动中学会交往，学会调节情绪，学会自我控制，并通过运动使情绪获得适当表现和发泄机会。

（四）意志品质增强但不稳定

意志品质指一个人的果断性、坚韧性、自制力以及勇敢顽强的精神。大学生在意志品质方面，明显增强，能主动、自觉地克服困难，在行动中清晰地意识到自己行动的目的性和社会意义。大学生的坚持性和自制力已得到一定的发展，但还有很大的个体差异。此外，大学生意志品质的发展仍然有不稳定的表现。体育运动对培养学生的意志品质具有独特的作用,学生在运动中学会坚持,学会坚韧,学会克服困难。这些对完善学生的人格,培养耐挫折能力具有重要作用。

(五)性格基本形成

性格是一个人对现实的稳定态度和习惯性的行为方式。大学时期,学生个性倾向日趋形成,自我意识不断发展,大学生的性格已基本形成并较稳定,人生观、世界观基本确立,在意志、理智、情绪等特征方面也逐渐朝着稳定方向发展。但大学生的性格发展尚还不够成熟,还必须进行性格的自我教育和自我培养,为成才创造良好的主观条件。

第二节　高校体育教育与大学生身体健康

一、高校体育教育对身体发育的影响

我们可以将人体生命的全部过程大致分为三个时期,即儿童少年时期、青少年时期和中老年时期。不同的时期生长发育的速度不同,而且每个人在其自身生长发育的不同时期,发育的速度也是不相同的。也就是说,虽然总的发育规律不可改变,但变化的速度却可以控制。

大学生都处于青少年时期,这时期是人体生长发育的最佳时期,也是人的体型、体力和健康奠定的关键时期。此时,后天因素对机体的影响比任何时期都大。实践证明,经常参加体育锻炼对身高、体重、围度、身体机能和素质等指标的可塑程度能达到50%～70%。

二、高校体育教育对身体各个器官的影响

人体是一个完整的、统一的有机体，它由不同的器官构成，按功能可分为神经系统、呼吸系统、循环系统、消化系统、泌尿系统、生殖系统、内分泌系统、运动系统和感觉系统。高校体育教育教给学生体育锻炼的技能，而体育锻炼对人体各个器官产生的影响，可以促进机体全面发展。

（一）体育锻炼对神经系统的影响

神经系统由中枢神经系统和周围神经系统组成。人的所有活动都是反射活动，即由感觉器官将体内或体外的刺激传送到大脑，经过分析综合，大脑给出相应的反应指令，再由周围神经将行动反应指令传达给各器官系统去执行。当人体发育进入成熟阶段，成人脑体积就不再增加，但大脑皮层的结构和功能仍在发展，因此体育锻炼仍会对大脑功能有所改善。

（1）体育锻炼可以提高人体对刺激的反应速度。体育锻炼的项目种类繁多，技术复杂，越是对抗性和技术性强的运动，越能有效的强化脑细胞的生理功能，使神经细胞的兴奋强度、反应速度、兴奋抑制转换的灵活性及均衡性都得到提高。

（2）体育锻炼有助于增强记忆力，提高大脑工作效率。原因有两方面：第一，运动使心脏供血能力提高，脑细胞的供血量增加，从而使得脑细胞的活跃性增强；第二，经过长时间的思考学习，专管学习及与其相关的神经细胞会产生疲劳，进而由兴奋转为抑制。在此时进行体育锻炼，专管运动的神经细胞群开始兴奋，而其他细胞群可以得到良好的休息，使头脑更清醒，思维更敏捷。

（3）体育锻炼可以帮助改善神经衰弱。经常从事体育锻炼，可以使大脑皮质兴奋增强，抑制加深，且兴奋和抑制都更加集中，进而使大脑的兴奋与抑制两种功能保持平衡。

（二）体育锻炼对呼吸系统的影响

呼吸系统包括鼻、咽、喉、气管、支气管和肺。其中，肺是气体交换的场所，其他器官是气体交换的通道。在安静状态下，呼吸系统的各个器官只需很小的工作强度就能完成呼吸过程，长此以往，很可能会导致相关器官的萎缩，使呼吸系统功能降低。体育锻炼时，人体对氧的需求量增加，呼吸频率加快，使呼吸系统的各个器官逐渐改善自身机能。坚持锻炼，可以使呼吸肌逐渐发达、有力、耐久；可以提高呼吸深度，增大肺活量。

（三）体育锻炼对血液循环系统的影响

血液循环系统又称心血管系统，是由心脏和血管组成的闭锁的管道系统。心脏相当于生命的“发动机”，推动血液在血管里不断地流动，以便把氧气和营养物质运送到身体各处，同时把细胞代谢过程中产生的废物和二氧化碳运出体外。

（1）体育锻炼可以使心脏组织结构增强，心脏工作寿命延长。体育锻炼时，血液循环的加速，进而改善了心肌的供血机能。心肌得到更多的营养物质，心壁增厚，心脏容量增加，使外形更加圆满，搏动更加有力。长期运动的人正常状态下的心跳频率要比一般人每分钟减少 20 次左右，由于总体上减少了心脏的搏动次数，因此延长了心脏的工作寿命。

（2）体育锻炼可以使血管功能变强，血红蛋白增多，血液微循环强化。体育锻炼使血液循环加快，血流量变大，血管经常收缩或扩张，使得血管壁弹性增强、血管表面积增大，使得血管对血液的运输功能增强。经常锻炼使血液中的白血球、红血球和血红蛋白含量增多，结合氧的含量增大，代谢和耐缺氧的能力提高，从而改善了血液循环系统的功能。

（四）体育锻炼对消化系统的影响

消化系统是由口腔、咽、食道、胃肠、胰腺、肝脏和肛门器官组成。胃肠是人体消化食物的主要器官。

（1）体育锻炼可以促进食物的消化和营养物质的吸收。经常参加体育锻炼使消化腺分泌的消化液增多，腹部运动促使消化管道的蠕动加强，胃肠的血液循环得到改善，使食物的消化和营养物质的吸收更加充分和顺利。

（2）体育锻炼可以增进肝脏健康。体育锻炼使体内糖分的消耗增加，因此肝脏需将储备的糖原及时向外输送，肝脏工作量的增加使其机能受到锻炼和提高。

（五）体育锻炼对运动系统的影响

运动系统是人们从事生产、生活活动的器官，由骨骼、关节和肌肉三部分组成。骨骼是人体的支架，是构成体型的基础，起着保护脑、脊髓、心和肺等重要器官的作用。关节是连接骨与骨之间的枢纽，以其为支点，使骨改变位置，产生运动。肌肉附在骨骼之上，并在神经系统的支配下交替收缩与舒张，进而完成屈伸、旋转等肢体动作。体育运动是在运动系统的协调工作下完成的，并在完成运动的同时使运动系统的各个部分更加坚固、灵活、结实且粗壮有力。

（1）体育锻炼可以使骨骼性能、形态发生良好变化。长期的体育锻炼使骨骼变得粗壮、坚固，增强其抗折、抗弯、抗压缩和抗扭转等方面的机械性能。

（2）体育锻炼可以增强关节的稳同性，提高关节的灵活性。经常从事体育锻炼，使关节囊、肌腱和韧带增厚；关节的稳固性、延展性增强；关节的弹件、灵活性和柔韧性提高。

（3）体育锻炼可以提高肌肉性能，增大肌肉体积。运动过程中，肌肉工作加强，蛋白质等营养物质的吸收、存储能力加强，使肌纤维增粗，肌肉体积增大，从而使肌肉结实有力。

第三节　高校体育教育与大学生心理健康

高校体育教育中，教师通过科学体育知识与文化的内容的讲授，通过各项体育教学与训练活动的组织，促进学生积极参与体育学习与体育锻炼，在体育运动过程中促进心理过程的健全和心理品质的完善。具体来说，体育教育中的体育运动对学生心理健康的促进作用主要表现在以下几个方面。

一、提高学生的认知能力

（一）发展思维

运动要求运动者对外界事物做出迅速准确地感知并加以判断，还要求在复杂多变的条件下做出相应的回应，因此需要运动主体综合运用身体各种感觉器官来感知动作形象、动作要领、肌肉用力程度、动作时空关系等，建立正确完整的动作表象。

运动提高个体认知能力的作用表现在两个方面。

首先，体育运动中的各种基础运动训练，如走、跑、跳、投等各种练习有助于发展人的运动认知和运动思维。

其次，长期坚持运动能调节大脑皮层的神经，协调中枢神经，促使大脑皮层神经过程的均衡性和灵活性加强，提高大脑皮层判断分析环境的能力，加快大脑反应，促进学生的大脑思维的发展。

（二）提高情商

情商是一种非智力因素，其主要表现为协作配合能力、处理人际关系的能力、组织管理能力、解决问题的能力以及承受挫折的能力等。情商作为一种非智力因素，对个体的学业以及日后事业的成功都很重要。

参加体育运动锻炼，能够使学生充沛的体力和精力、良好的心理承受能力、公平的竞争意识、广泛的社会交往能力等得到有效的培养与提高，并且以较高的情商去应对学习和生活中的困难。

二、创造良好的情绪体验

情绪是个体心理活动的核心，它影响着人的学习、工作和生活。当今社会生活节奏快、工作压力大、各种竞争加剧，要求人的心理承受负荷的能力要不断加大。面对强大的心理压力，要保持良好情绪，学会驾驭情绪是现代社会中人成熟情感的表现方式。事实表明，通过体育活动，可以改善人们的情绪状态，提高人调节情绪的能力。

（一）体验运动快感

体育运动具有对抗性和趣味性，使得愿意参与这项运动的人的年龄跨度和阶层均较为广泛。对于青年学生群体来说，他们乐于体验运动中的对抗性感觉，这是增强身体素质和提升自我竞争意识的良好渠道。

在体育场上，通过畅快淋漓的运动训练，可令人暂时抛弃烦恼，沉浸在运动之中，充分感到兴奋和愉快。此类兴奋感和愉快感的存在就是得益于身体的剧烈运动，特别是经历激烈的身体接触与碰撞的刺激，尽情地释放出人类攻击性的本能。在这个过程中所激发出的极度兴奋性，使运动者会忘记疲劳，忘记伤痛，完全陶醉在兴奋和快乐之中。

（二）体验成功和成就感

对抗性体育运动过程中，运动者或进攻或防守，最终获得比赛的胜利，在这一过程中他们与对手要进行全方位的对抗，这种对抗包括身体、技战术、意识以及意志力。在付出了大量体力和汗水后获得了比赛的胜利会让人体会到一种浓烈的成功感和成就感。

通过努力最终获得胜利的成功体验会让人如痴如醉，久而久之就升级成为一种对成功感的欲求不满，它不仅可以丰富人们的生活内容，提高生活质量，而且能够影响学生在日常生活、学习中积极向上、争取成功。

（三）提高情感自控能力

运动的过程中，运动者要不断挑战自我，和同伴竞争或合作，从而体验情感。使个体在运动过程中充分体验到成功与失败、进取与挫折、欢乐与痛苦、忧伤与憧憬，从而使个体学会在积极情感和消极情感地快速进行自我情绪地转化，提高对情感的自控能力。

（四）疏导不良情绪状态

运动实践表明，通过参加体育运动，能够在增进快乐、调节情绪、振奋精神等方面有所体现，另外，这种积极的情绪状态还能够使人的自尊、自信、自豪、自强得到有效的保证，同时，有效缓解甚至消除焦虑、烦恼、抑郁、自卑等不良情绪。

现代人面临来自各方面的压力，学生群体也不例外，例如，当代大学生面临的压力主要来自于学业、情感、人家关系、性健康、大学生活适应、就业、考研等。荣光参与运动训练，有助于大学生压力的释放和情绪的抒发，长期参加体育运动，能有效治疗并改善那些神经衰弱、歇斯底里等精神疾病患者的症状。

三、塑造健全的人格精神

现代健康包括多方面的内容，完全的健康还包括拥有健全人格这个标准。由此可见，健全的人格对人在一生中发展的重要性。体育运动参与有助于人们逐渐建立起健全的人格精神，具体分析如下。

（一）完善个性心理

个性心理，是指个体身上表现出的带有稳定性和经常性的心理特点。

对于个人性的体育运动参与来说，它是人与人的对抗。只有个人能力强，气质和性格健全，个性鲜明和人格独立的人，才敢于冒险和创新，才有可能在复杂困难的条件下坚持与强有力的对手进行顽强的对抗，并取得比赛的最终胜利。

对于集体性的体育运动参与来说，团队与团队之间的对抗需要每一个人的努力与认准自己的角色定位，团队中的每一个人的发挥都能决定团队的战斗力，相反也可以说团队的行为需要依靠每一个人来配合，必要时还要牺牲个人的利益，如得分或上场时间。

体育运动中，不同的角色扮演和个体需要不断拼搏与努力，以战胜各种主观和客观的困难，有助于学生良好个性心理特征的形成。

（二）提高抗挫能力

体育运动有助于提高人的抗挫折能力，主要在于体育运动的自身规律。通过统计来看，在两支智力相当的队伍比赛中，往往进攻的成功率只有 30% ~ 50%，超常发挥的球队可能达到进攻成功率在 50% 以上。相对的，防守的成功率则较高一些。不过，不管是进攻还是防守，都会经常面临失败的情况，这就形成了一种体育运动参与者在训练和比赛的过程中不断重复“进攻—失败—再进攻—再失败—积极拼抢—再进攻”的规律。

参与体育运动对抗，有胜利必然就有失败，正是在这反反复复挫折与失败的情景教育中，体育运动参与者才不断获得磨炼自己、屡败屡战、不断进取的体验和心情。通过一次又一次的小挫折到中挫折，再到大挫折，不断提高自己抵抗失败打击的心理承受能力，如此进行下去，必定可以练就出一个可以经受千锤百炼且百折不挠的顽强意志。

在体育教学中，教师应注重对学生正确比赛心理的引导，通过多样化的竞技训练与比赛，锻炼学生胜不骄、败不馁，勇猛顽强，坚韧不拔，吃苦耐劳的意志品质，由于可以培养青年学生的主动性、果断性、控制力、坚持力和创造力，这都是现代人人格精神的内涵，是学生走出校园、进入激烈竞争的社会必须具备的基本素质。

四、培养良好的意志品质

体育是培养人的意志品质的有效手段之一。在体育运动过程中，个体总是不断地和各种主客观困难做斗争，例如在进行锻炼中身体负荷强度大，常常需要达到身体极限，有时还能造成心理上的疲劳，因此，体育锻炼能很好地磨炼人的意志品质。田径运动是体育运动的代表，因此也具有培养个体良好意志品质的功能。

除此之外，进行体育运动锻炼，还能够有效培养学生团结拼搏、乐于奉献、积极向上的优良品质；在体育规则的约束下，对于学生形成文明的行为方式和良好的体育道德风尚是较为有利的；在体育竞赛过程中，有利于培养学生克服困难、善于创新的精神，同时，对于培养学生科学、文明、健康的生活态度也是较为有利的。

第三章　高校体育教育与大学生全面成长

第一节　高校体育教育与大学生社会性成长

一、高校体育教育可促进大学生身心竞争力的发展

高校教育教育旨在培养符合社会发展高素质人才，现代社会所需要的人才不仅要求有专业学科素质，而且各方面的素质都应有良好的发展。大学生在毕业之后需要适应并融入社会，从事与专业相关或者不相关的各种职业，无论从事何种职业，都必须首先具备良好的身心素质，“身体是革命的本钱”，心理素质能帮助大学生在复杂的社会环境中逐渐适应社会，这是大学生实现个人理想与价值的重要基础。

大学生作为社会劳动者，需要不断提高自我的社会竞争力，身心竞争力是最重要也是最基础的层面，这里重点从社会性发展角度对高校体育教育促进大学生身心竞争力的发展进行分析。

（一）增强身体竞争力

通过高校体育教育，大学生科学参与健身锻炼，可以增强大学生的体质，对于大学生在当前学业和日后就业压力下，能有效提高个人的身体抗压能力，预防和缓解亚健康。经常参与锻炼，有助于大学生恢复体力与精力，能更好地去从事各种学习、工作与社会生活，能更高效地开展工作。

此外,体育锻炼还有助于提高作为劳动者的大学生的机体适应力与疾病抵抗力,对于预防和缓解职业疾病与其他疾病有重要帮助。拥有一个健康的身体,在从事很多职业时都会具有比其他劳动者更优越的竞争力。

(二)提高心理竞争力

现代社会竞争激烈,任何职业都会面临着一定的社会竞争。大学生从学生身份转换为社会中人的过程,需要有良好的心理承受能力,能在尽可能短的时间内适应复杂的社会环境,胜任工作。

要尽快适应和融入职场,大学生必须具备良好的心态、坚强的意志、正确的价值观与道德观以及与职业相适应的思维、为人、处事能力。通过开展体育教育,有助于促进大学生的社会性心理的发展,并增强大学生的个人心理素质,为大学生的社会参与奠定良好的心理素质基础。

在高校体育教育中,应尽量开设内容丰富的课程内容,以便于高校大学生能结合自己的心理发展特点和职业发展需要,有选择性地选修相适应的课程,通过体育教育中的教学组织锻炼和课后自我健身锻炼,完善大学生的心理、心态,提高心理能力,并获得愉悦感、成就感,在日常生活中也养成积极参与健身锻炼、促进自我健康心理发展的良好习惯,形成一个良性循环,不断完善心理发展、提高心理素质。

二、高校体育教育可促进大学生构建和谐人际关系

高校是一个小型的社会,大学生毕业之后必然要进入社会中生存,这是由人的社会属性的决定的,任何人不能脱离社会独自生存。现代社会分工日益密切,任何一个年龄阶段的学生都不可能独立完成生活、学习,大学生的学习能力不断提高,但仍需要同学的帮助、教师的指导,需要在学校这样的小社会环境中生存。大学阶段是大学生从学校向社会的过渡时期,大学毕业之后,大

学生就需要去融入社会，学会在社会中生存与发展，并学会与社会中的其他各种各样的人接触、交往。良好的人际交往对于大学生的社会生活、学习、工作有重要帮助作用，也有助于大学生获得生活兴奋感。

高校体育教育对大学生的人际交往能力有提升作用，分析如下。

（一）增加大学生交往机会

高校体育教育，将多种体育项目纳入体育教学体系，通过运动提高大学生人际交往能力切实可行，而且有实效。

人际关系是人在社会环境中与其他社会成员接触过程中必然会形成的社会关系，大学生与人交往，就必然会形成自己的人际关系。

真实的社会经历可以促进大学生的社会交往能力的提高，调查发现，大学生进入社会越久，随着年龄的增长，与他人交往的能力会逐渐增强。

高校体育教育能促进大学生在课上、课外与本班级以外的其他专业、院校的学生或老师认识、交往，同时，教学活动过程中的运动情绪、情感体验等，也会使大学生与人沟通和交往机会增多，对大学生的人际交往能力有重要的帮助作用。

观察发现，经常参与体育运动的大学生与人交往过程中，能表现得更真诚、大方，在人际交往中，与不参与运动的人相比，在性格方面对朋友更具有吸引力。

就我国体育教学现状来看，体育教学中，可把学生班级、年级、院系和专业统统打乱，将不同院系、不同班级学生聚在一起上课，通过体育部、团委、社团活跃校园文化，丰富学生的课余文化生活，增进同学们之间的感情，能够充分利用体育的社会功能提高学生交往能力。大学生也开始越来越充分认识到体育教学对促进个人人际交往的重要作用，愿意积极主动参与到体育选修课内、课外活动中。还有很多大学生会在课外关注学校体育俱乐部、体育团体的活动，以进行体育健身、结交志同道合的朋友。

高校体育教学对高校大学生具有较高的吸引力，通过高校体育教学课程的开设，可以促进大学生与同龄人交往。教学过程中，人与人、团体与团体之间的沟通，不仅仅是语言的沟通与表达，还表现在肢体语言表达方面，体育内容丰富、形式多样，舒展、多变的动作能提高大学生的肢体表现力。

（二）使大学生勇于竞争

现代社会，竞争无处不在，在高校校园环境中，尽管竞争不如社会激烈和残酷，但竞争并不少，大学生要有竞争意识，要勇于为自己争取被公共、公正对待的机会，并在和谐竞争环境中勇于展现自己、争取良好表现。

大学期间，评优、保研、社会实践，存在竞争，进入职场后，竞争更加激烈。有很多大学生竞争意识不强，一个没有竞争意识的人，初入社会，往往会不适应社会竞争，而在日常的生活与工作中产生挫败感，很难在社会中持续生存下去。大学生要适应社会发展，就必须学会竞争，提高自我竞争能力。

体育运动对个人的意志品质、自信心、抗挫能力等均有促进作用，在完成对抗、实现攻防目的的过程中，往往要受到来自各个方面的挑战和阻碍，其中有对手的、环境的、自身心理和生理上的，大学生要克服这些内外因素的影响、力求达到目标，就必须不畏困难、勇于进取、敢于竞争。有很多大学生坚持武术学练，尤其是参加竞技活动，这种有对抗经验的大学生，其竞争意识和竞争适应性要比一般大学生好很多，在竞争环境中也能保持良好的斗志，能正视竞争，并敢于在竞争中放手一搏。

不仅仅是竞技比赛，在一般教学活动中，学生之间进行练习、共同参与体育游戏，只要有对比，就会存在竞争，体育教学比赛、游戏过程中，同伴们的相互鼓励和决心，自身的求胜意识，以及同伴、对手的影响，都能使大学生保持竞争意识。

（三）使大学生善于合作

现代社会，竞争与合作并存，有竞争就必然有合作，社会分工的日益复杂和精细，使得社会成员中，任何一个人单凭自己的力量是不可能在社会竞争中取得长久的胜利的，因为一个人的竞争力始终有限，只有与他人进行合作，才能增加竞争获胜的可能。任何一项工作的完成都必须依靠团体的力量进行，否则很难达成既定目标，学会合作、善于合作是在社会生存中建立良好人际关系、实现共赢、达成目标的重要基础。

体育教学中，同组练习、多组对抗，都有助于促进大学生的合作意识的养成，同伴之间相互协作、配合的运动体验可以加深个体与人协作的意识，并在合作中学会与同伴科学合理分工，发挥小组或团队的最优实力，学会与人沟通、学会合理分配人力资源并优化团队竞争策略，更善于与人合作。

（四）提高大学生的交往情商

体育运动能将传统哲学融入练习中，使人关注自然、关注自我、关爱他人，而不计较小利、得失，与人为善。

体育教学中，对体育健身、休闲、娱乐功能的充分发挥，能促进大学生的健康发展和自我学习、自我完善。体育教育可以帮助大学生学习运动技术、发展体能、培养人际交往的能力，增强自信心、培养协作精神和竞争意识等，能拓展大学生的生活环境和生活内容，促进学生之间的交往，能在与人交往中“韬光养晦”“奋发图强”，掌握交往准则。

体育游戏是体育教学的重要辅助内容，学生集体参与体育游戏，能教育学生同伴之间的协作，使学生懂得协调竞争与合作的关系，培养学生的群体意识，使学生学会相互鼓励、平等交流、团结协作，建立良好的人际关系。

三、高校体育教育可促进大学生适应与胜任社会角色

（一）使大学生适应社会角色

人在社会中学习、生活、工作，也需要面临不同的社会角色，如学生、家人、朋友、同事、竞争者、领导者等，这些不同的社会角色的定位与角色的转换也是根据社会的需要确定的，面对不同的事件与人物，个人角色发生了变化，心态和为人处事方式也会发生变化。

体育教学活动的组织与开展能为大学生提供更多的社会角色“演练机会”，能帮助大学生丰富待人处事的经验、情况与阅历，可促进大学生的角色适应能力的提高。

在体育教学中，学生作为运动参与者，在教学活动中可以有机会体验不同的社会角色，如学员、同伴、观赏者、评判者等，无论是直接参与还是间接观赏体育活动，都能让大学生能体验丰富多彩的角色和角色情感。

不同的体育学练活动参与过程中，大学生所承担的角色不同，个人立场和思维方式就不同，对不同活动角色的情感体验也会不同。如通过武术教学过程中的丰富多变的角色扮演、角色转移、角色情感体验，学生可以学会适应不同角色。

（二）提高大学生角色胜任力

社会中有不同的人扮演着不同的角色，每一个人都有自己擅长的领域，能在自己适应的领域有一番作为。优秀的人能在多种社会角色中游刃有余，能深入其他人所不能完成的角色工作。

体育教学可促进大学生胜任社会角色的能力，培养大学生的创新、竞争、合作、思维、决策、领导等能力，分析如下。

大学生在体育学练中，总会遇到各种各样的问题，要顺利实现个人健身（竞技、修学分、展现等）目的，就必须学会处事不惊、

积极应对、灵活变通,因此,参与体育教学活动,有助于提高大学生的处理问题的能力,提高大学生的分析、决策能力。

集体性体育教学活动中,各种活动开展的组织、协调、决策,需要有一个团队核心人物来发挥作用,以团队形式开展武术活动,不仅要求运动者具备良好的个人技术,还需要整个团队协同配合、各展所长、顺畅沟通和配合默契。

在体育教学中可以发现这样的现象,一个阶段的体育教学结束后,教师能清楚地了解到不同大学生在班级活动中的性格、行为和所扮演的角色,并能准确找出班级活动管理者、协调者,活跃课堂气氛的人,这些不同的学生就在团队活动中表现出了不同的能力,教师有意识的教学安排可以促进大学生的领导者、精神榜样等培养具有较好社会竞争优势的能力。

此外,长期科学的体育学练有利于培养运动健身者的良好思维能力、应变能力、创新意识和开拓精神。这种优秀品质会延伸到大学生的日后学习工作中。

(三)提高大学生的创新能力

现代社会中的优秀人才,必然是具有创新精神和创新能力的人才。体育教学有助于提高大学生的创新意识与能力,分析如下。

从高校体育教育改革角度来讲,现代体育教学中,要促进体育教学在高校的持续健康发展,就要求广大体育教师不断更新观念,善于研究、善于质疑,不囿于前人所作的历史结论,不迷信传统、不追风逐潮,不唯书唯上,在体育教学的创新实践中学习新理论,树立新观点,掌握新方法,解决新问题,重视体育教学创新。创新的体育教学思想、理念与教学活动的开展,有助于培养具有创新意识的大学生。

创新是事物发展的重要推动力,一个具有创新意识和能力的大学生在社会竞争中必然是非常受欢迎的人才。

四、高校体育教育可促进大学生的社会行为规范

（一）促进大学生的社会参与

体育是一种特殊的文化形态，体育教学活动开展是一种社会行为，大学生参与其中，可促进大学生的社会意识的增强。

高校体育教学面向学校全体学生，每一个学生都有自由、自主选修体育课的权力，任何一个大学生都能在符合校规的基础上参与到体育教学活动中去，充分实现了平等。这种平等参与、平等拥有、友好相处的氛围必将帮助大学生以平等的观念看待日常生活中的事情，形成社会活动参与的基本认知。

无论是在社会生活中，还是学习、工作，要想有所收获就必须付出艰辛的努力，体育健身效果需要长期坚持才能逐渐显现，体育技能学练非一朝一夕就能练就“神功”，在公平公正的环境中，只要方法得当，一般的，就能认识到付出与收获的公平性。大学生参与体育运动都必须长期坚持，才能收到预期的效果，任何一个大学生参与体育教学活动都可以通过自身的努力获得成功，体育教学活动有助于促进大学生拼搏进取。

体育教学不是“四肢发达、头脑简单”的运动，除了身体上的不断练习，还要掌握必要的理论知识以指导实践，知识具有重要的思想与行为指导作用，它使大学生的体育教学活动参与更科学、健身效果更好。现代社会，无论从事哪一个行业，都要身心积极学习、参与，不断丰富知识、拓展知识，如此才能轻松应对各种问题，使问题能迎刃而解，这正是大学生发展成为社会人的重要任务和责任。

（二）规范大学生的个人行为

社会行为，是由社会刺激而引起的个人行为，或由个人行为引起的他人的或群体的行为。社会行为与个人的健康有非常密切的关系。社会行为包括多种类型、性质的行为，体育教学是社

会行为中的一种积极、健康的社会行为，有助于促进运动者的身心健康。

体育历史悠久，项目种类繁多、活动形式多样，但无论哪一种类型的体育运动形式与活动开展，都需要遵守一定的运动或活动规则，长期参与有助于运动者的规则意识的形成，并在日常活动中自觉遵守社会大众所认可的行为。

高校开展体育教学，通过体育文化及运动可以培养学生的规则意识，以体育竞技（教学比赛）为例分析如下。

体育竞技（教学比赛）中，任何规则所不允许的比赛言行，不仅要受到规则的严厉处罚，同时还要受到社会规则和社会公德的谴责，情节严重的还将受到法律的制裁。

体育竞技（教学比赛）对于运动员的技术动作有着严格的要求，明确指出什么动作能做，什么动作不能做，可以完成的动作应具有哪些具体的技术标准和要求。

体育竞技中必须保证双方在公平合理的条件下展开攻防对抗，保护健康文明和积极合理的行为，限制粗野动作和不礼貌、不道德的行为。大学生接受体育教育，在长期“不断提醒与规范行为”的环境中，会逐渐理解与遵守规则，这种“规则意识”会延伸到运动者的日常生活中，形成对社会规范、社会道德的遵守。

不“越轨”是礼的基本精神。在体育教学中，通过礼的教育，能使大学生的一切行为都在社会伦理与法制允许的范围内。民主、公平、正义的社会能够将追求自由与幸福的权利提供给每个人，能够将促进全面发展的机遇与平台提供给每个人，而这样的社会也需要每一个人的维护，体育教学可促进大学生遵循社会规范，认真履行社会职责，为社会发展服务。

（三）增强大学生的亲社会行为

亲社会行为是一种与现代社会以及社会其他成员主动接触和表示出友好状态的人，具体是指个体以帮助或打算帮助他人的倾向或行为，这种行为表现为分享、合作、谦让、同情等。如体育教育中的武术文化提倡“崇德扬善”的道德观,要求习武者“崇德扬善”。不同的习武者和养生者,都自己遵守武德的要求,德高望重者,自然受人尊敬,道德败坏者,自然让人疏远。武德的道德要求延伸到现代社会,并有助于现代社会环境下的和谐的、“仁爱”的社会关系的建立,有助于缓解社会矛盾,调动大学生积极参与改善人际关系,教育教导大学生通过自身行为自控来促进行为亲善、促进社会和谐。通过体育教学的武术教学,有助于促进大学生的亲社会行为的增多,我国传统武术运动中蕴含了丰富的武术文化、社会道德文化,能促进大学生能学会与人相处中和善待人、真诚待人,能以良好的社会道德规范自己并表现出对社会其他成员的亲社会行为,这种行为可以使他人或群体受益。

(四)培养大学生的良好行为习惯

现代社会,生活节奏快,各行业产业发展高速运转,往往会给很多人带来精神压力,导致身心疲倦,给现代人的身心健康带来了威胁。很多人为了缓解生活与学习、工作压力,都希望有一种健康的自我放松形式,无论是学生群体还是上班族,都有相当一部分人有着不健康的休闲行为,如沉迷电子游戏、抽烟、酗酒、暴饮暴食、熬夜刷剧等。这些不健康的生活与行为方式,严重损害了个人的健康,也使得整个社会形成不良的社会风气。

作为高校体育教育重要内容的传统武术是民族传统体育的重要组成部分,其活动内容注重健身养生,注重运动的审美与娱乐,注重对人的积极心态的培养。在武术教学中,不管大学生的武术技能达到一个什么样的水平,他们都能在学练武术的过程中有所收获,这种收获包括身体与心理健康发展方面,也包括社会能力的促进方面,更能让学生养成长期坚持参与武术健身锻炼的习惯。通过这项可以作为终身体育运动的运动项目参与,大学生在运动中愉悦自身、享受运动快乐,远离不健康行为习惯,促进自我健康全面发展,并终身受益。

第二节 高校体育教育与大学生思想道德成长

一、高校体育教育的思想道德教育价值

(一)养成良好道德

体育不仅仅是一种单纯的体能活动,也具有丰富的文化与精神内涵,随着社会文化的发展,它在精神文化方面的作用越来越突出。体育道德是人们据以调节体育生活及其行为的准则和规范,通过体育活动参与,自律于人的内心,影响人的行为。

良好道德是心理健康的一个重要表现和组成部分,无论是以西方竞技体育运动项目为内容,还是以我国传统武术项目内容为内容,都能促进学生的良好道德的养成。相较于西方竞技体育,我国传统武术深受中华民族传统文化的影响,中华传统美德蕴含在传统武术技法拳理、动作、功法中,对大学生的良好道德的培养价值要更加显著。

我国传统武术深受我国传统社会文化的影响,社会伦理道德对武术文化的影响是非常深的,武术习练不仅是身体动作上的习练,也是一种道德修养手段。

我国传统武术讲究高尚的品德,习武者应行侠仗义、要路见不平一声吼,与人切磋要点到为止,绝对不能恃强凌弱、仗势欺人,武德规范习武人,也是个人遵守社会道德规范的表现。

通过武术教学,在武术理论知识学习、文化理解、动作学练中,传播与传承武术蕴含着丰富的内涵和优良的传统,对学生的良好道德形成有重要促进作用,能让大学生充分认识并理解我国传统武术文化中的道德内涵与要求。健康心理养成有重要的正向影响和导向作用,有助于当代大学生在社会活动中以良好道德品质品行要求自己,遵守道德准则、养成良好道德品质。

（二）培养良好体育精神

体育精神蕴含在体育文化和体育运动中，通过体育教学，教师要重视学生对体育运动中宝贵精神的体悟，培养学生良好的体育精神。

体育教学中，应重点培养大学生的以下精神。

吃苦耐劳的精神：在体育教学中，体育项目基本的练习容易入门，但是要取得一定成效，需要下一番苦功，可以说，只有付出才有收获，大学生进入社会之后就要踏实、辛勤学习与工作，不断提高自己，才能不断体现人生价值。

竞争与合作精神：体育运动中的竞争强调相互尊重，在集体对抗项目中还强调同伴间的良好配合。体育运动强调彼此信任、托付、配合默契，其对大学生的竞争与合作意识促进在前面已经详细解析，这里不再赘述。

拼搏精神：体育教学内容多种多样，而且大都是以竞争与对抗的形式开展的，适合青少年学生兴趣广泛、乐于竞争的性格，大多数学生会积极参与其中。大学生要掌握准确的技术、提高从事体育运动的各项身体素质，要将拼搏的精神贯穿在体育学练活动的始终，要克服体育学练中的各种艰辛，要有“冬练三九、夏练三伏”的精神，并将这种拼搏精神应用到学习、工作中，趁着大好青春，勇敢拼搏以实现个人的自我价值与社会价值。

二、高校体育教育德育价值的典型——传统武术

（一）武德教育

武德，即武术道德，是从事武术活动的人在社会活动中应遵循的道德规范和所应有的道德品质。

传统武术重视武德教育与传承，武术“武德”教育方面有“文以评心，武以观德”，习武者应“武以观德”“习武先明德”“武以德立，德为技先”等观念。

1. 传统武德内涵

我国古人自古就重视个人品德修养，历朝历代的统治者也都非常重视国家的品德建设，“武德”在我国三千年前就已经出现了，尊礼崇德一直是我国传统文化的重要内容，也是中华民族的重要精神核心，受我国传统文化和民族精神影响，武术在其长期的发展过程中，在武术文化中融入了对习武者的道德修养要求。

武德是对习武者的要求表现在武术习练中，也表现在对日常行为处事的要求中，习练武术，追求德艺双馨，“德”即指武德，“艺”指武艺。

高校武术教学中，应重视融入武德教育，要培养高素质的大学生，不仅要重视大学生的良好专业学科知识与技能的培养，还要重视大学生的良好心理素质、道德品质的培养。武术教学正是一种有助于培养大学生“德智体美”多方面共同发展的课程教学项目，在当前实现民族文化复兴的现阶段，大学生作为未来的社会建设者与接班人，其身心素质培养、道德品质培养尤其重要，自强不息、独立自主、仁爱孝悌、谦和礼让、真诚有信等都是当代大学生应该崇尚和学习的良好品德。

武术教学对大学生的品德教育在于“崇德而体道”，要求大学生能知礼、懂礼、践礼，尤其是日常生活实践中有良好的品行，如在面对社会不良现象和他人需要帮助时，能够见义勇为和热情相助。

2. 现代武德内涵

随着社会的不断发展，武术的道德，即武德内涵也不断丰富，现代高校武术教学中，武德内涵表现如下。

（1）文明礼貌

中国是礼仪之邦，武术重礼，在武术习练中，有很多必须要遵守的礼节，如武术展示和对抗前后的抱拳礼，就是习武者个人礼貌、礼节的表现，影响到习武者的日常社会生活中。

文明礼貌，知礼，懂礼，尊老爱幼，这是我国传承千年的社会文明，也是武术文化所倡导的道德内容。

传统武术对抗搏击的“点到为止”，不同于其他国家的抵抗较量、必须将一方打倒在地，这是我国习武之人礼仪的重要表现，强调“以德服人”。

通过高校武术教学，教师应重视教学过程中的“师生之礼”，“同窗之礼”，也要要求大学生在日常生活中“践礼”，大学生必须学会为人处事之道，也许武力、非正常竞争能达到一定的目的，但这并非“君子之道”。

（2）诚信友爱

长期以来，在古人的传统“以诚为本”“人无信则不立”的思绪影响下，我国世世代代的华夏子孙都非常注重个人的诚信。

当前，诚信友爱是社会主义和谐社会建设的一个重要目标，是和谐社会构建对社会大众的基本素质要求。一个诚信友爱的社会是一个社会建立良好的社会关系的基础。

通过高校武术教学，应使大学生树立良好的道德观，诚信待人，待人友善，这也正是武术教育最基本的教学任务之一。

（3）见义勇为

见义勇为，是社会关系中一种积极向上的行为活动，是一种高尚的精神品质，传承至今。

我国古代习武之人崇尚狭义精神，国家、朋友、职守、承诺，凡此种种，都重于生命。

我国狭义精神时代流传至今，并与时俱进，在现代社会与新时期社会主义价值观相契合。

需要特别指出的是，见义勇为，并非一定要在任何情况下都不顾自身安危，现代社会，包括高校武术教学在内的学校教学，提倡学生见义勇为，更要强调“见义智为”，对见义勇为的提倡和宣扬应建立在确保青少年学生健康发展的基础之上，而不能一味地强调鲁莽行事、不计一切后果的“勇”。

（4）遵纪守法

我国古人向来重视法度，社会道德规范是衡量一个社会文明是否先进的重要标准，我国作为文明古国、礼仪之邦，在社会道德发展方面备受称赞。

社会法制与社会道德共同为构建和谐的社会关系提供保障，武德与社会道德对人们的思想品德和行为规范的要求具有高度的一致性，具有良好社会品德与道德的习武之人也往往是受人尊敬之人，可保一方平安、受一方人尊重。

我国社会道德自古具有社会道德品德要求的一致性，也在不同历史时期表现出不同特点。

在古代，武术教育“重德轻力”，维护统治。

近代，武术教育救国救民，表现出“尚武精神”。

现当代，武术教育旨在促进学生“全面发展”。

现代社会中，武术作为一个培养社会合格的高素质人才的重要手段，应在教育教学中，发挥其体育、智育、德育价值，促进社会道德文明发展、培养具有优秀品质的社会建设人才。

当前，我国高校的武术教育教学中，武术武德是重要的教学内容之一，大学生应了解武德的内容，并在生活、社会实践中，遵循武术道德，做一个具有良好品德思想和高尚道德的人。

（二）价值观教育

价值观是人们对价值问题的根本看法，它是指人们对经济活动的价值判断或价值取向。在不同的价值观的引导下，会形成不同的价值取向。

我国传统武术文化根生于中华民族所生存的文化空间，融合了中华民族各民族对人类、自然、社会以及世界其他民族和文化的看法、观点，是具有典型中华民族特色的民族文化，反映了中华民族共同的价值观。通过武术教学，有助于大学生的具有中国特色的健康的价值观的建立。

以平等民主的价值观引导为例，民主象征着社会的进步，是社会公德和法律要求的具体体现。

在人类体育文化大家庭中，传统武术是中华民族的共同的武术，属于全体中华儿女，只要是中华儿女，不分性别、肤色、民族和信仰，人人都可以参与，人人都应引以为豪。同时，随着我国传统武术文化走出国门、走向世界，武术文化成为世界体育文化的重要组成部分，全世界各族人民都拥有自己的民族体育文化，世界各国人民的体育文化不分贵贱和贫富，各国体育文化在世界体育文化大家庭中均具有平等的地位、共同发展进步。

在我国民族大家庭中，不同民族之间相互交流、学习，无贵贱之分，只有特色的不同，丰富多彩的传统武术文化内容体系构建了一个平等、通俗，得使每个人都乐于接受的模式，在这种平等意识里，各民族的尊严、权利、地位都真正得以展现。各族人民都是中华民族的重要成员，缺一不可，彼此平等、民主，构建各民族共同发展的现代化社会。

因此，高校武术教学中，大学生参与武术运动，学习武术文化，有助于健康的价值观在大学生头脑中的渗透和建立，通过武术教学可促进大学生正确文化价值观、社会与民族发展观的科学建立。

（三）民族精神教育

武术文化是我国传统民族文化的一种重要表现形式与形态，其深深地被打上了民族精神、民族性格等烙印。

中国传统武术是中华民族特有的体育运动形式和体育文化形态，我国 56 个民族，无论在何时何地，观看、学习、参与到传统武术文化活动的过程中，民族自豪感都会油然而生。

传统武术的直接参与者或间接参与者，能有效娱乐身心，享受精神生活，找到精神上的归属感。我国很多少数民族也有自己的武术内容，通过参与武术活动可以大大增强人们之间的诚信友爱。传统武术是整个中华民族的体育文化瑰宝，它不仅能够锻炼人的体魄，增进人的健康，同时还能培养人的意志，陶冶人的情操。传统武术凝聚着不同少数民族的为人处事的智慧，通过武术活动的参与更是可以促进不同民族成员之间的情感交流，避免民族矛盾的发生，互帮互助，互敬互爱。这对于提高人的道德水平和整体素质，构建和谐的社会氛围和环境十分有益。

高校武术教学中，大学生学练武术，可以让不同地区、不同民族的大学生更多地关注、参与、传承我国传统武术及其文化，有利于促进与维护大学生的共同文化心理，提高各民族的大学生的团结意识，增强大学生的民族凝聚力、提高民族文化自信、促进民族团结。

（四）爱国主义教育

爱国主义是全体人民为实现社会主义现代化建设而团结奋斗的力量源泉，任何时候都不能丢失。不同的体育文化是一定地区、国家、民族的文化，例如在体育运动比赛，尤其是大型体育比赛，如奥运会、世界杯、世锦赛中，运动员往往代表所在的国家参加比赛，比赛的获胜能让运动员及其国家的人民获得荣誉感。

武术教学是一种文化的教学。在教学中要重视民族文化、民族精神、爱国精神的传授。培养学生的民族自豪感、爱国情感与爱国精神。

传统武术教学不仅具有一般体育竞技拼搏中所突显的爱国精神，还蕴含在武术道德中、文化典故中、民族情感中。在我国古代，忠于国家和民族这一优秀传统在习武之人身上得到了鲜明的体现。少林寺歌诀告诫僧人：“罚惩恶歹忠国家，永为民族功绩创”。许多习武之人也都是忠于国家和民族的好汉，如抗击匈奴的李广、抗击金兵的岳飞、驱逐倭寇的戚继光，都是武林爱国爱民族的杰出英雄。我国传统武术体系内容丰富，在少数民族的武术内容中，有许多武术项目和文化活动内容是当地人重要的节庆活动内容和文化代表内容。在重要的节庆中，武术文化活动的开展能增加本地区、本民族的集体归属感，同时，武术文化活动中不同的个体所表现出来的亲密人际关系和集体荣誉感会促进社会集体意识的强化。

新时期，爱国主义教育是学校教育的重要内容，也是社会教育的重要内容，在高校武术教育教学中，进一步宣传和推广作为我国优秀文化代表之一的传统武术文化，有助于大学生正确认识我国传统武术的历史地位、重要作用，把握武术运动及其文化特征和属性，有利于进一步推动武术文化发展，有助于提高武术在全国、全世界的影响力，有助于中华民族的自我觉醒。

2017 年十九大报告进一步明确提出建设“富强民主文明和谐美丽的社会主义现代化强国”，文化强国是一个重要内容和途径，作为一种体育文化，我国传统武术文化是社会文化体系的重要构成要素，在社会体育建设和社会文化建设中发挥着十分重要的影响作用，是建立文化自信的代表性文化。

对于大学生来说，热爱祖国、热爱人民是高尚的道德情操，高校武术教育中，应渗透爱国主义教育，坚定民族文化自信，激发爱国热情，使大学生积极主动关心我国传统武术及其文化的传播、传承、发展，并将爱国情怀融入学习和未来的工作中，争做有为青年，报效社会和祖国。

第三节　高校体育教育与大学生审美能力培养

一、高校体育教育中的审美内容

（一）身体美

1. 含义

身体美是指人的身体经过体育运动所获得的一种健康美，如匀称和谐的体态、全面发展的身体素质等。身体美不同于一般意义上的人体美，它不仅仅是指身体的外形，还包含体格、生命力及其他精神因素。而人体美主要指人的外部形态，如体型、容貌等。可以说，身体美是一种动态的美，而人体美是一种静态的美。如果维纳斯像塑造的是理想的人体美的话，那么，健美运动员追求的则是真正的身体美。从美学的角度看，只有具备了改造客观世界的能力，并能自由发展、完善自己的身体才是健康的身体，才是美的身体。从这种意义上说，体操运动员肌肉发达的身体、长跑运动员瘦削的身体、举重运动员粗壮的身体、摔跤运动员高大魁梧的身体都是美的身体，都能给人以美的享受。相反，一切病态的、衰弱的身体，在体育欣赏中都不具有真正的身体美。例如，有些女运动员不顾身体健康，采取服用兴奋剂等手段以取得好成绩，结果丧失女性体态特征，从外形上看与男运动员相差无几，这种病态的身体不能给人以真正的美感。

2. 主要内容

人类的身体是有活力的身体，它的美表现在多个方面。在长期的体育欣赏实践中，人们逐渐认识到，身体美主要包含以下三方面的内容。

（1）健康美

健康美是对人的健康的美学描述，它是体育运动所追求的理想目标。根据健康的定义，评价健康美应该从身体的外部特征、体质和精神状态三个方面加以分析。

健康美的外部特征表现为：身体各组成部分协调一致，肌肉、骨骼等形体结构理想组合，其中肌肉发达且富有弹性，肤色红润而有光泽。在体质方面，健康美主要表现为：肌肉运动的能力、对外界环境的适应能力和抵抗疾病的能力高，具有较高的人体质量。健康美还包括人的精神面貌和心理发展水平。一般来讲，乐观向上、积极进取、对生活和事业充满信心等，都是一个人健康美的具体表现。

（2）体态美

体态美是通过体育运动使骨路、肌肉等人体组织得到正常发育后所具有的形体和姿势上的美。人的身体形态受遗传因素的影响最大，但经过后天的体育锻炼，也可以对人的身体形态加以改进和控制,并使之逐步完善。所以,评价一个人是否具有身体美,通常把体态美作为一个重要的指标来看待,而评价体态美的形式要素主要是比例、匀称、和谐与线条。

①比例:人的身体比例是指人体各部分之间的数学关系,它是人们所向往的理想体态的平均值。追求健康身体的合理比例,一直是体育运动所追求的目标之一。早在两千多年以前,古希腊人就提出了“黄金分割法”和“头身比例法”,这在今天的体育界和美术界仍有重要的影响。他们认为,数学上的黄金分割比例关系(1∶1.618)也适用于人体,如人体从肚脐分界,下半身大则美;若双手垂直于地面,中指尖到头顶的部分大,则形体更美。头身比例是指人的头和身体的比例为1∶8,符合这种比例的人体是美的人体。人类身体比例的美学原则体现了合目的性与合规律性的统一。体育运动可以全面发展人的身体,使人的身体合乎理想的比例关系,并进而成为人们的欣赏对象。

②匀称:人的身体匀称是指身体各部位的均衡和对称。在通常情况下,匀称的身体更能充分表现出体育美。对身体匀称美的欣赏,一般人都具有这种能力。我们知道,两肩不一样高,两腿不一样长,这样的身体不会是匀称的身体,也不会是美的身体。但在体育欣赏实践中,有一种特殊情况应该区别对待,就是特殊的运动需要往往会使运动员身体的某些部位变得相对突出,导致整个身体看起来不够对称。例如,男子体操运动员经常要进行自由作操、鞍马、吊环、单杠、双杠和跳马的练习,而其中四个项目主要是依靠臂力去完成,所以他们的上肢肌肉发达,而下肢相对弱一点,整体看来显得上身粗,下身细。在体育欣赏活动中,怎样去评价这种异常现象呢?实际上,这是在身体发和建构的过程中,运动员按照运动项目的要求,打破已形成的身体形态的均衡,在身体形态的重新建构中寻求的一种新的适度。它显示了人类体育实践的伟大目的,是一种特殊的美的现象。

③和谐:人的身体和谐是指身体各组成部分多样统一的协调关系,主要表现在三个方面:人体形态各要素的和谐,各器官、

系统功能上的和谐，人的外部形态、内部功能与运动形式在机能上的和谐。和谐是优美的基本特征，一个人的身体美首先表现出来的就是和谐。

从美学角度来说，身体和谐是人在体育运动方面的合目的性与合规律性的统一，是人的目的向理想尺度转化的结果。

④线条：身体线条是指人身体的外部轮廓。根据人们的一般欣赏经验，男女的线条是不一样的。男性的身体线条多平直、有棱角，显出一种刚劲有力、粗犷豪放之美；女性的身体线条更圆润、有曲线，显示出秀美、柔和的特征。无论男性还是女性，均可以通过体育运动，自觉地按照“美的规律”加以塑造，形成自己理想的身体轮廓线条。

（3）风度美

风度美是指人的风采、气度的美。虽然风度与人的思想文化修养有密切的关系，但它毕竟是通过人体的活动而表现出来的，因此，在这里把风度美列为身体美的一个部分。

体育运动不仅能塑造健美的体格，而且也能培养健康的人格。在长期的体育实践中，这种健康的人格可以使运动员和教练员形成一种风度美，比如尊重对手、服从裁判、关心队友、珍惜荣誉、自重自强等。风度美一般具有两个基本特征：一是符合社会道德规范，二是表现出鲜明的个性特点。例如，在球类比赛中，裁判的误判是不可避免的，在这种情况下，有的运动员表示理解，能立刻遵守裁判的判罚，并向队友示意。这一切给人的印象极为深刻，使一人觉得他们的风度非常美，从而引起崇敬之感。相反，在比赛场上追打对手、围攻裁判等行为就不具备风度美，会让人产生反感。

（二）运动美

1. 含义

运动美是指人在体育实践中，通过身体运动所呈现的一种动态的美。运动美是体育美的重要内容,同时也是体育美的基本表现形式。

运动是体育的根本属性,没有运动也就没有体育。这里所说的运动,是专门指体育中的人体运动,是人类有目的、有意识地进行长期锻炼的结果。它既不同于动物的运动和人体本能的活动,也有别于人在社会生活中的实用动作。体育运动不仅要受严格的技术规范所限定,同时还要受高度的运动技巧所约定。因此,人类的体育运动是一种自我创造的活动,人体只有在这种活动中所表现出来的美,才是真正具有体育意义的运动美。

美国学者劳伦斯·沙费认为:“人的胡作妄为的运动不可能是美的。只有经过训练的运动才是美的,体育之运动和表演艺术可用来说明经过训练的运动。”

2. 主要内容

(1)技术美

技术美是指人在完成各种体育动作时,从方法和技巧上表现出来的美。技术美在体育运动中最为常见,如马拉多纳巧妙的过人技术、乔丹精妙绝伦的空中投篮、霍尔金娜优美流畅的高低杠动作等。运动技术作为体育欣赏对象,之所以能给人以美感,就是因为它是人类在体育实践中的一项伟大创造。这种创造的过程表现在运动者能够准确、协调地完成各种体育动作,以此向自然显示人的本质力量。动作的准确性、协调性、连贯性和节奏感构成了技术美的主要特征。

运动技术本身是不断发展的,随着体育科技水平的提高和人们对体育运动认识的深化,一些更加符合人体运动规律的先进技术不断被创造出来。例如跳远运动,人们起初采用蹲踞式技术,当后来出现了挺身式技术的时候,蹲踞式就显得比较陈旧,以至于在大型的田径比赛中已无人采用。当新的走步式技术问世后,就连曾经风靡一时的挺身式技术也受到了冷落。这一切说明,运动技术是开放式的,是在不断发展的,所以人们的欣赏倾向也需随之而改变。

在世界体育大赛中，人们经常会看到，具有同等运动水平的优秀选手往往会表现出不同的技术特点。例如巴西队和德国队是两支世界足球劲旅，都曾多次夺得世界杯冠军，其中巴西队5次，德国队3次。虽然两队都创造了优异的运动成绩，但两队的技术特点并不一样，巴西球员讲究技巧、配合，德国球员则强调力量、速度。技术虽然不同，但都用最美的形式表达了体育美的内容。所以，从体育欣赏角度来看，不能把不同特点的技术分成高低优劣来欣赏和评价。

人们在长期的体育实践中，根据运动需要创造了许多高难动作和先进技术，如凌空射门、鱼跃救球、走步式跳远、背越式跳高等。由于这些技术动作多为优秀选手所采用，因而就成了广义的形式美，并具有相对独立的欣赏价值。人们一见到这些体育技术就感到很美，往往忽视了它们的实际运动效果。其实，这种欣赏习惯有时会有一定的片面性，因为无论多么高难、先进的技术，如果得不到合理有效的运用，也不能算是真正的美的形式。如跳水比赛，有些运动员为了取得高分，盲目选用了一些难度系数较大的跳水动作，结果弄巧成拙，使自己名落孙山。

（2）战术美

战术美指在体育比赛中运动员个人技术的合理运用及运动员之间协调配合时所表现出来的美。它是运动员根据比赛双方的情况采取合理行动，以发挥己方特长，限制对方优势，夺取体育比赛胜利的一种艺术。

在每项体育比赛中都有着对抗和竞争，这不仅是运动员的体力、技术和意志的角逐，而且也是战术水平的较量。无论是一对一的单打独斗，还是全队参加的集体抗衡，在双方实力相当的情况下，谁的战术组织得好，运用得美，谁就会赢得比赛的胜利。战术美就具体表现在对战术的成功运用。在欣赏体育比赛时，如何去把握“战术的成功运用”这一欣赏尺度呢？这可以从以下三个方面入手：首先，技术是战术的基础，是战术的表现形式，全面、熟练、准确、实用的技术是实现战术的先决条件。其次，战术的运用，必须根据比赛的具体情况，灵活机动地加以变换，任何单一的战术都不会取得良好的比赛效果；再次，比赛中的战术变化，要力争主动，避免被动，时刻以己之长攻彼之短；最后，战术水平是运动员战术意识的体现，良好的战术意识必须在发挥与反发挥、制约与反制约的实践中加以培养，才能逐渐形成。

在实际的体育比赛中，战术美的表现往往是极其复杂的，欣赏者必须结合具体的欣赏活动，不断地积累自己的欣赏经验。这里以篮球比赛为例谈有关战术美的欣赏问题。随着现代篮球运动的技术和战术的发展，当今世界篮坛形成了两种截然不同的战术风格。一种是以美国为代表，主要讲究一对一的打法。在比赛中，5个球员没有相对固定的位置，打起球来满场飞，攻击点很多，个人单打独斗的能力较强，在一对一的情况下能轻而易举地进攻得分，这种战术打法对球员的能力要求比较高。另一种是以亚洲为代表，主要讲究一定的攻防套路。进攻时每个队员都有明确的位置，根据对方的防守战术来采用不同的进攻对策。在队员的配合上讲求内外线结合，形成里外呼应之势。对这两种战术打法，该作出怎样的欣赏评价呢？这就要求具备一定的篮球知识，具有一定的欣赏经验。无论应用哪种战术，只要整场篮球比赛始终在高速度、高强度中进行，队员能不停地奔跑、移动、穿插换位，配合默契，攻防转换时比赛节奏清楚、分明，那这场篮球比赛就是一场高水平的比赛，两队都成功地运用了各自的战术，体现出战术美。

对于一个普通的体育欣赏者来说，要欣赏战术美，必须具备一定的运动知识，积累一定的欣赏经验。

（3）意志美

意志美指在体育运动中自觉地确定目的，并在目的支配下调节自己的行动，从而实现预期目的时所呈现的美。意志美通常是运动员良好意志品质的具体表现。现代体育运动的最显著特点是，运动员之间的运动水平越接近，竞争和对抗就越激烈。要夺取比赛的胜利，运动员必须克服各种困难，与对手进行顽强的竞争。在这个过程中，运动员所表现出来的主动、自制、勇敢、顽强等，都属于意志美的范畴。

体育中的意志美与运动员的意志努力是分不开的。一般情况下，运动员的意志努力始终与克服困难紧密相联，在克服困难的过程中表现出强烈的意志美。例如，在第27届奥运会女子20公里竞走比赛中，中国竞走运动员王丽萍虽然最终夺得了金牌，但其夺金道路并不平坦。在比赛的前半程，王丽萍仅名列第五，另一位中国运动员刘宏宇名列第三。当比赛进入后半程后，先后罚下了走在最前面的三名运动员，其中包括中国运动员刘宏宇。而当另一名国外运动员和王丽萍先后到达入场口时，裁判又罚下了这名国外选手。可以想象，当时王丽萍内心有多么紧张，但是她凭着顽强的意志，以完美的姿势顺利走到了终点，摘取了第27届奥运会女子20公里竞走比赛的金牌，这也是本届奥运会我国在田径项目上夺得的唯一一块金牌。在整个比赛过程中，王丽萍克服了生理和心理上的巨大压力，表现出了强烈的意志美，给人以深刻的印象。

意志美在体育运动中的各种表现形式，绝大多数都具有崇高美的意味，所以在具体的欣赏活动中，不能用优美的标准去衡量它们。比如，赛跑运动员在终点冲刺时，其面部表情和身体姿势都与常人大不相同。对此，人们不应该刻意挑剔，因为这是运动员为了超越自我而作出的种种意志努力，从中应该看到意志美。

（4）智慧美

智慧美指运动员、教练员和裁判员根据比赛场上变幻莫测的情况迅速作出判断，并能采取相应对策所呈现的美。现代的体育运动，不仅是人的体能、技术、战术和意志的全面较量，而且还包括智慧之争。因此，体育运动过程中处处表现出智慧美的存在。如在比赛中，运动员根据对手情况采取随机应变的合理行动，教练员胸有成竹地调兵遣将，变换战术打法，裁判员根据场上情况及时作出准确判罚等，都是智慧美的具体表现形式。在通常情况下，体育运动中的智慧美同运动员的文化知识、技术水平、比赛经验,以及教练员的指挥才能、裁判员的反应能力等,都有密切的联系。

随着体育运动的发展,各国运动员之间的水平日趋接近。运动员必须具有全面的知识和灵活的头脑,才能在比赛中取得胜利。因为,知识的系统性和准确性,思维的灵活性和敏捷性,在现代的运动竞赛中往往起着重要的作用。例如美国NBA的运动水平可以说世界最高,其原因除了具有广泛的群众基础、有先进的训练方法和比赛制度之外,最重要的因素就是NBA球员的文化水平较高。NBA球员绝大部分来自高校,他们不但身体素质好,而且有很高的文化素养。所以,这些球员打起球来得心应手,很有创造性,使人感到一种智慧美。

现代的体育比赛,不仅有运动员的直接斗智,还有教练员的间接斗智。通过运动员的场上行为,教练员展示了其指挥意图和战术思想,把那种"运筹帷幄之中,决胜千里之外"的用兵才能、临场随机应变和临危泰然自若的大将风度展现出来。观众从中可以欣赏到人的智慧美。

体育比赛能否顺利进行,裁判员起着举足轻重的作用,其执法水准不但影响着比赛的结果,而且影响着观众的欣赏情绪,特别是在节奏比较快的球类项目的比赛中,裁判的正确判罚显得格外重要。例如在足球比赛中,运动员要在快速、剧烈的对抗中争抢球,以充分发挥身体、技术上的优势,与此同时,一些非技术性动作、犯规与不正当行为时有发生。在这种情况下,裁判员如果能正确把握运动员的企图,识别动作性质,对非技术性动作及时教育和判罚,对一般犯规和严重犯现善于区分处理,就能保持比赛的节奏,同时也会调动起观众的欣赏情绪。通过正确的判罚过程,裁判员显示出强烈的智慧美。

由于现代体育比赛多在高速度、高强度的对抗中进行,赛场形势瞬息万变,因而迫使运动员、教练员和裁判员必须在最短的时间内,及时作出行动方案和采取相应对策。这一切使观众看到了人的智慧,并产生强烈的美感。

（三）其他类型的美

体育领域中处处存在着美，除了身体美和运动美之外，还有众多丰富的美学现象有待人们去发现。下面简单介绍几种影响范围较大的体育美学现象。

1. 体育建筑美

体育建筑作为进行体育活动的物质条件，其设计并未受到实用主义的束缚，而是较多考虑到欣赏的需要，注重实用功能和欣赏功能的和谐统一。体育建筑在它的复杂结构、造型、色彩等外观上，构成了一个丰富复杂如乐曲似的组合形式，给人以韵律和节奏的感觉，因而被认为是“凝固了的音乐”。

古代著名的体育建筑是奥林匹亚宙斯神庙和古罗马巨型竞技场等。奥林匹亚宙斯神庙是古代奥运会中心，后毁于一场大火，但从宙斯神庙的复原图上可以看出，宙斯神庙不仅现模宏大，而且在设计上充分体现出对称和比例等形式美的规律，给人以庄严、神圣的感觉。现代著名的五大体育建筑艺术奇观包括巴西的马拉卡纳体育场、德国的慕尼黑体育场、墨西哥亚兹的卡纳体育场、美国宇宙圆顶体育场以及前苏联的列宁体育场。不同的体育建筑以其富有韵律的结构和外观，表现着不同国家的精神风貌与审美时尚，同时也带给人们不同的欣赏感受。

2. 体育工艺美

体育工艺是指体育建筑之外的、在外部形式上经过审美处理的体育用品的艺术。体育工艺品一般体积比较小、品种比较多，如各大型运动会的吉祥物、火炬、会徽以及运动员的服装、鞋帽等。由于体育工艺品主要是为了满足人们的精神需要和生活需要而生产创造的，比较直接地体现了“美的规津”，因而欣赏价值日益突出。

体育工艺品作为欣赏对象，一方面必须与特定的实用环境相符合，以满足不同环境中人们的心理需求；另一方面必须利用物品本身的功能结构，在外部造型、色彩上进行适当的审美处理，从而表现出一种朦胧、宽泛的情调色彩。例如 2000 年悉尼奥运会上，我国运动员身着李宁牌运动服，在衣服背后画有一条金黄和火红色的龙，形似“China”，这不但点缀了服装，使服装协调美观，而且让世人知道中国是世界东方的巨龙。

3. 体育雕塑美

体育雕塑的主要对象是运动员，它通过对人体动作、姿态的塑造，集中表现了人的内在的本质力量，显示出人的美。它完美地融合了理想性和寓意性，成为表现体育题材最有利的艺术种类之一。体育雕塑的美学特征，在于突出表现高度概括的单纯的性格、品质、气概。比如公元前 5 世纪米隆所作的掷铁饼者，主要体现了人类的力量；1994 年“空中飞人”乔丹的雕塑落成，主要展示了人类篮球技艺的高超。由于体育雕塑的三度空间的实体性，使人们可以从不同的角度和距离对它欣赏，获得不尽相同的感受。

体育雕塑不仅能表现人的美，而且对环境起到点题的作用。例如，在洛杉矶体育场门口默默屹立于奥运会圣火之下的两尊男女运动员的裸体无头塑像，给人们留下了深刻的印象。体育雕塑通过表达重大主题思想，长久地感染人、影响人，成为一座建筑、一座城市甚至一个国家的象征。

4. 体育音乐美

音乐是以时间上流动的音响为物质手段，表现人的心理感受的艺术。自古以来，音乐与体育就有难以割舍的关系。在古代奥运会上，传令比赛和笛手比赛被列为正式项目，跳远比赛也有长笛伴奏。音乐与体育的交融，不但给人视觉的冲击，而且从听觉上给人以美的享受。在现代，音乐与体育的结合更广泛。例如在艺术体操、花样游泳、花样滑冰等运动项目中，运动员合着音乐的节拍，充分展示着美的舞姿，给人以赏心悦目之感。一些运动会的主题曲，更显示出一种永恒的勉力。例如著名的《运动员进行曲》、《铿锵玫瑰》等，演奏多年仍盛行不衰，时刻激励着运动员的斗志。从中，人们可以感受到体育音乐美的感染和教育作用。

二、高校体育教育中大学生审美能力培养

熟悉、了解国内外大型运动会以及单项体育比赛的基本情况，有助于人们在欣赏体育比赛时区分是属于什么级别和范围的体育比赛。另外，在运动竞赛欣赏时，人们还要充分了解运动竞赛的规则，否则人们很难真正了解运动比赛之美。

为进行比赛而制定的统一规范和准则，就是所谓的体育竞赛的规则。各个运动项目都根据本项目的特点制定竞赛规则。国际竞赛规则由相应的国际单项体育联合会制定。中国竞赛规则由国家体育总局审订和颁布。其内容主要包括裁判名称和职责、竞赛的组织方法、评定成绩和名次的方法以及有关场地设备和器材规格等。不同运动项目有不同的规定，只有熟悉和了解不同运动项目的竞赛规则，才能更好地欣赏体育比赛。

（一）欣赏能力的自我提升

1. 树立正确的审美观点

生活中不是缺少美，而是缺少发现美的眼睛。在欣赏体育竞赛时，应该提升自身的审美能力，树立正确的审美观点，使得自身具有“发现美的眼睛”。体育运动竞赛之美在于其能够将直观形象作用于人的视听器官，从而使得人们获得奇特的审美观点。

现代社会商业化、娱乐化发展日益加重，这在一定程度上误导了人们的审美价值——注重外在美，而忽视内在美。正确的审美观应强调把审美的意蕴引向内部，即通过观赏体育竞赛使自己的道德情操、意志品质、审美情趣受到美的熏陶。在欣赏运动的

外在美的同时,也应体会运动员的意志品质、创造力,甚至是艺术感染力。

2. 对体育文化和精神进行深入的了解

体育是人类社会发展过程中创造和积累出来的宝贵文化财富,以其积极向上、团结进步的精神展示着它的迷人之处,如更快、更高、更强的奥运精神以及公平、公正、公开的竞赛精神。当看到运动员历经数年的努力最终获得冠军时,那种自豪感、幸福感,会深深感染着关注这一切的人们,在这一刻,被感动的不仅仅是运动员本人,还有那些喜爱他们的支持者,当然,人们也为那些在比赛中失败的运动员叹息、流泪。从这点可以看出,其实体育比赛的价值已经远远超出了竞赛成绩本身,这里面更多的是把人生的许多哲理展现出来,使人们在观念、思维、情趣等方面的精神得到升华。

3. 充分体会运动的美和实力

运动员经过长期锻炼,他们的身体或变得非常匀称、协调或变得非常强壮有力。运动员在进行比赛时都要穿着规定的运动服饰,这些运动服饰也已经通过不断改革与运动员的肤色、运动类型等逐渐相结合,显示出健康之美。同时,这种美结合于体育运动,在比赛中能展现出运动员独特的动感美。竞技体育运动能最大限度地发挥人体运动潜能,运动员在竞赛中不断挑战极限、超越自我,表现出超过常人的运动能力。例如,田径百米“飞人”能够在不到10秒钟的时间内完成100米跑;举重运动员能举起相当于自己体重3倍的重量;跳高运动员可以跳跃超出自己身高几十厘米的横杆等,这些成绩在让人们感到惊呼的同时,无不展现出了它的力量美、动态美。

4. 对运动技战术进行深入分析

在体育比赛中,运动员的技术动作和战术配合是经过长期刻苦训练和多次比赛的磨合而形成的。有些球员的个人技术达到了炉火纯青的境界,有些球队的整体战术和默契的配合能达到天衣无缝,让对手无法摸透的程度。

从技术角度欣赏,如足球比赛中门前的险象环生,使人们屏住呼吸,射门得分后观众释然狂欢;篮球比赛中高高跃起的扣篮和盖帽、准确的三分远投;乒乓球比赛中球的各种旋转和线路变化以及台球运动中球员对母球的精确控制等都让人为之神往、如痴如醉。

从战术角度欣赏,如足球场上令人眼花缭乱的短传配合;篮球场中体现精确时空概念的空中接力;排球战术中二传传出的恰到好处的球;接力赛中队员传接棒的完美传递瞬间等,也让观众赞叹团队的力量以及从观赛中得到心灵的良好体验。

(二)尝试开设体育欣赏课和相应讲座

欣赏课的欣赏方法可分为直接欣赏和间接欣赏。直接欣赏就是学生亲临现场观看比赛、表演、教学、训练等,这种方式使学生可以将自身和现场融为一体并置身于热烈的场地当中,沉浸于运动的魅力之中,得到赏心悦目的感受,去发散灵感宣泄情绪。间接欣赏是通过电视、广播、VCD、报刊等媒体实现欣赏目的的一种方式。尽管这种方式所受影响较多,但在目前它仍是欣赏的主要途径。

1. 欣赏教学是培养学生体育兴趣的主要途径

人人皆知,没有学习兴趣的人学不进去。故在教师引导下,去欣赏体育美是激发学生学习兴趣最有效的方法。譬如说,体育比赛可使人欣喜若狂,同样也会催人泪下。

2. 欣赏课可培养学生体育鉴赏能力

培养学生的鉴赏能力,关键是要使学生划清体育运动中的真善美与假恶丑的界限,掌握分辨是非的标准,有能力判断某项运动的社会价值、健身价值及艺术等。

3. 欣赏课可培养学生的想象能力

要欣赏体育,就必须理解体育,即不是单纯用眼或耳去看、去听,而是用心去“品”,只有“品”出味来,才能走进体育,完善自我,才能透过体育运动的节奏、速度、力量等去体验体育之美。

总之,我们不仅要加强学生运动技能学习,还应加强学生体育文化教育。应通过高校体育教学和校园体育文化等多种方法和手段,不断提高大学生对体育美的鉴赏力,从而形成正确的体育价值观,激发体育兴趣并养成“终身体育”的良好习惯。

(三)美学教育应贯穿于体育教学过程之中

1. 注重老师自身仪表、语言、示范美

在体育教学过程中,学生对教师讲解示范的理解、感受及美感的产生都是通过直观形象作用而实现的。所以,首先教师应衣着合宜、整洁、作风正派、语言文明、行为文雅、姿态大方、精神饱满;其次,讲解动作要领时,力求语言生动形象、通俗易懂、精练扼要、用词确切、示范正确熟练、轻松优美,这样对学生实际上是一种潜移默化的对体育美的引导,并使他们在欣赏体育美的同时能够主动和积极地投入运动。

2. 选择适当的教学方法和手段

教学方法和手段运用是否得当,是提高教学质量的保证。传统的体育教学模式,一般未经过美学加工,往往驻足于“传道,授业,解惑”的认识常态,平淡乏味而缺乏吸引力,无法体现体育课美的所在。因此,体育教育中,老师要优化教学方法和手段,使其优美化做到形式多样,有趣味性、针对性、科学性。例如,编排动作新颖造型优美的徒手操,创编和应用多种体育游戏,将某些运动项目配以音乐进行教学,加入学生比赛等,和同学一起体验运动的美妙,享受运动的乐趣。

3. 积极创造条件,美化教学环境

教学环境是贯穿于教学过程并影响教师的“教”和学生的“学”的物质因素与人文因素的总和。通常前者称为“硬环境”,后者为“软环境”,“硬环境”即为场地、器材布置等,“软环境”即师长关系健康和谐。如清洁卫生的运动场馆,充足的运动器材,并利用先进的电教设备,进行多媒体教学,则会使学生赏心悦目,充分体验体育动作的美。另外,教师要以饱满的热情去关心,帮助学生,与学生建立起民主、合作和谐的关系,并不失时机地对学生在运动中美的动作、美的姿势进行肯定的评价。引导学生相互鉴赏,增强信心,激发其学习的积极性。

第四章 大学生体质健康与科学锻炼

第一节 大学生体质健康概述

一、体质

（一）体质的概念

体质，即人体的质量，它是先天遗传性和后天获得性基础上表现出来的形态结构、生理生化功能、适应能力和心理因素等方面综合的、不断发展的、相对稳定的特征表现。遗传是人体体质发展变化的先天条件，对体质强弱有着重大影响，但它对于体质的影响只提供了可能性，决定体质强弱发展变化的还有赖于生活环境、营养卫生、行为方式等获得性因素。

简要地说，体质既反映着人体生命活动的水平，也反映着人体的运动水平。生命活动是身体运动的基础，反映着人的自然属性，身体运动又是生命活动得以充分发展的必要条件，相当程度地反映着人的社会属性，二者是统一的。满足于生命活动的自然发展，会限制身体运动的发展水平；听任身体运动的任意发展，也会损害生命运动的正常运行，二者又是矛盾的。可见，体质反映了人体的生命运动和身体运动的对立统一，只有科学地把握和处理生命运动和身体运动的矛盾统一，才能达到身体发展的极致。同样是健康的人，其体质却千差万别。一个人的体质强弱要从形态、功能、身体素质对环境、气候适应能力和抗病能力等多方面进行综合评价。

（二）体质的内涵

体质主要包括体格、生理功能、身体素质和运动能力、心理发育以及适应能力五个方面的内容。

1. 体格

体格即身体形态发育水平。常用测试的指标主要包括身高、体重、胸围、腰围、臀围、皮褶厚度等，通过这些数据的测量，可得知人体的基本发育水平和体质状态。

2. 生理功能

生理功能即机体新陈代谢水平以及人体各器官、系统功能及运行状况。测定的指标有脉搏(心率)、血压和肺活量。脉搏、血压是检查人体心血管功能的简易指标；肺活量反映肺的容积和肺的扩张能力。

3. 身体素质和运动能力

身体素质和运动能力即速度、力量、耐力、灵敏、柔韧等素质和走、跑、跳、投、攀爬等运动能力。例如，100 米跑反映了速度素质，即人体快速奔跑能力；1 500 米跑反映了耐力素质，即较长时间奔跑能力；立定跳远主要反映下肢肌肉爆发力和弹跳能力。

4. 心理发育水平

心理发育水平即本体的感知能力、个性、意志、心理健康状况和精神状况等。

5. 适应能力

适应能力即对内外环境的适应能力和对疾病的抵抗能力。

它反映了人体在适应自然环境和社会环境中所表现出来的能力。

以上五个方面相互依存、相互影响和相互制约,决定着人们的不同体质水平。身体形态结构和生理功能构成了人体体质的基础,身体素质和运动能力、适应能力及心理状况是体质的外在表现。另一方面,通过提高身体素质和运动能力,与机体相对应的生理功能和身体形态结构也会发生一系列变化。同时,提高身体素质和运动能力的过程对人的心理产生一定影响,从而促进个性心理的良性发展。体质强弱的评价也应从以上五个方面进行,而我们通常所说的增强体质的含义则应该是:促进体格的发展,提高身体生理功能水平,全面发展身体素质,提高运动能力和对外界环境的适应能力,促进人体心理发展。

需要注意的是,不同的人,其体质存在较大的差异。而且,同一个人在人生的不同阶段,体质状况及其特征也是处于不断的发展变化之中。所以,在体质促进的研究中我们要“因人而异、因时而异”,达到个性化、多样化的健康发展。

二、健康

(一)现代健康观

1948 年,世界卫生组织(WHO)在宪章中明确指出:“健康不仅仅是免于疾病和衰弱,而应该是保持身体上、精神上和社会适应能力方面的完好状态。”从而将人类的健康与生理的、心理的以及社会的因素联系在一起。这个定义包括以下三层含义。一是躯体健康,指躯体的结构完好,功能正常。躯体与环境之间保持相对的平衡状态。二是心理健康,又称精神健康,指人的心理处于完好状态,包括正确地认识自我,正确地认识环境,及时适应环境。三是社会适应能力良好,指个人的能力在社会系统内得到充分的发挥,个体能够有效地扮演与其身份相适应的角色,个人的行为与社会规范和谐一致。

1989 年,世界卫生组织对健康的概念又进行了重新定义,提出健康应包括躯体健康、心理健康、社会适应良好和道德健康，这就是所谓的四维健康观念。而继四维健康观之后，美利坚大学的国家健康中心提出了一个与其类似的健康定义，即健康是人对环境适应后所达到的一种生命质量，个体只有在身体、情绪、智力、精神和社会各方面达到完美状态才称得上真正的健康，这种健康观又称健康五要素。这种观念将人们对健康的认识提高到一个崭新的高度，并为世界各国学者广泛接受。

健康的五个要素相互联系，相互影响，例如身体不健康会导致情绪不健康，心理不健康会导致身体、情绪和智力的不健康。因此，只有每一个健康要素平衡地发展，人们才能真正健康，才能幸福地生活。

（二）健康的标准

1. 世界卫生组织提出的健康标准

（1）精力充沛，能从容不迫地应付日常生活和工作。
（2）处事乐观，态度积极，乐于承担任务，不挑剔。
（3）善于休息，睡眠良好。
（4）应变能力强，能适应各种环境的各种变化。
（5）对一般感冒和传染病有一定抵抗力。
（6）体重适当，体型匀称，头、臂、臀比例协调。
（7）眼睛明亮，反应敏锐，眼睑不发炎。
（8）牙齿清洁，无缺损，无病痛，齿龈颜色正常，无出血。
（9）头发有光泽，无头屑。
（10）肌肉、皮肤富有弹性，走路轻松。

2. 世界卫生组织提出的身心健康新标准

（1）“五快”（生理的健康标准）

①快食是指胃口好，不挑食，吃得迅速，说明人体内脏功能正常；

②快便是指大小便通畅，便时无痛苦，便后感舒服，说明人的肠胃功能良好；

③快眠是指入睡快，睡眠质量高，睡醒后精神状况好，说明人体中枢神经系统的兴奋、抑制功能协调，内脏无病理信息干扰；

④快语是指说话流利，语言表达准确，这表示思维敏捷，心肺功能正常；

⑤快走是指行动自如，步伐轻捷，这说明精力充沛，身体状况良好。

（2）"三良好"（心理的健康标准）

①良好的个性是指心地善良，处世乐观，为人谦和，正直无私，情绪稳定；

②良好的处世能力是指沉浮自如，客观观察问题，有良好的自控能力，能较好地适应复杂的环境变化；

③良好的人际关系是指待人接物宽和，不过分计较小事，能助人为乐，与人为善。

3. 医学专家提出的健康状况综合自测标准

（1）1 个月内体重增减在 3 千克之内。

（2）每天的体温波动保持在 1℃以内。

（3）脉搏 72 次 / 分钟左右。

（4）每一天的进餐量稳定在 1 ～ 1.5 千克，超过平常量的 3 倍或少于 1/3 为不正常。

（5）大便定时，每天 1 ～ 2 次。一天以上不大便或一天大便 4 次以上为不正常。

（6）一昼夜尿量 1500 毫升左右，多于 2500 毫升或少于 500 毫升为不正常。

（7）每晚睡眠 6 ～ 8 小时，不足 4 小时或嗜睡则为不正常。

以上 7 项标准中，若有一项不正常者，应向医生咨询；若有两项不正常者，可能患有某种疾病；一旦有 3 项或 3 项以上不正常者，则肯定患有某种疾病。

据有关研究报道，按上述的健康标准进行评价，只有15%的人达到健康的要求，而15%的人有病，大部分人是介于健康与疾病之间的一种亚健康状态。

（三）健康促进

1. 健康促进的概念

关于健康促进的确切定义，《渥太华宪章》中说：“健康促进是促使人们提高、维护和改善他们自身健康的过程”。而世界卫生组织前总干事布伦特兰在2000年的第五届全球健康促进大会上则作了更为清晰的解释：“健康促进就是要使人们尽一切可能让他们的精神和身体保持在最优状态，宗旨是使人们知道如何保持健康，在健康的生活方式下生活，并有能力做出健康的选择。”具体来说，健康促进是将健康教育和充分运用行政手段相结合，广泛动员和协调个人、社团、国家各方面履行所承担的责任，共同促使行为和环境的改善，保护和促进健康的一切活动和策略。

2. 健康促进的内涵

随着全球范围内，加速推进人人享有健康这一战略目标的行进，健康促进的概念应运而生。健康促进是促进人们维护和提高他们自身健康的过程，是协调人类与他们生存的环境之间的战略。健康促进规定了个人与社会对健康的各自不同的责任。1986年，WHO在加拿大首都渥太华召开第一届国际健康促进大会，并最终通过了《渥太华宪章》，确立了健康促进在21世纪防病工作中的重要地位，确定了健康促进的五大策略：即改革或出台促进健康的公共政策和法规，改善自然和社会环境，发展个人健康技能，动员社区广泛参与和调整卫生服务的方向。

健康促进的内涵体现在以下几方面：

（1）健康促进涉及整个人群的健康和生活的各个层面，而非仅限于疾病预防；

（2）健康促进直接作用于影响健康的各种因素，包括社会行为、生态环境、生物因素和卫生服务等；

（3）健康促进是运用多学科、多部门、多手段来增进群众的健康，包括传播、教育、立法、财政、组织改变、社区开发以及当地群众自发的维护自己健康的活动；

（4）健康促进的工作主体不仅仅是卫生部门，而是社会的各个领域和部门；

（5）健康促进强调个体、家庭、社区和各种群体有组织的积极参加；为了增进健康必须促进社会公平与平等，而这需要组织机构的改变和社会的变革；

（6）健康促进是建立在大众健康生态基础上，强调健康——环境——发展三者的整合。

3. 健康促进的策略

健康促进是通过倡导、促成、协调和多部门的行动，促进人民提高和改善自身健康的过程。健康促进力求通过以下三个主要策略促进健康的发展。

（1）倡导

倡导是一种有组织的个体及社会的联合行动。健康是社会经济和个人发展的主要资源，也是生活质量的重要部分。政治、经济、社会、文化、环境、行为和生物学因素均可促进健康或损害健康。健康促进行动的目的是通过对健康的支持，使上述因素有利于健康。倡导政策支持，卫生部门和非卫生部门对群众的健康需求及有利于健康的积极行动负有责任；倡导激发群众对健康的关注，促进卫生资源的合理分配并保证健康作为政治和经济的一部分；倡导卫生及相关部门去努力满足群众的需求和愿望；倡导支持环境和提供方便，使群众更容易做出健康选择。

（2）赋权

赋权与权利和政治密切相连。健康是基本人权，健康促进的重点在于实施健康方面的平等，缩小目前存在的资源分配和健康状况的差异,保障人人都有享受卫生保健的机会与资源。为使人们最充分的发挥各自健康的潜能,应授予群众正确的观念、科学的知识和可行的技能,获得控制那些影响自己健康的有关决策和行动的能力。把健康权牢牢地掌握在群众自己手里,这是实现卫生服务、资源分配平等合理的基础。同时,健康促进的行动目标在于缩小目前健康状况的差别,并保障同等机会和资源,以促使所有人能充分发挥健康潜能。

(3)协调

健康的必要条件和前景不可能仅由卫生部门承诺,更为重要的是健康促进需要协调所有相关部门的行动,包括政府、卫生和其他社会经济部门、非政府与志愿者组织、地区行政机构、工矿企业和新闻媒介部门。社会各界人士作为个人、家庭和社区参与。各专业与社会团体以及卫生人员的主要责任在于协调社会不同部门共同参与卫生工作。发展强大的联盟和社会支持体系以保证更广泛、更平等地实现健康目标。

健康促进是一个动力学和发展的概念。它包括通过每天的生活(如学校、工作场所、城市等)促进所有人民达到最高限度的身体、精神健康和社会的良好适应。

第二节 《国家学生体质健康标准》

一、《国家学生体质健康标准》测试项目与操作方法

(一)《国家学生体质健康标准》测试项目(表 4–1)

表 4–1 《国家学生体质健康标准》大学生测试项目

测试对象	单项指标	权重(%)
大学各年级	体重指数(BMI)	15
	肺活量	15

续表

测试对象	单项指标	权重(%)
	50 米跑	20
	坐位体前屈	10
	立定跳远	10
	引体向上（男）/1 分钟仰卧起坐（女）坐（女）	10
	1 000 米跑（男）/800 米跑（女）	20

(二)《国家学生体质健康标准》操作方法

1. 身高

(1)测试目的：身高测试与体重测试相配合，评定学生的身体匀称度，评价学生生长发育及营养状况的水平。

(2)场地器材：身高测量计。

(3)测试方法：受试前，身高测量计应校对 0 点，以钢尺测量基准板平面至立柱前面红色划线的高度是否为 10.0 厘米，误差不得大于 0.1 厘米。同时应检查立柱是否垂直、连接处是否紧密、有无晃动、零件有无松脱等情况，并及时加以纠正。

受试时，受试者赤足，立正姿势站在身高计的底板上(上肢自然下垂，足跟并拢，足尖分开约成 60°)。足跟、骶骨部及两肩胛区与立柱相接触，躯干自然挺直，头部正直，耳屏上缘与眼眶下缘呈水平位。测试人员站在受试者右侧，将水平压板轻轻沿立柱下滑，轻压于受试者头顶。测试人员读数时双眼应与压板水平面等高进行读数。记录员复述后进行记录。以厘米为单位，精确到小数点后一位。测试误差不得超过 0.5 厘米。

2. 体重

(1)测试目的：测试学生的体重，与身高测试相配合，评定学生的身体匀称度，评价学生生长发育的水平及营养状况。

（2）场地器材：杠杆秤或电子体重计。

（3）测试方法：测试前，杠杆秤或电子体重计需检验其准确度和灵敏度。准确度要求误差不超过0.1%，即每百千克误差小于0.1千克。

测试时，杠杆秤应放在平坦地面上，调整0点至刻度尺水平位。受试者赤足，男性受试者身着短裤；女性受试者身着短裤、短袖衫，站在秤台中央。测试人员放置适当砝码并移动游标至刻度尺平衡。读数以千克为单位，精确到小数点后一位。记录员复诵后将读数记录，测试误差不超过0.1千克。

3. 肺活量

（1）测试目的：测试学生的肺通气功能。

（2）场地器材：电子肺活量计，干燥的一次性口嘴。

（3）测试方法：肺活量计主机放置平稳桌面上，按工作键液晶屏显示“0”即表示机器进入工作状态，预热5分钟后测试为佳。令被测试者手持吹气口嘴，面对肺活量计站立试吹1～2次，首先看仪表有无反应，还要试口嘴或鼻处是否漏气。

测试时，受试者进行一两次较平日深一些的呼吸动作后，更深的吸一口气，向口嘴处慢慢呼出至不能再呼出为止，防止此时从口嘴处吸气。测试中不得中途二次吸气。吹气完毕后，液晶屏上最终显示的数字即为肺活量毫升值。每位受试者测三次，每次间隔15秒，记录三次数值，选取最大值作为测试结果。以毫升为单位，不保留小数。

4.50米跑

（1）测试目的：测试学生速度、灵敏素质及神经系统灵活性的发展水平。

（2）场地器材：50米直线跑道若干条，地面平坦，地质不限，跑道线要清楚。发令旗一面，口哨一个。一道一秒表。

（3）测试方法：秒表使用前，应用标准秒表校正，每分钟误差不得超过0.2秒。标准秒表的选定，以北京时间为准，每小时误差不超过0.3秒。

受试者至少两人一组测试。站立起跑，受试者听到“跑”的口令后开始起跑。发令员在发出口令同时要摆动发令旗。计时员视旗动开表计时。受试者躯干部到达终点线的垂直面停表。以秒为单位记录测试成绩，精确到小数点后一位。小数点后第二位数按非“0”时则进1，如10.11秒读成10.2秒，并记录之。

5.800米或1 000米跑

（1）测试目的：测试学生耐力素质的发展水平。

（2）场地器材：400米、300米、200米田径场跑道，地质不限。也可使用其他不规则场地，但必须地面平坦。秒表若干块。

（3）测试方法：受测者至少两人一组进行测试，站立式起跑。当听到“跑”的口令后开始起跑。计时员看到旗动开表计时，当受试者的躯干部到达终点线垂直面时停表。以分、秒为单位记录测试成绩，不计小数。

6. 立定跳远

（1）测试目的：测试学生下肢肌肉爆发力及身体协调能力的发展水平。

（2）场地器材：沙坑、丈量尺。沙面应与地面平齐。如无沙坑，可在土质松软的平地上进行。起跳线至沙坑近端不得少于30厘米。起跳地面要平坦，不得有坑凹。

（3）测试方法：受试者两脚自然分开站立，站在起跳线后，脚尖不得踩线。两脚原地同时起跳，不得有垫步或连跳动作。丈量起跳线后缘至最近着地点后缘的垂直距离。每人试跳三次，记录其中成绩最好一次。

7. 引体向上

（1）测试目的：测试学生的上肢肌肉力量和耐力的发展水平。

（2）场地器材：高单杠或高横杠，杠粗以手能握住为准。

（3）测试方法：受试者跳起双手正握杠，两手与肩同宽成直臂垂悬。静止后，两臂同时用力引体，上拉到下颏超过横杠上缘为完成一次。

8. 坐位体前屈

（1）测试目的：测量学生在静止状态下的躯干、腰、髋等关节可能达到的活动幅度，主要反映这些部位关节、韧带、肌肉的伸展性和弹性及学生身体柔韧素质的发展水平。

（2）场地器材：坐位体前屈测试计。

（3）测试方法：受测者两腿伸直，两脚平蹬测试纵板坐在平地上，两脚分开约 10 ~ 15 厘米，上体前屈，两臂伸直向前，用两手中指尖逐渐向前推动游标，直到不能前推为止。测试两次，取最好成绩。

9. 仰卧起坐

（1）测试目的：测试腹肌耐力。

（2）场地器材：铺放平坦的垫子若干块。

（3）测试方法：受试者仰卧于垫上，两腿稍分开，屈膝呈 90° 角左右，两手指交叉贴于脑后。另一同伴压住其踝关节，以便固定下肢。受试者起坐时两肘触及或超过双膝为完成一次。仰卧时两肩胛必须触垫。测试人员发出“开始”口令的同时开表计时，记录 1 分钟内完成次数。1 分钟到时，受试者虽已坐起但肘关节未达到双膝者不计该次数。

二、《国家学生体质健康标准》评分标准

（一）单项指标评分表（表 4–2 ～表 4–5）

表 4–2　男大学生体重指数（BMI）单项评分表（单位：千克 / 米 ^{2}）

等级	单项得分	体重指数
正常	100	17.9 ～ 23.9
低体重	80	≤ 17.8
超重		24.0 ～ 27.9
肥胖	60	≥ 28.0

表 4–3　女大学生体重指数（BMI）单项评分表（单位：千克 / 米 ^{2}）

等级	单项得分	体重指数
正常	100	17.2 ～ 23.9
低体重	80	≤ 17.1
超重		24.0 ～ 27.9
肥胖	60	≥ 28.0

表 4–4　男大学生其他单项指标评分表

		肺活量（毫升）		50 米跑（秒）		坐位体前屈（厘米）		立定跳远（厘米）		引体向上（次）		1 000 米跑（分·秒）	
等级	单项得分	大一大二	大三大四	大一大二	大三大四	大一大二	大三大四	大一大二	大三大四	大一大二	大三大四	大一大二	大三大四
优秀	100	5 040	5 140	6.7	6.6	24.9	25.1	273	275	19	20	3'17"	3'15"
	95	4 920	5 020	6.8	6.7	23.1	23.3	268	270	18	19	3'22"	3'20"
	90	4 800	4 900	6.9	6.8	21.3	21.5	263	265	17	18	3'27"	3'25"
良好	85	4 550	4 650	7.0	6.9	19.5	19.9	256	258	16	17	3'34"	3'32"
	80	4 300	4 400	7.1	7.0	17.7	18.2	248	250	15	16	3'42"	3'40"
及格	78	4 180	4 280	7.3	7.2	16.3	16.8	244	246			3'47"	3'45"
	76	4 060	4 160	7.5	7.4	14.9	15.4	240	242	14	15	3'52"	3'50"
	74	3 940	4 040	7.7	7.6	13.5	14.0	236	238			3'57"	3'55"
	72	3 820	3 920	7.9	7.8	12.1	12.6	232	234	13	14	4'02"	4'00"

续表

		肺活量（毫升）		50 米跑（秒）		坐位体前屈（厘米）		立定跳远（厘米）		引体向上（次）		1 000 米跑（分·秒）	
及格	70	3 700	3 800	8.1	8.0	10.7	11.2	228	230			4'07"	4'05"
	68	3 580	3 680	8.3	8.2	9.3	9.8	224	226	12	13	4'12"	4'10"
	66	3 460	3 560	8.5	8.4	7.9	8.4	220	222			4'17"	4'15"
	64	3 340	3 440	8.7	8.6	6.5	7.0	216	218	11	12	4'22"	4'20"
	62	3 220	3 320	8.9	8.8	5.1	5.6	212	214			4'27"	4'25"
	60	3 100	3 200	9.1	9.0	3.7	4.2	208	210	10	11	4'32"	4'30"
不及格	50	2 940	3 030	9.3	9.2	2.7	3.2	203	205	9	10	4'52"	4'50"
	40	2 780	2 860	9.5	9.4	1.7	2.2	198	200	8	9	5'12"	5'10"
	30	2 620	2 690	9.7	9.6	0.7	1.2	193	195	7	8	5'32"	5'30"
	20	2 460	2 520	9.9	9.8	–0.3	0.2	188	190	6	7	5'52"	5'50"
	10	2 300	2 350	10.1	10.0	–1.3	–0.8	183	185	5	6	6'12"	6'10"

表 4–5　女大学生其他单项指标评分表

等级	单项得分	肺活量（毫升）		50 米跑（秒）		坐位体前屈（厘米）		立定跳远（厘米）		一分钟仰卧起坐（次）		800 米跑（分·秒）	
		大一大二	大三大四	大一大二	大三大四	大一大二	大三大四	大一大二	大三大四	大一大二	大三大四	大一大二	大三大四
优秀	100	3 400	3 450	7.5	7.4	25.8	26.3	207	208	56	57	3'18"	3'16"
	95	3 350	3 400	7.6	7.5	24.0	24.4	201	202	54	55	3'24"	3'22"
	90	3 300	3 350	7.7	7.6	22.2	22.4	195	196	52	53	3'30"	3'28"
良好	85	3 150	3 200	8.0	7.9	20.6	21.0	188	189	49	50	3'37"	3'35"
	80	3 000	3 050	8.3	8.2	19.0	19.5	181	182	46	47	3'44"	3'42"
及格	78	2 900	2 950	8.5	8.4	17.7	18.2	178	179	44	45	3'49"	3'47"
	76	2 800	2 850	8.7	8.6	16.4	16.9	175	176	42	43	3'54"	3'52"
	74	2 700	2 750	8.9	8.8	15.1	15.6	172	173	40	41	3'59"	3'57"
	72	2 600	2 650	9.1	9.0	13.8	14.3	169	170	38	39	4'04"	4'02"
	70	2 500	2 550	9.3	9.2	12.5	13.0	166	167	36	37	4'09"	4'07"
	68	2 400	2 450	9.5	9.4	11.2	11.7	163	164	34	35	4'14"	4'12"
	66	2 300	2 350	9.7	9.6	9.9	10.4	160	161	32	33	4'19"	4'17"

续表

等级	单项得分	肺活量（毫升）		50米跑（秒）		坐位体前屈（厘米）		立定跳远（厘米）		一分钟仰卧起坐（次）		800米跑（分·秒）	
		大一大二	大三大四	大一大二	大三大四	大一大二	大三大四	大一大二	大三大四	大一大二	大三大四	大一大二	大三大四
	64	2 200	2 250	9.9	9.8	8.6	9.1	157	158	30	31	4'24"	4'22"
	62	2 100	2 150	10.1	10.0	7.3	7.8	154	155	28	29	4'29"	4'27"
	60	2 000	2 050	10.3	10.2	6.0	6.5	151	152	26	27	4'34"	4'32"
不及格	50	1 960	2 010	10.5	10.4	5.2	5.7	146	147	24	25	4'44"	4'42"
	40	1 920	1 970	10.7	10.6	4.4	4.9	141	142	22	23	4'54"	4'52"
	30	1 880	1 930	10.9	10.8	3.6	4.1	136	137	20	21	5'04"	5'02"
	20	1 840	1 890	11.1	11.0	2.8	3.3	131	132	18	19	5'14"	5'12"
	10	1 800	1 850	11.3	11.2	2.0	2.5	126	127	16	17	5'24"	5'22"

（二）加分指标评分表（表4–6、表4–7）

表4–6　男大学生加分指标评分表

加分	引体向上（次）		1 000米跑（分·秒）	
	大一大二	大三大四	大一大二	大三大四
10	10	10	–35"	–35"
9	9	9	–32"	–32"
8	8	8	–29"	–29"
7	7	7	–26"	–26"
6	6	6	–23"	–23"
5	5	5	–20"	–20"
4	4	4	–16"	–16"
3	3	3	–12"	–12"
2	2	2	–8"	–8"
1	1	1	–4"	–4"

注：引体向上为高优指标，学生成绩超过单项评分100分后，以超过的次数所对应的分数进行加分。1 000米跑为低优指标，学生成绩低于单项评分100分后，以减少的秒数所对应的分数进行加分。

表 4–7 女大学生加分指标评分表

加分	一分钟仰卧起坐（次）		800 米跑（分·秒）	
	大一大二	大三大四	大一大二	大三大四
10	13	13	–50"	–50"
9	12	12	–45"	–45"
8	11	11	–40"	–40"
7	10	10	–35"	–35"
6	9	9	–30"	–30"
5	8	8	–25"	–25"
4	7	7	–20"	–20"
3	6	6	–15"	–15"
2	4	4	–10"	–10"
1	2	2	–5"	–5"

注：一分钟仰卧起坐为高优指标，学生成绩超过单项评分 100 分后，以超过的次数所对应的分数进行加分。800 米跑为低优指标，学生成绩低于单项评分 100 分后，以减少的秒数所对应的分数进行加分。

（三）附表（表 4–8、表 4–9）

表 4–8 《国家学生体质健康标准》登记卡（大学样表）

学　校＿＿＿＿＿＿＿＿

姓名				性别						学号				
院（系）				民族						出生日期				
单项指标	大一			大二			大三			大四			毕业成绩	
	成绩	得分	等级	成绩	得分	等级	成绩	得分	等级	成绩	得分	等级	得分	等级
体重指数（BMI）（千克 / 米 ^{2}）														
肺活量（毫升）														
50 米跑（秒）														
坐位体前屈（厘米）														
立定跳远（厘米）														

续表

姓名				性别						学号				
院（系）				民族						出生日期				
单项指标	大一			大二			大三			大四			毕业成绩	
	成绩	得分	等级	成绩	得分	等级	成绩	得分	等级	成绩	得分	等级	得分	等级
引体向上（男）/ 1 分钟仰卧起坐（女）（次）														
1 000 米跑（男）/ 800 米跑（女）（分·秒）														
标准分														
加分指标														
引体向上（男）/ 1 分钟仰卧起坐（女）（次	成绩	附加分		成绩	附加分		成绩	附加分		成绩	附加分			
1 000 米跑（男）/ 800 米跑（女）（分·秒）														
学年总分														
等级评定														
体育教师签字														
辅导员签字														
注：高等职业学校、高等专科学校参照本样表执行。														
学校签章：　　年　月　日														

表 4-9　免予执行《国家学生体质健康标准》申请表（样表）

姓名		性别		学号	
班级 / 院（系）		民族		出生日期	
原因	申请人： 年　月　日				
体育教师签字			家长签字		
学校体育部门意见	学校签章： 年　月　日				

注：中等职业学校及普通高等学校的学生，“家长签字”由学生本人签字。

第三节　大学生科学体育锻炼指导

一、大学生体育锻炼的原则

体育锻炼的原则主要是体育锻炼客观规律的反映，是体育练习者从事体育锻炼实践，达到理想效果所必须遵循的基本原则。一般来说，体育锻炼应遵循以下几条原则。

（一）循序渐进原则

循序渐进原则是指体育锻炼的内容、方法和运动负荷等，必须根据人对事物的认识规律、动作技能形成规律和生理机能的负荷规律，由小到大、由易到难、由简到繁、由低级到高级地逐步进行。在体育锻炼中，最忌急于求成，想“一口吃成胖子”，只能事与愿违，甚至还会造成伤害事故或给身体带来某些生理损伤。

（二）积极性原则

参加体育锻炼必须有一个明确的目的才能调动起积极性和自觉性。要提高促进体育锻炼的积极性首先要提高对体育的认识，树立终身体育思想，把体育看作是每个人高质量生活的一部分，使体育锻炼成为健身、健美和延年益寿的重要手段。其次要明确锻炼的目的，一个人的动机决定一个人行动的质量。

（三）全面性原则

全面性原则是指身体锻炼应全面发展身体的各个部位、各器官系统的机能、各种身体素质和活动能力，追求身心的和谐发展。体育锻炼，不仅应包括不同身体部位的活动，更重要的是应该包括多种项目和不同性质的活动，进行全面锻炼。身体各系统都是相互联系、相互制约的，身体某一方面的发展必然会影响到其他方面的发展，而全面发展，就能相互促进，共同提高。目前，大学生年龄多处在17～23岁，为身体发育逐渐成熟的阶段，具有一定的可塑性。因此，在体育锻炼中贯彻全面性原则尤为重要。从体育项目对人体锻炼的作用来看，也是有所侧重的。如短跑主要是发展速度，投掷、举重主要是发展力量，长跑则侧重于发展耐力，球类则以发展灵敏性、协调性为主。所以进行全面锻炼就能使身体素质获得全面发展，使其能更快地掌握运动技术和技能，增强体质。

（四）针对性原则

针对性原则是指锻炼身体应从个人的实际情况和外界环境条件的实际出发，确定锻炼的目的，选择适宜的运动项目，合理地安排运动时间和运动负荷。这是增强身体素质及提高运动水平必须遵守的原则。

（五）经常性原则

经常性原则是指身体锻炼必须持之以恒，使之成为日常生活中的重要内容。我们做什么事情都要有恒心，体育锻炼也是这样。运动技术的形成和提高，人体各组织系统机能的改善，是肌肉活动反复多次强化的结果。锻炼不经常，后一次锻炼时，前次锻炼的痕迹已经消失，失去了累积性的影响作用，因此效果也就很小，甚至不起作用。同时，运动技能的形成，人体结构、机能的改善，身体素质提高，都受着生物界“用进废退”规律的制约。不经常锻炼，已取得的效果也会逐渐消退。

二、大学生体育锻炼的方法

体育锻炼方法是根椐人体发展规律，运用各种身体练习和自然因素来发展身体的途径和方式。在体育锻炼的过程中，只有正确地理解和运用体育锻炼的原理,才能使体育锻炼获得最佳效果。

(一)重复锻炼法

重复次数的多少不同,对身体的作用不同。重复次数越多,身体对运动反应的负荷量越大。如果重复次数不断地继续增加,可能使身体承受的负荷达到极点,乃至破坏有机体的正常状态,造成伤害。运用重复锻炼方法,关键是掌握好负荷的有效价值范围(即最有锻炼价值负荷量下的心率)并据此调节重复次数。在重复锻炼中,对负荷如何控制,怎样去重复才能达到理想效果的负荷程度,应视实际情况而定。

(二)间歇锻炼法

人们认为体质增强的过程是在运动中实现的,其实体质内部增强过程主要是在间歇中实现的,是在休息过程中取得了超量恢复。若是离开在休息中取得超量恢复,则运动就变成对增强体质毫无意义的事,甚至起不了作用。间歇对增强体质的作用并不亚于运动本身。自古以来就有以静炼身的经验,在现代科学的基础上,人类更清楚地认识到在间歇时间内有机体的各种变化,认识了保持同化优势的重要性,所以把间歇作为一种健身的基本方法。

同重复锻炼法一样,间歇的时间也要依据负荷的有效价值标准去调节。一般说来,当负荷反应(心率)指标低于有效价值标准时,应缩短间歇时间;而在高于价值标准时,则可延长间歇时间。通过适当的间歇,把负荷量调节到负荷有效价值范围,以追求良好的锻炼效果。实践中,一般心率在 130 次 / 分左右时,就应再次开始锻炼。间歇时,不要作静止休息,而应边活动边休息,如慢速走步、放松手脚、伸伸腰腿或做深而慢的呼吸等。因为轻微活动可使肌肉对血管起到按摩作用,帮助血液流回和排除代谢所产生的废物。

（三）循环锻炼法

循环锻炼法由几个不同的练习点组成。当一个点上的练习一经完成，练习者就迅速转移到下一个点，下一个练习者依次跟上。练习者完成了各个点上的练习，就算完成了一次循环。

循环练习法对技术的要求不高，且各项目都采用比较轻度的负荷练习，因此练起来既简单有趣，又可获得综合锻炼，达到全面发展的良好效果。

（四）连续锻炼法

从增强体质的良好效果出发，需要间歇就停一会儿，需要连续就接二连三地进行下去，所以不能仅讲究间歇，还要讲究连续。连续、间歇、重复都是在同一锻炼过程中实现的。连续、间歇、重复等因素各有其特有的作用，连续的作用在于持续负荷量不下降，维持在一定的水平上，使身体充分地受到运动的作用。

连续锻炼时间的长短，同样要根据负荷价值有效范围而确定，通常认为在 140 次 / 分左右心率下连续锻炼 20 ~ 30 分钟，可使机体的各个部位都长时间地获得充分的血液和氧的供应，因而能有效地发展有氧代谢能力。实践中，用于连续锻炼的主要是那些比较容易，并已为锻炼者所熟悉的动作，可以是跑步、游泳，也可以是跳迪斯科舞等。

（五）变换锻炼法

此法可以有效地调节生理负荷，提高兴奋性，强化锻炼意向，克服疲劳和厌倦情绪，以达到提高锻炼效果的目的。

如刚参加锻炼时，可多做些诱导性练习和辅助性练习。随着锻炼水平的提高，应加大练习的难度，如用越野跑代替在田径场的长跑等。由于锻炼条件的变化，可使锻炼者的大脑皮层不断地产生新鲜的刺激，提高兴奋性，激发锻炼的兴趣，从而提高机体对负荷的承受能力，提高锻炼效果。另外，不断地对锻炼的内容、时间、动作速率等提出新的要求,可有效地调节生理负荷,使机体不断产生适应性变化,达到更好地锻炼身体的目的。

(六)竞赛锻炼法

竞赛锻炼法是指在近似、模拟或真实、严格的比赛条件下,按比赛的规则和方式进行的锻炼方法。竞赛锻炼法是根据人类先天的竞争和表现意识、竞技能力形成过程的基本规律和适应原理、现代运动比赛规则等因素而提出的一种锻炼法。

锻炼者可在竞赛的条件下,提高锻炼的积极性。练习者在比赛中能相互交流经验,有助于全面地提高技战术水平。可以提高锻炼者的心理承受能力,培养意志品质,形成积极的、拼搏的、良好的生活态度。

(七)游戏锻炼法

游戏锻炼法是指采用游戏的形式进行锻炼身体的方法。其目的在于提高兴奋性,激发学生对运动的兴趣。在嬉笑娱乐中锻炼身体、愉悦身心,有助于减轻学生的学习压力,释放激情。该种锻炼方法运动量可以根据锻炼者的实际情况而有所不同。

三、大学生体育锻炼的卫生常识

(一)体育锻炼的环境卫生

1. 空气

(1)空气中的主要有害成分

每天都有无数火炉、锅炉在燃烧,无数的机动交通工具在奔驰。火炉、锅炉和交通工具都需要用煤或石油产品作能源,随着煤和石油产品的燃烧,各种有害物质散播到了大气中,污染了空气。

二氧化硫是煤燃烧的副产物之一,空气中有百万分之六的二氧化硫时,人就会感到一种呛嗓子的气味。硫和水蒸气反应生成硫酸，随雨下降就是酸雨，随雾飘浮在空中就会腐蚀建筑物等。

氧化氮是氧和氮在燃烧中形成的气体，有毒。大马力的汽车会产生较多的氧化氮。

烟筒冒出的烟气和汽车尾气中，都含有大量的烟尘颗粒。这些颗粒含有毒物质铅、氯、溴和碳等。空气中烟尘颗粒过多，不仅降低空气透明度，污染大自然的美景，而且对人体有害。

（2）空气污染对人体健康的害处

空气污染对人体的害处，可概括为以下三个方面：

①急性危害。因气候条件导致大量空气污染物不能扩散或转移，或因工厂一次性大量排放有害物质，人们在短时间内吸入很多有毒物质，就会发生急性中毒。

②慢性危害。长期生活在污染区的人，呼吸系统受到空气中有毒气体的慢性刺激，呼吸道的防御功能受到损害，就容易患感冒、支气管炎、肺炎等疾病。大气中的烟尘颗粒，也是造成慢性危害的主要因素。

③致癌作用。在空气污染物中，有致癌作用的物质达 30 多种，最主要的是来自煤烟、汽车尾气和柏油马路灰尘的 3，4 苯并芘。3，4 苯并芘的致癌作用很强，长期刺激皮肤，会使人患皮肤癌；长期吸入呼吸道，会使人患肺癌；过多进入消化道，又可引起胃癌。许多国家的统计都表明，城市肺癌发病率高于农村。人们普遍认为，这和城市空气污染比较严重有关。

（3）到空气新鲜的地方去锻炼效果更好

新鲜空气一般是指含氧较高、含杂质和灰尘较少的空气。氧是维持生命和健康所必需的，成年人在安静时每分钟大约呼吸 12 ~ 18 次，而运动时每分钟可达 40 多次。在剧烈运动时，如果氧供应不足，新陈代谢不能顺利进行，就不能坚持很长时间。因此，在含氧较多的新鲜空气中运动，能帮助我们提高运动能力，提高体育锻炼的效果。

脑力劳动时单位重量的脑组织消耗氧则更多，大大超过了单位重量肌肉所消耗的氧。在人多且通气不好的场所工作、学习，人常会感到脑胀，甚至不能很好地继续下去。这是因为空气中含氧较少，二氧化碳较多，氧供应不足，使血液里的含氧量降低所致。所以在课间或做运动锻炼时应当到室外空气新鲜的地方去，同时要多做深呼吸，以改善血液中的含氧量，促进脑的机能，提高工作、学习效率。

这里应指出，人体对缺氧的耐受力，通过训练是可以提高的。例如，世界上有不少长跑运动员为提高对缺氧的耐受力，常在空气稀薄的高原地区进行训练；受过训练的游泳者，可以憋气在水中潜泳 50 米以上。这些事实说明，经过训练，人体可以提高对空气中缺氧的耐受能力。

2. 气温

人类是恒温动物，体内应保持恒定的温度。气温的高低对人体的体温调节和新陈代谢有很大的影响。在不同的气温下，人体的新陈代谢强度和散热方式会发生相应的变化以保持体温的恒定。气温 21℃左右是人体最适宜的温度，此时的生理机能最佳，工作能力发挥最好。

气温超过 35℃时，人就会因大量出汗、体液减少而导致体内环境的改变，运动能力下降，甚至会出现痉挛、中暑等情况。适应热环境者在气温较高时可进行运动，但应注意，运动时应穿浅色、轻薄和通气良好的服装，运动量由小到大，逐渐达到预定的要求。要经常补充水分，适当的淡盐水更好，并常到阴凉通风处休息片刻，如出现头晕、抽筋、皮肤湿冷等状况，要立即停止运动，到阴凉处进行处理。一般人对热环境的适应需 4 ~ 8 天。

低气温对人体的损害主要是造成局部冻伤和全身体温过低（或称冻僵）。在冷环境中进行体育锻炼，严寒会给机体带来一些不利影响，如肌肉工作能力下降、运动能力受到影响。在寒冷环境长时间运动，可由于体温散失过多而出现头晕、协调能力下降、步幅不稳，甚至想躺下等现象。如果发生这种情况，万不可躺下休息，否则体温会进一步降低，造成严重后果。如果能按循序渐进的原则,坚持在冷环境中运动,就可改善人体对寒冷的适应能力,提高耐寒力,有利于身体各系统机能的进一步加强。在寒冷环境中应注意下列事项:选择合适的保温、防寒运动服装,太臃肿的服装会使人运动起来不方便,还会导致体热不宜散出;锻炼前要充分做好准备活动,这样既有利于达到预期的运动效果,又可防止发生运动损伤;根据个人的习惯和爱好、当地的具体环境和条件,选择适合自己的运动项目,量力而行地坚持锻炼。

3. 湿度

空气的湿度能加强气温对人体的作用,影响人体的散热过程。如在高气温下,空气湿度大,就会使机体的蒸发散热受到阻碍,体热蓄积而易造成中暑。而当低气温时,空气湿度大,会增加机体的传导散热,使人感到更冷,并易造成冻伤。因此空气湿度过大或过小均对人体不利。正常情况下,空气的相对湿度以30% ~ 70%为宜。

另外,空气湿度还能加重污染程度,这是因为水蒸气容易以烟尘微粒为凝结核而形成雾,使有害气体不宜扩散,所以雾天空气污染比较严重,不宜在室外进行锻炼。

4. 太阳光线

阳光中有紫外线和红外线。紫外线带有很大的能量和很强的化学刺激作用,是一种消毒杀菌能力很强的光线。皮肤经它照射后,能提高抗病能力,还能使皮肤里的7-脱氢胆固醇转变成维生素D。维生素D可以促进人体对钙和磷的吸收和利用。另外,紫外线还能刺激人体的造血功能,使骨髓产生更多的红细胞,对预防贫血有一定的作用。红外线是产生热作用的射线,对人体起温热作用。它的热能可穿过皮肤深入肌肉组织,使血管扩张,加快血液循环,改善人体的供能,增强物质代谢,同时还可以兴奋神经,使人精神振奋。但过强的紫外线和红外线对人体有害,应注意预防。因此,在夏季锻炼,应尽量避免在炎热的天气进行室外运动。

（二）体育锻炼的生活卫生

1. 睡眠与健康

睡眠是人们消除疲劳保持身体健康的生理功能之一，是一种重要的生理现象，是人脑和各器官的一种最基本的休息方式。著名的生理学家巴甫洛夫认为：脑组织中存在着一种抑制灶，当抑制灶处于优质状态时抑制就会向周围弥散，引起大脑皮层的普遍抑制，从而产生睡眠。人处于睡眠状态时，一切感觉功能和生理功能都下降到最低水平，人体似乎与周围环境暂时失去了联系。睡眠时心脏活动减慢，变弱，血压降低，呼吸减慢，尿量减少，体温略有下降，代谢率偏低，整个机体处于调整和恢复状态之中。

一个人每天都要有充足的睡眠。睡眠时间的长短，要根据不同的年龄而定。一般来说，学龄前儿童每天需要 10 小时的睡眠，青少年每天需要 9 小时的睡眠，成年人每天需要 8 小时的睡眠。

睡眠时间长并不等于休息好。衡量睡眠的标准主要是“质”，即睡眠深度。像“春眠不觉晓”形容的那样，深沉而恬静，一觉到天亮，才能有效地消除疲劳。如果睡眠质量高，可适当缩短睡眠的时间。

要想提高睡眠的质量，首先要养成良好的生活习惯，每天按时睡觉，按时起床；其次，要为睡眠创造良好的条件。卧室要安静，空气要流通，光线宜暗，被子要轻软暖和、清洁卫生，这样有助于入睡。注意睡前不要喝浓茶、咖啡，也不要吸烟，因为这些对大脑都有刺激作用，容易引起兴奋。

长期失眠使人感到很痛苦，也会影响人的健康。引起失眠的原因是多方面的，有些大学生往往是由于学习、上网、打牌、下棋、跳舞等过度，打乱了正常的生活规律，影响了睡眠的节奏，致使精神长期处于紧张状态，导致大脑皮层的兴奋与抑制发生紊乱，造成失眠。在这种情况下，必须从调整生活、学习时间安排入手，恢复正常的生活节律，才能使失眠得到治愈。同时，失眠往往不是一种孤立的症状，还可能与高血压、心脏病、神经衰弱等疾病有关。因此，如果连续几天失眠应及时去医院检查诊治，只要原发病治愈，失眠症状也会随之消失。

2. 戒除不良嗜好

(1)戒烟

30 多年来，世界卫生组织和各国科学家做了大量的社会调查和科学试验，证明吸烟对健康有很大的危害。吸烟能诱发和加重多种疾病，降低人体的健康水平，甚至缩短人的生命。

吸烟的危害在于，香烟中所含的大量有毒物质，会伴随吸烟活动进入人体，侵蚀机体的健康。在这些物质中危害最大的是烟碱、烟焦油和微尘，其中烟碱(尼古丁)是神经系统和血循环系统的杀手，毒性强烈；而烟焦油则与喉癌、口腔癌、食道癌、胃癌特别是肺癌关系密切；一支香烟中有几万粒微尘，而吸入大量的微尘，不断刺激气管的黏膜，就会引发咽喉炎、嗓子变哑、咳嗽和支气管炎等症。

吸烟不仅害己，还会损人。一些不吸烟的人，如果处于烟雾弥漫的场所，会吸入吸烟者喷出的烟雾，称之为被动吸烟，危害也很大。

(2)饮酒切忌过量

酒的主要成分是酒精，也称乙醇，是一种有毒物质，如果大量摄入，会毒害人体的一切细胞，对身体产生破坏作用。

人体的神经系统对酒精极为敏感，有些人饮了少量的酒后，会变得“健谈”起来，这就是中枢神经系统功能失调的初期表现。

酒精对心脏危害较大，长期过量饮酒，会使心脏变性，失去正常的弹力而增大。长期饮啤酒的人，心脏扩大最为明显，医学上称之为“啤酒心”。酒精还会使血液中的脂肪物质沉淀在血管壁上，使血管变窄，血压升高，增加心脏的负担。

当然，人们在紧张的学习、工作之余，饮少量的酒，对解除学习和工作的疲劳、促进消化液的分泌、增进食欲是有一定作用的，但切忌过量。

3. 劳逸结合

学习时间长，大脑会出现疲劳现象，学习效率下降，视力也受到影响，这时就需要进行休息和调整。最好的方式是采用积极性的休息，如进行体育活动或散步等。每天保证1小时的锻炼时间，无疑会增加大脑的反应能力，提高视力水平。

随着电脑的普及，越来越多的大学生自己配置了电脑。连续几个小时盯着屏幕看，常会感到眼睛疲劳，有时头痛，甚至会使眼睛聚焦困难，看东西模糊；有的由于长时间玩电脑游戏，不但视力受到很大影响，还使大脑长时间处于紧张状态，导致肠胃功能紊乱而影响健康。这些情况要引起注意，最好能定时休息。

“开夜车”是一种不良的生活习惯。“开夜车”现象常常出现在考试前夕，这样的学生为数不少。平时不努力学习，到考试前来个突击复习，熬通宵，以应付考试，这样做最大的危害是使人体的生物钟被打乱，导致睡眠不足，影响大脑功能，容易引发失眠和神经衰弱等病症，所以说是不可取的。

4. 运动服装与卫生

运动衣和运动鞋应符合运动项目要求，并具有较强的透气和吸湿性。运动衣要轻便、舒适，夏季以浅色薄运动衣裤为好，冬季在不妨碍运动的前提下，应注意衣服的保暖性。运动衣裤尤其是内衣裤要勤洗勤换。以免汗液和细菌污染机体。

第五章　高校体育课程思政概述及实施

第一节　课程思政与高校体育课程思政

一、课程思政

课程思政指以构建全员、全程、全课程育人格局的形式将各类课程与思想政治理论课同向同行，形成协同效应，把“立德树人”作为教育的根本任务的一种综合教育理念。课程思政主要形式是将思想政治教育元素，包括思想政治教育的理论知识、价值理念以及精神追求等融到各门课程中去，潜移默化地对学生的思想意识、行为举止产生影响。

（一）课程思政的本质是立德树人

课程思政在本质上还是一种教育，是为了实现立德树人。“育人”先“育德”，注重传道授业解惑、育人育才的有机统一，一直是我国教育的优良传统。“思想政治教育是做人的工作，解决的是‘培养什么样的人’‘如何培养人’的问题，是我们党和国家的优良传统和各项工作的生命线。它始终坚持以德立身、以德立学、以德施教，注重加强对学生的世界观、人生观和价值观的教育，传承和创新中华优秀传统文化，积极引导当代学生树立正确的国家观、民族观、历史观、文化观，从而为社会培养更多德智体美劳全面发展的人才，为中国特色社会主义事业培养合格的建设者和可靠的接班人”。

（二）课程思政的理念是协同育人

从课程思政的提出来看，其目的就是为了实现各类课程与思想政治理论课的同向同行，实现协同育人。不论是“三全”育人还是“十全”育人，其体现的正是协同育人的理念。作为我们党的教育方针和我国各级各类学校的共同使命，能不能为中国特色社会主义事业源源不断培养合格建设者和可靠接班人，能不能为实现中华民族伟大复兴中国梦凝聚人才、培育人才、输送人才，是衡量一所学校教育水平最为重要的指标。世界一流大学都是在服务自己国家的发展中成长起来的，“只要我们在培养社会主义建设者和接班人上有作为、有成效，我们的大学就能在世界上有地位、有话语权”。

（三）课程思政的结构是立体多元

课程思政本身就意味着教育结构的变化，即实现知识传授、价值塑造和能力培养的多元统一。现实的课程教学中往往由于各种原因而将这三者进行了割裂，课程思政从某种意义上来说正是对这三者重新统一的一种回归。课程思政要求教师要在教育中积极探索实质性介入学生个人日常生活的方式，将教学与学生当前的人生遭际和心灵困惑相结合，有意识地回应学生在学习、生活、社会交往和实践中所遇到的真实问题和困惑，真正触及他们默会知识的深处，亦即他们认知和实践的隐性根源，从而对之产生积极的影响。

（四）课程思政的方法是显隐结合

培养什么人、怎样培养人以及为谁培养人是人才培养的根本问题，国外的有益做法可以借鉴，但是从根本上讲必须扎根中国大地办教育，坚持社会主义办学方向。人才培养体系涉及教学体系、教材体系、学科体系、管理体系等，贯通其中的是思想政治工作体系。课程思政正是要立足于构绘这样一个育人蓝图，通过深化课程目标、内容、结构、模式等方面的改革，把政治认同、国家意识、文化自信、人格养成等思想政治教育导向与各类课程固有的知识、技能传授有机融合，实现显性与隐性教育的有机结合，促进学生的自由全面发展，充分发挥教育教书育人的作用。

（五）课程思政的思维是科学创新

在社会大变革、文化大繁荣的时代，既要树立科学的思维，也要树立创新的思维。在全国高校思想政治工作会议上，习近平总书记提出了提高学生思想政治素质的明确要求，即“四个正确认识”，其要义就在于要学会用正确的立场、观点和方法分析问题，把学习、观察、实践同思考紧密结合起来，善于把握历史和时代的发展方向、把握社会的主流和支流、现象和本质，养成历史思维、辩证思维、系统思维和创新思维。对于课程思政而言，其首先所展现的就是一种科学思维，它强调要用辩证唯物主义和历史唯物主义的思维方式去看待事物，不能陷入唯心主义和机械唯物主义的泥沼，将理论导向神秘主义。尤其是在当前国际社会意识形态领域风云变幻，各种社会思潮观念激烈交锋的背景下，我们的教育要顶住压力、抵住侵蚀就需要进一步加强在各门课程中的思想政治教育，用马克思主义的立场、观点和方法去教书育人，为学生构筑起牢固的思想防线，抵制各种错误思潮、错误言论对学生的危害。其次，课程思政所展现的是一种创新思维，它强调在思想政治理论课以外的课程中融入思想政治教育，这是以前的思想政治教育未曾关注到的。而且在课程思政建设的具体过程中，也更需要创新思维，以新思维催生新思路、以新思路谋求新发展、以新发展推动新方法，以新方法解决新问题，实现课程思政的创新发展。

二、高校体育课程思政

（一）高校体育课程思政的意义

思想政治教育是对学生进行思想层面和政治品质上的教育，是学校教育工作中的重要组成部分，与学校的其他教育工作相互联系，对学生的身心健康成长具有重要的指导意义。教育界高度重视学校的体育教学工作，让学生在学习、生活中加强自身的身体素质，成为全面发展的、健康的人。而思政工作是指将高校思想政治教育融入日常学习生活中的各个方面，对学生进行隐形渗透，寻求各科专业教育与思想政治之间的关联，将思政相关内容穿插到其他教育活动的环节中去，使各门学科都能参与到学生的思想建设中，从而形成自上而下的完整的育人体系，这对学生的未来成长起着至关重要的作用，不容忽视。

大学教育是学生步入社会前所接受的最后教育，是学生人格、精神、道德逐步定型的关键时期，是学生顺利进入社会、融入社会的最后准备阶段。大学体育课程作为更高层次的体育教育，肩负着促进学生以健康的身心向社会化过渡的使命。课程思政融入大学体育课程就是要强化思想引领，将课程教育与思政教育有机融合、同向同行、协调发展，达到强健体质、健全人格、坚定意志的育人效果。这就要求大学体育课程不仅要培养学生拥有健康强劲的体魄，更要教育学生树立正确的思想价值观念。在大学体育课程中融入思政教育，就是要充分发掘和利用体育课程中所蕴含的思政元素，把对学生德育的培养贯穿到教学过程中，实现知识传授与价值引导的有机结合，在学生中弘扬塑造体育精神，增进学生的体育素养，促进学生法制观念和规则意识的树立，培养学生的爱国主义与民族精神，培养学生的集体主义与协作意识，培养学生的竞争意识与进取精神，教育学生树立正确的人生观、世界观、价值观。

(二)高校体育课程思政的必要性

1.“大思政”格局的需要

“所谓‘大思政’,是指运用系统论观点,通过特定的活动或联系机制,将多种具有思想政治教育功能的因素有机整合,实现高校思想政治教育的最大合力”。习近平总书记也曾在全国高校思想政治工作会议上指出,使各类课程与思想政治理论课同向同行,形成协同效应。因此,在高校体育课程中有效融入思政教育是势在必行的,在体育课程中也应做到“课堂思政”。

思想政治教育在开展的过程中,以社会主义核心价值观为教学目标,利用科学的教学方法以及教学内容,引导学生树立正确的三观,使学生形成良好的学习习惯。由于现阶段的思想政治教育模式单一,在教学的过程中难以紧跟时代的步伐,主要以说教为主,因此教学内容逐渐脱离实际,一定程度上降低了思想政治教育的吸引力。现阶段思想政治教育存在的问题有:第一,过于重视理论知识的传输,在教学的过程中,教师会根据教材内容讲解知识,一定程度上忽略了实践的作用,致使学生的学习需求难以得到满足。第二,部分教师对思想政治教育的重要性缺乏相应的认识,因此,难以形成系统的教育资源。第三,缺乏科学的评估体系,在思想政治教育开展的过程中,教师仍然根据学生的成绩对学生的学习情况进行评价,这一评价模式较为落后,打击了学生的学习积极性。因此,在新时代下将高校体育课程与思想政治教育课程有效结合,不仅可以转变思想政治教育模式,而且可以提高公共体育课程的教学质量,为学生的综合发展奠定良好基础。在高校公共体育课程当中融入思想政治教育,可以弥补思想政治教育的弊端,使体育教学更具针对性、科学性,从而助力体育教学与思政教学的同步发展。

2. 育人工作是教师的本质任务之一

高校教师的本职工作为教书育人、科学研究和服务社会。教书育人是高校教师的首要工作任务，育人工作就是教师在教学工作中，除了传授知识、技能，还要将对学生的思想政治品德的培养贯穿始终，引导学生树立社会主义核心价值观。

（三）高校体育课程思政中的问题

在我国当前的教育教学领域中，对于课程思政教育这个名词的熟悉度并不强，所以，在高校体育课程中融入思政教育这一做法，依然存在着一些比较棘手的问题。

1. 对思政教育的认识不足

由于习近平总书记在会议中明确提出，要在教学过程中，将重点向提升学生的道德水平方向有所倾向，所以，无论是哪一个学科，都要涉及思政教育的相关内容，特别是在当代普通高校中的公共体育课程，更是要注意在授课过程中融入思政教育的相关内容，体育这门学科不同于文化课，没有一些详细的重点知识点，体育课程能够真正放松学生的身心，缓解学生的学习压力，起到修身养性的作用，但是由于当前很多高校和体育教师对于舞蹈课程的重视程度不是很高，所以很长一段时间以来，体育教学的教学效果一直不是很理想。由于思政教育是近期刚刚提出来的，所以很多体育教师对于思政教育中的相关内容并不是很理解，同时，对新课程改革以及教育教学领域中的改革内容并不是很熟悉，尤其思政教育更是一个崭新的名词，体育教师更是不能对其很好的学习和理解，体育教师在这种思想意识的引导下，不能够与时俱进对当前思政教育中的内容进行学习，依然在授课过程中，不能及时的按照课程思政教育中的内容对自己的教学手段和教学理念进行改革和调整，究其原因，都是由于体育教师对课程思政教育中的相关内容不够了解所导致的。

2. 重视程度不够

高校的学习正是培养其专业能力的关键途径，但目前学校的重视程度达不到这种水平，同时还违背了学生身体健康的发展观念。大部分教师只看重学生对专业技能的掌握和避免出现不良习惯，从而容易忽视体育课程对人的思想影响以及身体素质的培养。这样的做法不仅降低了学生对体育课程运动技能的学习兴趣，同时会使其身体素质的发展相对落后，对人生全面发展带来不良影响。

当前社会的发展需要更多综合性人才，社会主义事业的建设也需要全方位的人才，因此，在学生的学习和发展的过程中，需要进行全方位的培育和引导，很多学生从小家长对其灌输的思想便是一定要在文化课方面多下功夫，不要在体育等副科方面花费太多的时间，所以学生从小就形成了这种意识和观念，体育等课程不是很重要，并不用在体育学科上花费心思。其次，当前社会给予大学生的压力也是比较大的，所以学生即使在体育学科方面有着很强的兴趣和热情，也被现实所羁绊。很多学生没有精力放在体育课程上，对体育课程的认识非常的片面，没有认识到体育课程的教育价值和重要意义，因此，在体育课程上没有提高应有的重视程度。

3. 思政环境不佳

思政教育不只需要依靠书本知识，更需要在实际体育活动中展开，但大部分教师难以结合体育课堂开展思政教育教学活动，所以大部分学生只是学会了表面的一些体育技术、技能，在实际体育活动中难以施展，从而导致教育学习的效果不好。如果教师创设一个润物无声思政教育的体育教学过程，不仅教学质量有一定提高，有效发展学生的身体运动素质，更能提高学生的意志品质。

4. 教学方式不当

在高校思政教育中，国家同样倡导素质教育，思政教育要在以人为本的前提下渗透在体育教学过程中，但目前我国大部分高校教学仍旧重视书本而忽视学生的身体素质，这对于高校的教学已不再适用，更何况培养学生的综合素质。由于高校学习专业技能，学生年龄参差不齐，很难轻易体会到思政教育给人带来的影响，对专业技能的掌握能力较差，使传统的教学方式无法引起高校学生的兴趣。

5. 学生的兴趣不高

高校学生大部分本身知识水平不够，能力有所欠缺，对枯燥的教学过程和集体活动理解也会出现困难，更何况大部分教师不善于引导学生在体育课堂上进行思想政治教育，所以对体育课程和课程思政的结合仍有些困难，无法感受思想道德修养的重要性，自然也就对教学过程提不起兴趣，觉得学习体育枯燥乏味，有些女生不愿意参加体育活动从而不愿意学习，更有可能产生厌恶心理。

第二节　高校体育教育思政的内容资源

一、不同体育活动中的思政内容

（一）体育项目本身的思政内容

“习近平总书记在全国教育大会上强调，要努力构建德智体美劳全面培养的教育体系，树立健康第一的教育理念，开齐开足体育课，帮助学生在体育锻炼中享受乐趣、增强体质、健全人格、锤炼意志”。在高校体育课程中一般有篮球、排球、足球、乒乓球、羽毛球、网球、健美操、武术、田径等丰富的运动项目，在进行这些运动项目的学习时，首先会在意志力和克服困难能力等方面有所磨炼。其次这些项目所表现出的竞技精神，会激发学生们的拼搏精神、不服输精神、团结协作精神。另外，参与这些项目，调节自我情绪，能在体育课和体育活动中宣泄或释放自我情绪，能排解在生活或学习当中的压力和不良情绪，能使学生巩固健身意识，养成终身体育锻炼的好习惯。

（二）体育课堂上的思政内容

体育课本身是一个“半军事化”的课程，首先就要求学生要遵守纪律，一切体育教学活动中听从体育教师的指令和安排，这对培养学生们的遵纪守法意识有一定的作用。其次，在体育课程中想要获得优秀的成绩，要靠自己不断的努力训练、勤于思考和向老师及同学请教学习，不断克服困难和挑战自我，通过自己的辛勤付出而获得自己较为满意的成绩，这对于培养学生树立自信心、勇于面对困难具有重要作用，让学生通过体育课程明白付出才会有回报、成功是靠自己双手辛勤劳动得到的。另外，在体育课堂分组练习及教学小比赛时，又会一定程度上激发学生勇于挑战和顽强拼搏的精神，引导学生互帮互助、互相关心，共同战胜困难，顺利完成课堂具有一定挑战性的任务，通过努力拼搏和与他人团结合作获得最后的胜利，不仅能让学生们体验到拼搏而获得胜利的喜悦，还能让同学们在体育课堂上，发扬勇于拼搏的精神，提高团队精神意识。

（三）体育比赛中的思政内容

学生在参与体育比赛活动中，不但能展现出一个集体的实力，还能提高集体凝聚力，发扬勇于拼搏的精神，比赛前运动员刻苦训练、不断突破自我，老师及同学们的关心和支持，赛场上运动员奋力拼搏，赛场下同学们此起彼伏的加油声，营造了一个良好团队氛围，优异成绩的取得是集体力量的体现，能增强同学们的集体荣誉感和团结协作意识。学生在课堂观看体育比赛教学片段，或是在课堂外观看体育比赛，当我国运动员摘金夺银、获得比赛胜利时，同学们会作为中国人而自豪和骄傲，能增强同学们的民族荣誉感和爱国主义精神；运动健儿们在赛场上披荆斩棘、奋力前行，我国女排运动员众志成城、顽强拼搏，都诠释出了不屈不挠、永不屈服的民族精神，能激励同学们学习运动健儿们的不怕吃苦、不畏艰险的拼搏精神和奋力前行、为国争光的使命担当责任意识。

二、体育中各种思政内容的挖掘

（一）规则性元素

规则是指规定出来供大家共同遵守的制度或章程。在体育运动中处处体现着规则性，例如时间规则、竞赛规则等，它为参与者限定了一个具有体育特征的相对独立的空间，规定了参与者必须做什么、允许做什么等。参与者在进行体育运动时必须遵守规则，并接受规则的约束，同时也要承担违反规则所受到的处罚。规则教育是体育教育的重要组成部分，在体育课程教学有目的地引入规则性教育，培养和强化学生的规则意识，规范学生的行为，纠正学生自由、散漫的不良习惯，并进一步延伸到对社会生活各项规则的遵守，对培养学生的优良品格，促进学生健康发展有着至关重要的作用。

（二）合作性元素

合作是个人与个人、群体与群体之间为达到共同目的，彼此相互配合的一种联合行动。目前绝大多数的大学生是家庭中的独生子女，在其成长过程中长期处于相对独立的状态，导致其思维模式和行为方式更倾向于以自我为主体，缺乏对外界的关心和关注，合作意识淡漠，甚至会对合作产生抵触心理。对学生合作意识的培养很难通过讲授的形式进行，它需要以活动为载体，通过人与人之间语言、行为和情感的交流，以实现共同的愿景或完成共同的任务为目标，建立起成果共享、责任共担的关系。体育课程的特点决定了在教学活动开展的过程中学生需要发生频繁的合作,例如足球比赛、拔河、接力跑等等。在体育课程教学活动中引入合作性教育,培养并树立学生的合作意识,引导学生学会合作、敢于合作、善于合作,让学生在体育活动中感受到通过与他人之间的默契合作,可以更好地激发出每个人的优势,能够形成 1 +1 ＞ 2 的效果。

(三)竞争性元素

竞争是个体或群体间在不惜牺牲他人利益的前提下,最大限度地获得个人或群体利益,力图胜过或压倒对方的心理需要和行为活动。绝大多数大学生从小就享受着家庭所提供的衣、食、住、行等全部资源,作为资源的唯一供应对象,导致其缺乏良性的竞争意识和优良的竞争品质。随着社会生产力的发展、科技的进步,社会生活中更多地充满了竞争,竞争意识的缺失将会使人失去前进的动力。竞争是体育的固有属性,体育的本质特性决定了其具有强烈的竞争性,从某种意义上说,体育教育也是培养学生竞争意识的教育。在体育课程教学中,通过教学情境的设计,为学生创造竞争的环境和氛围,教育学生如何正确处理竞争与合作之间的关系,引导和激发学生开展良性的竞争,让学生认识到竞争与合作是相辅相成、密不可分的,没有合作的竞争,竞争将缺乏潜力;没有竞争的合作,合作将缺乏动力。

(四)公平性元素

公平是现代社会孜孜以求的理想和目标,它体现于社会生活的方方面面,为人的发展提供平等的权利和机会。奥林匹克之父顾拜旦所倡导的“Fairplay”意指公平竞争,它作为奥林匹克精神的重要组成部分,成为体育运动的灵魂。体育的公平性主要体现在为参与者提供公平的环境、公平的规则、公平的权利和公平的裁决等方面,按照体育活动进行的时序可分为起点公平、过程公平和结果公平三个阶段。在体育课程中处处彰显着公平性,例如体育教学机会的公平、体育资源分配的公平、体育结果评价的公平等等。在课程教学中引入公平性教育，对树立学生的公平意识，培养学生维护公平、坚守正义的优良品质至关重要。

第三节　高校体育课程思政的实施路径

一、用“课程思政”理念引领课程建设

“‘德育为先’是一种理念和指导思想，就是指在对受教育者实施教育过程中，要把德育放在各类教育的优先位置并发挥其先导的作用”。能力素质和知识储备是构成优秀人才、优秀建设者的支撑条件和基础条件，而思想道德品质是优秀人才的必备核心素质，在高校教学中，加强德育建设，并将德育放在首要位置，是对培养德智体美劳全面发展的社会主义接班人和建设者的必备环节和有效保障。体育课程教学中应树立德育为先的教学理念，对教学目标进行改革，将培养学生们的思想品德和思想政治素养作为重要的不可或缺的目标，充分利用体育课程中的思政元素，体育教师在教学中对学生进行积极引导，使学生掌握运动技能和运动知识的同时，在思想品德和思想政治素养水平方面得到提高。

课程建设是教学基本建设的重要内容之一，是提高教学水平和人才培养质量的重要保证。目前很多高校的大学体育课程从教学计划的制定到教学组织的设计、从教学目标的设定到教学结果的评价，更多地侧重于对学生个体运动能力的培养和对学生个体身体素质提升的检验，很少关注到体育课程教学对学生心理和思想所能够产生的积极影响。用“课程思政”理念引领课程建设，创新教学方法，建立多元化的评价体系，将课程中的思政元素有计划、有目的地融入课程的教学过程中，在教授学生体育知识、技能的同时关注学生在行为、情感和身心健康发展等方面的变化，引导学生树立正确的人生观和价值观，培养学生形成良好的规则意识和公平意识，提升学生良性的竞争能力与合作能力。

二、明确高职体育课程思政教学目标

课程目标是课程实施的出发点和归宿。高校体育课程思政教学目标应包含显性的身体目标和隐性的精神目标，身体目标是高校体育课程思政的“神”，精神目标是高校体育思政课程的“形”，只有“形神兼备”的高校体育思政课程，才能孕育出灵动和生命化的体育课程，使体育课程促进学生的全面发展，贯彻好立德树人的根本教学任务。

三、深化课程思政教育的体育课程教学设计

要将课程思政融入当前高校体育课程中，并不是说说而已，而是要严格遵守和落实习近平总书记的会议精神和相关要求，在实际体育授课过程中，要将课程思政教育的相关内容体现到每一个教学过程和细节里，这样才能真正地发挥课程思政教育的重要教学价值和教学意义。传统的体育课程通常是体育教师在课堂开始时，通过播放教材内容的视频来完成整个教学过程，所以实际的学习效果并不理想，很多学生无法对体育动作视频进行很好的理解和学习，体育教师并没有及时对体育动作进行分解和讲解，因此，学生的问题便长期堆积无法得到解决。在课程思政教育提出来以后，要在体育课程的备课过程以及实际授课过程中，都要深层次真正进行融入课程思政教育的相关内容，不断深化课程思政教育在当代普通高校公共体育课程的教学设计环节，通过发挥课程思政教育的教学价值，学习效果显著增强，也促进了当代大学生的全面性和综合性发展，有利于学生的综合素质提高和全面发展。

四、创设良好的体育课程思政环境

高校体育课程思政教学离不开特定的体育课堂教学环境。

为此，在高校体育课程思政教学中，教师要有计划、有目的地营造好以下几个方面的教学环境：一是创设良好的体育课程思政物质环境，让学生有一个安全、舒适的课堂教学场地和足够器材等物质环境，使每个学生都能够机会均等地享有场地器材，并对场地进行特殊的布置，对器材进行特殊的加工、改造，努力使体育场地和器材成为体育思政良好的物质环境；二是创设营造良好的体育教学制度环境，教师要建立科学的体育课堂常规和体育行为规范制度和准则，让学生明白课堂上做什么和怎么做，为高校体育课程思政提供有序的制度环境保障；三是创设营造和谐的人际关系环境，调动学生体育课堂参与的积极性，使学生积极参与到教学中来，提高高校体育课程思政的教学效果。

切实开展体育活动的过程中，教师可以让学生主动担当，自我管理，在不断的体育训练和活动中找到属于自己的价值。教师可以将体育训练进行划分，使每个人都能自由选择，充分调动学生的主动性，打造一个良好的体育课堂。这样做不仅能锻炼学生的专业技能，还可以渗透思想政治的内容。叶圣陶先生曾经说过，思想道德教育重在做。作为体育教师，应该关心、爱护学生，让每一个学生感受到爱。在学生思想消极时，可以耐心地进行开导，利用体育活动减轻学生思想负担，让学生在轻松愉快的环境中掌握技能，健康成长。高校的学生生理、心理逐渐成熟，难免出现各种不良的思想问题，想要实现在体育中穿插思想道德素养的目标，关键是要在学生中建立友好的关系，可以通过开展各种体育活动，增进学生之间的感情，比如利用小运动会、班级马拉松比赛等，或者可以利用小组分工完成共同任务。

五、深入挖掘体育课程思政教育资源

深挖高校体育课程教学中思政元素并恰当融入体育课程有重要的个体和社会功能，体育课程教学具有即时性、集体性、合作性、具体性、突发性、实践性、运动性等特征，体育运动始终贯穿

在体育课程整个教学过程中，本身蕴含着合作、公平、竞争、规则、拼搏等多方面的特征，这都是体育课程中蕴含丰富思政元素的表现。在高职体育课堂的实际教学中，教师要根据学生实际情况和实际体育教学的情景，以学生为本，充分挖掘体育课程教学中丰富思政元素——核心价值观元素、健全人格元素、良好道德元素。将挖掘出的隐性思政元素像盐溶解到食物中自然吸收一样恰当融入到显性的身体中，让学生自然而然地接受思政教育，达到体育课程教学学习运动技能、知识和思政教育多层次育人的目的，实现体育运动“外化”与思政教育“内化”相统一，培养学生良好的职业素养。如在运动项目规则、游戏规则、课堂比赛要求、体育课堂常规等教学内容中，融入遵纪守法、民主法治、自由平等、公平公正的思政元素内容；在篮球、排球、足球等集体球类运动项目的教学内容中，融入诚信友善、勤劳勇敢、乐观直率、自信自律、团结互助、遵纪守法的思政元素内容；在长跑田径项目身体素质练习的教学内容中，融入勤劳勇敢、刻苦坚韧、自立自强的思政元素内容；在武术教学内容中，融入勤劳勇敢、耐心沉稳、自立自强的思政元素内容；在体育游戏和课堂比赛中，融入诚信友善、文明和谐、民主法治、自由平等、公平法治、礼貌正义、热情随和、自信自律、谦虚审慎、聪明敏捷、尽职尽责、果断担当、与人为善的思政元素内容；在各项运动技能的学习过程及有一定难度和危险性运动技能的学习中，融入求真务实、自立自强、耐心沉稳、理智有恒的思政元素内容；在观看课堂比赛、体育欣赏以及我国奥运冠军、优秀运动健儿刻苦训练为国争光事迹的分享内容中，融入爱国敬业、勤劳勇敢、自立自强的思政元素内容；在体育教学过程中各种小组活动（小组练习、小组比赛、小组探究等）的内容中，融入团结协作、乐观直率、热情随和、表里如一、与人为善的思政元素内容；在体育教学活动中爱护场地器材和课后按时如数归还器材的内容中，融入爱护公物、爱护环境的思政元素内容。

六、加强高校体育课程思政教师队伍建设

体育课程思政质量的关键在于体育教师，体育教师师资队伍的质量、思想政治水平及思想政治意识，很大程度上影响着体育课程思政的教学效果，必须加强高职体育课程思政的体育师资队伍建设，提高高职体育课程思政师资队伍的水平：一要加强体育教师思想政治理论的学习，提高体育教师的思想政治理论水平；二要加强体育教师的师德师风建设，提高体育教师的师德师风水平；三要引导体育教师树立以人为本和立德树人的教育观，明确自身使命和责任，培养和增强教书育人意识；四要加强培训，通过邀请课程思政专家来校培训、交流研讨、外出培训、交流研讨等方式，提高体育教师体育课程思政的相关理论水平和能力；五要加强体育教师和思政教育工作者的交流学习和合作，不同学科课程思政相互支撑、资源共享，携手育人；六要完善体育课程思政的教师评价机制，对体育教师的评价要加入思想意识、思想政治素质、人文素养素质及育人态度和育人效果等方面的评价。评价结果要与教师的评优、职称等方面紧密结合起来，通过科学的评价促使教师主动、积极地进行体育课程思政；七要建立体育教师集体备课制度，体育教师共同研讨体育课程思政的教学内容、方法等，通过集体备课在达成共识的基础上，形成各具特色的体育课程思政教学方案；七要鼓励体育教师在体育课程思政教学中大胆探索和勇于创新，使体育教师在体育课程思政教学上开创富有特色和成效的体育课程思政教学模式；八要加强教师进行体育课程思政的政策支持，给予体育课程思政体育教师经费、激励等方面的保证和支持，最大程度地调动起体育教师进行体育课程思政的积极性。

教师作为课程思政的执行者、推动者和实践者，在融入过程中起着关键性的作用。“教师做的是传播知识、传播思想、传播真理的工作，是塑造灵魂、塑造生命、塑造人的工作。教师不能只

做传授书本知识的教书匠,而要成为塑造学生品格、品行、品味的'大先生'"。要将"课程思政"融入到课程教学中,首先要转变教师的教学观念和教育思想,提升教师的政治素养和业务能力,提高教师在课程教学中发掘思政元素的敏感性和运用思政元素的主动性。因此,高校要有计划、有目的地组织教师开展对课程思政内涵和意义的学习和培训,并将课程思政纳入到教学效果评价体系中,促进教师以身立教、以德为范,在全校范围内构建课程思政的育人大格局。

让教育者先受教育,教师必须自身具有很高的思想水平才能去教育学生。教师思想道德和政治素养相结合必须依靠自我提升和相关培训,可以通过参加专题培训、观看时政新闻的方式自觉地规范自身的一言一行。学生的社会经验不足,很容易对自己和周围的人进行模仿,所以教师良好的修养是十分重要的。教师可以通过树立积极正确的师德观念和正确的政治觉悟,提高自身工作积极性和使命感。学高为师,身正为范。教师要培养具有良好的意志品质的学生,利用体育课堂中的人格魅力吸引学生,学生才能在潜移默化中形成良好的思想政治素养,缩短师生间距离,同时也对学生产生了巨大的感染力。在体育教学过程中,教师作为课堂的管理者更加需要严于律己。著名的教育家苏霍姆林斯基说过,教师是教书者更是育人者,学生能否形成良好的思想与政治素养与教师自身素质密切相关。学生的崇高思想不是一朝一夕形成的,它需要经过时间的积淀,每一节课、每一次教学中教师的行为都会直接影响学生。教师需要加强自身一言一行的管理,尽量不要出现负面情绪,在提高自身的道德素质的同时为学生指导前进的方向。只有提高自己的思想素质才能以自己的思想影响学生的思想,从而更好地培养学生的积极情绪、情感,在体育锻炼中帮助学生树立正确的世界观、人生观和价值观,锤炼意志,健全人格,从而让学生得到全面发展。

体育教师首先要做到以德立身,以身示范,提高自身的思想政治素养。在教学中教师的行为规范和思想意识对学生有着很大的影响，体育教师只有对自己严格要求，以身作则，在行为规范及思想政治意识等方面给学生起到示范和带头作用，通过教学工作和体育比赛活动等渠道正确引导学生，对学生的思想政治教育起到良好的引导效果。

体育教师还应提高自身专业素质，通过不断学习，巩固和提高专业技能和专业知识，在教学的示范和讲解环节，能让学生对教师的专业技能和知识发自内心的信服和敬佩，使学生能在各个教学环节主动去学习和练习。体育教师应在教学能力方面不断提升，积极通过各种途径学习优秀的教学方法和先进的教学手段，能让学生对体育课产生兴趣，喜欢上体育课；在教学中始终把控学生心理变化好体能状态，相应的调整教学方法和思路，并将思想政治品德的培养贯穿始终，在认真、快乐的学习中提升思想政治素养水平。在体育课堂中渗透思政教育，对于教师的要求非常高，在教学中要理论结合实际，通俗易懂，用事例的形式让学生快速吸收消化，这就要求教师做到以下三点。

（1）旁求博考。提升教师自身的能力，做一个具有丰富知识底蕴的教育工作者，用知识来吸引学生的学习兴趣，激发学生的好奇心和求知欲，主动参与到学习中去。将思政内容渗透到体育教学中，必须最大限度激发学生的求知欲，并且要与时俱进，利用“互联网 +”等手段来作为辅助，这就要求体育教师具备创新能力、过硬的专业知识，以及较高的思想觉悟，并与时代接轨，尤其是与“95 后”和“00 后”，要了解他们的思想动态，用身边的事例来激发和鼓舞学生，让他们切身感受到思想政治教育的意义和重要性，从而提高学生接受思想政治教育的积极性。

（2）紧随潮流。随着时代的飞速发展，知识和思想也在不断更新，新一代的学生群体在思想方面已经远远将老一代甩在身后。高校教师作为一个特殊的群体，天天与这样的“新一代”接触，如不及时更新自己的知识与信息，将会与学生脱离。这就要求教师群体要紧随时代的潮流，不断充电更新，将最前沿的信息和事例带入课堂，用热点链接教学，将正确的思想教育第一时间传授给学生。

（3）探究教学。摒弃传统的教师教、学生学的模式，将学生作为学习的主体，要让其找到“主人翁”的感觉，对于枯燥无味的意识形态说教，大部分学生会非常抵触，教师应改变思维，避免教条与本本的“硬塞式”教学，以民主和平等的方式来拉近师生的距离，充分发挥学生的主观能动性，使学生在轻松愉悦的氛围中学习并接受思想政治教育。

七、采用科学方式进行高校体育课程思政教学

教师在综合考虑高校体育课堂的教学内容特点及学生、天气、场地器材等多方面的因素下，采用合理、科学、多样的方式，把高校体育课堂教学过程中学生身体内容学习的各个环节和思政的内容紧密结合起来，进行高校体育课程思政教学，提高高校体育课程思政的效果。高校体育课程教学中通常采用以下几种方式进行思想教育。

（1）专题式。利用课前或课后 3 分钟的时间，选择国内时政和近期发生的重大有教育意义的事件，精炼 3 分钟的专题思政教育，如选择我国运动员在国际重大比赛中取得奖牌的光荣事迹，对学生进行爱国敬业、刻苦坚韧的专题思政教育。通过每节课 3 分钟不同专题式的思政教育，自然而然就会达到较好的体育课程思政效果。

（2）嵌入式。教师要在高职体育课堂教学过程中“嵌入”思政教育的内容，对学生进行有针对性的思政教育。如在篮球课的教学中，教师公平公正地把学生分成水平相近的组别和裁判，要求学生在比赛中服从裁判判罚、遵守规则与队员之间配合，这无形中就把公平公正、遵纪守法、团结互助的思政教育元素“嵌入”到体育课堂教学中，达到了高职体育课程思政的目的。

（3）引导式。由于学生性格、能力、认知水平、运动技能等方面存在较大差异，教师要细心观察学生在体育课堂中心理变化和

行为表现等方面的一举一动，对于学生出现的问题要及时进行正面引导教育。如在进行中长跑、定向越野跑教学时，有些学生出现畏难情绪，这时教师要对学生进行不怕困难、吃苦耐劳、勤劳勇敢的引导教育，引导学生直面困难并勇于克服困难。如在排球比赛中，学生“救球”摔倒后，又迅速爬起来继续进行比赛，教师及时给予表扬，引导学生勇敢顽强、拼搏进取。

（4）身教式。身教胜于言教，教师的一举一动都对学生产生很大的影响。体育教师在日常生活和课堂教学中严格要求自己，用自己高尚的品德和模范的行为影响和教育学生。

八、注重体育实践活动，提高学生的思政水平

体育课程中有效融入思政教育，一个是在课堂教学中渗透，通过体育课堂上教师的言传身教，培养学生坚强的意志力、克服困难的能力、团结协作精神和集体主义精神；一个是在体育课外活动中渗透，如在参与和观看体育比赛以及参加体育锻炼、体育节目表演等的活动中，培养学生的吃苦耐劳能力、勇于挑战的精神、顽强拼搏精神和永不放弃精神，以及勇于担当使命的责任意识和强烈的爱国主义精神。

任何课程都离不开实践。体育实践课程是要面向全体学生的，让学生能够自然而然进入课程中去，采用潜移默化的思政教育，让学生在阳光下养成积极的生活态度。思政教育要充分利用体育优势，寓思政教育于体育活动之中。思想品德教育要得益于实践才能成功地塑造人。目前大部分学生都是独生子，过着优越的生活，对精神层面并不注重，这对思想政治教育是极大的一次挑战。教师可以安排适当的体育实践活动来培养学生的良好品质，可以安排学生关注国家对其发展的态度以及今后体育项目的开展政策，树立起学生关心国家大事、为国家贡献力量的奉献精神。随着经济的发展和网络技术的不断提高，社会生活也变得更加丰富，然而单靠思政课不足以完全解决学生存在的思想问题。

在体育教学中可以利用热点的体育新闻引起学生对社会的思考,弘扬积极的正能量。在长期的思政教育过程中,思想和政治教育的意义逐渐被化作一种知识,而忽略了它作为人的一种生活态度所具有的特性,从而导致在形成社会主义价值观念的过程中丧失了对生命价值教育的意义。这种现状让思想政治教育最后沦为一种纯粹而简单的知识和技能教育。思想政治教育是一项长期且复杂的工作,需要广大教育工作者为之奋斗。教师要根据高职学生的心理特点,将思想政治融入体育中,让其有趣,调动学生积极参与,从而促进思想政治工作的顺利开展。思政的本质就是促进学生有一个健康、积极的生活态度。

九、建立科学的高校体育课程思政教学评价体系

于高校公共体育课程而言,注重立德树人,但是在实际的教学当中,教师并没有将德育功能充分彰显。这是因为在体育教学的过程当中存在明确的评价体系,但是并没有针对德育教育设置相应的评价体系,致使体育教育的育人功能逐渐弱化。因此,为了实现高校公共体育课程与思政课程的有效融合,教育人员需要制定科学的体育德育评价体系。高校的领导人员应站在战略的高度上,为高校体育德育教学评价体系的构建给予相应的引导,从而为评价体系的制定提供有力的支持。在高校体育德育评价体系构建的过程当中,教师不仅要将标准细化,还应突出体育的德育功能,明确奖惩机制,通过这样的方式使体育德育教学工作得到逐步推进,从而实现体育在德育方面的价值体育课程评价体系直接影响着教学效果的和育人培养标准,课程评价也会影响到教师和学生在体育课程中的工作和学习指向,及能否使学生身心全面协调的发展。对体育课程评价体系的改革中,要始终围绕如何将思政教育融入体育教学中为目标,真正实现“课程思政”。

高校体育课程思政教学中,学生学习的评价既要考虑学生身体方面发展的评价,又要考虑学生思政方面发展的评价,二者缺

一不可，一般学生身体方面（运动技能、职业体能、体质健康标准、体育理论）发展采用终结性评价方法，思政方面（核心价值观、健全人格、良好道德）的发展采用过程性评价和影响评价相结合的方法，通过建立科学的体育课程思政学生学习评价，激励学生在身体和思政方面全面发展，促使学生知行合一，实现高校体育课程思政教学全面育人的目的。

第六章 传统体育运动项目实践

第一节 田径运动

一、短跑

（一）起跑

起跑包括起跑前的准备姿势和起跑动作，要求反应快，起动有力，使身体由静止状态获得最大向前冲力（初速度）。因此起跑技术对全程速度和成绩影响很大。

短跑的起跑按田径规则必须采用蹲踞式起跑，它包括“各就位”、“预备”、“鸣枪”（跑）三个过程。

1. 各就位

当运动员听到“各就位”的口令后，要轻松有信心走到起跑线前，把有力的脚放在前面，身体下蹲，两手在起跑线前撑地，两脚前后分开约一脚半的距离，左右距离大约为 10 厘米，后膝跪地，两臂伸直，两手相距与肩同宽或稍宽于肩。四指并拢与拇指成八字形张开，虎口向前、头微低、颈放松，肩约与起跑线平齐、背微弓，两眼看前下方 40 ～ 50 厘米处，注意听“预备”的口令。如图 6–1 所示。

图 6–1

2. 预备

当听到“预备”的口令后，两脚用力后蹬，后膝抬起，臂部提起稍高于肩，背微隆起，重心前移，两肩稍过起跑线。这时体重就要落在两臂和前腿上。前后腿、大小腿的夹角分别约为 90° 和 120° 左右，注意力高度集中听“枪声”。

3. 鸣枪（或跑）

当听到枪声后，两手迅速推离地面，屈肘前后有力摆动，同时两腿快而有力地蹬地，然后后腿以膝部领先迅速向前上方摆动。前腿充分蹬直，使髋、膝、踝关节成一直线，上体保持较大前倾。后腿前摆至最大程度后，大腿积极下压，用前脚掌在身体重心投影后下方落地。刚开始跑时注意步幅不宜过大，上体要逐渐抬起。

（二）途中跑

它是整个快速跑中的主要阶段，要求跑得放松，腿部动作幅度大，步子频率快，前脚掌积极而富有弹性地落地，用踝、膝积极缓冲过渡到后蹬。后蹬时摆动腿应迅速有力地向前上方摆出，积极带动髋关节前送迅速伸展膝、踝关节，最后用脚趾蹬离地面。后蹬角约为 50° 左右。两臂的摆动有助于维持身体平衡、加快步频和加大步幅作用。摆臂时两手半握拳，肘关节自然弯曲成 90°，以肩为轴快速跑有力地前后摆动。跑动中面对前方，目视终点，颈部放松，躯干保持正直或稍前倾。

总之，在途中跑中要求动作轻松有力，协调自然，步幅要大，频率要快，重心平稳，跑成直线。呼吸要做到短而快，不可憋气。

（三）终点冲刺

终点冲刺是全程的最后阶段，一般为 15 ~ 20 米。技术和途中跑基本相同，但要加强两腿蹬地力量和两臂的摆动，上体可适当前倾，到离终点最后一步时，上体要迅速前倾，用胸或肩撞终点线。

二、中长跑

（一）起跑

中长跑一般采用“半蹲式”起跑或“站立式”起跑。

1.“半蹲式”起跑

运动员到起跑线后，有力的脚在前站在起跑线后沿，另一脚向后站立，两脚前后距离约一个脚掌。前腿的异侧臂支撑地面，支撑地面的手将拇指与其他四指分开呈“人”字形撑在起跑线后沿，另一臂放在体侧。这时的体重主要落在支撑臂与前腿上。这种姿势比较稳定，不容易造成由于重心不稳而导致犯规。听到发令员枪响后，两腿迅速并行蹬伸，后面的腿积极屈膝前摆，两臂则配合两腿的蹬摆动作进行屈臂前后摆动，整个身体向前俯冲，完成准备动作，为起跑后加速跑获得预先初速（图 6–2）。

图 6–2

2."站立式"起跑

两脚前后开立,有力的脚在前,脚尖紧靠起跑线后沿,前脚跟和后脚尖之间的距离约为一个脚掌长,两脚左右间距约为半个脚掌长(15 ~ 20 厘米)。体重大部分落在前脚掌上,后脚用脚尖支撑站立。两腿弯曲,上体前倾,头部稍抬,眼看前面 7 ~ 8 米处,身体保持稳定姿势,集中注意力听枪声。这时两臂的姿势有两种:一种是前腿的异侧臂在前,同侧臂在体侧;另一种是两臂在体前自然下垂。听到鸣枪或"跑"的口令时,两脚用力蹬地,后腿蹬地后迅速前摆,前腿充分蹬直,两臂配合两腿动作做快而有力地摆动,使身体迅速向前冲出(图 6–3)。

图 6–3

（二）加速跑

在加速跑的过程中,上体前倾稍大,摆腿、摆臂和后蹬的动作都应迅速而积极。加速跑的距离主要根据项目、个人特点与比赛情况而定。一般 800 米要跑到下弯道才结束;1 500 米跑到直道末才结束,然后进入匀速而有节奏的途中跑。

（三）途中跑

途中跑是中长跑的主要部分,因此,掌握途中跑的技术是极其重要的。途中跑技术要点如下。

1. 上体姿势

上体自然挺直，适度前倾5° 左右，跑的距离愈长，上体前倾角度愈小，胸要微微向前挺出，腹部微微后收，头部自然与上体成一直线，颈部肌肉放松，眼平视。尽量避免上体左右转动或扭动，后蹬时髋前送，以提高后蹬效果。

2. 摆臂

臂的摆动应和上体及腿部动作协调一致。正确摆臂能维持身体平衡，并有助于腿的后蹬。中长跑时，两臂稍离开躯干，肘关节自然弯曲，半握拳，两肩下沉，肩带放松，以肩为轴前后自然摆动，前摆稍向内，后摆稍向外，摆幅要适当，前不露肘、后不露手。摆臂动作幅度应随跑速大小而变化，感到疲劳时，可改为低臂摆动，以减小疲劳程度。

3. 腿部动作

当身体重心移过支撑点以后，支撑腿就进入了后蹬阶段。当摆动腿通过身体垂直部位继续向前摆动时，支撑腿的各关节要迅速伸直。后蹬时各关节要充分伸直，首先以伸展髋关节开始，在摆动腿积极前摆的配合下向前送髋，腰稍向前挺，此时膝关节、踝关节也积极蹬直，这样能够适当地减少后蹬角度，获得与人体运动方向一致的更大水平分力，推动人体更快地向前移动。在后蹬结束时，后蹬腿完全伸直，上体、臀部与后蹬腿几乎成一直线，摆动腿使小腿与蹬地腿成平衡状态。

后蹬腿蹬离地面后，人体进入腾空状态。其任务是最大限度地放松蹬地腿的肌肉，并积极省力地将大腿向前上方摆出。当后蹬腿的大腿向前上方摆动时，膝关节的有关肌肉群放松，小腿顺惯性与大腿自然折叠。当摆动腿的大腿摆至与地面垂直时，骨盆向摆动腿一侧下降，摆动腿的膝关节低于支撑腿的膝关节。这样摆动腿一侧的膝关节比较放松，使肌肉用力与放松交替控制得好。

当大腿膝盖摆到最高位置后开始下压时,膝关节也随之自然伸直,用前脚掌做“扒地式”的着地。当脚与地面接触之后,膝关节和踝关节弯曲,脚跟适度下沉,脚着地点更靠近重心投影点,落在重心投影点前一脚左右的地方。跑时可用脚掌外侧着地过渡到全脚掌,也可用全脚掌着地,着地动作要柔和而有弹性,两脚应沿着直线落地。

(四)弯道跑

中长跑一半以上的距离是在弯道上进行的,为了克服沿弯道跑进时产生的离心力,在跑进时,身体需适当向左倾斜,跑速越快向左倾斜的程度越大。摆臂时,右臂向前摆的幅度稍大,前摆是稍向内,左臂后摆幅度稍大。摆动腿前摆时,右膝前摆应稍向内扣,左膝前摆稍向外展。脚着地时,右腿用前脚掌内侧着地,左腿用前掌外侧着地。弯道跑时,应靠近跑道的内沿,以免多跑距离。超越对手最好不要在弯道上进行。

(五)终点跑

终点跑是在到达终点前的一段加速跑。动作要求基本上和短跑相同。这时运动员已处于疲劳状态,此时运动员依靠顽强意志冲向终点。跑的动作应该是摆臂加快而用力,加强腿的后蹬与前摆。终点跑距离的长短,应根据个人余力、场上情况和战术要求而定。一般情况下,800 米跑可在最后 200 ~ 250 米开始加速并逐渐过渡到冲刺跑。1 500 米可在最后 300 ~ 400 米逐步加速。

参加中长跑锻炼时,在技术上有一个特别要求,就是要掌握好跑时的呼吸节奏,运用好正确的呼吸方法。正确的呼吸方法应该是口与鼻共同进行的,通常是采用微张口与鼻同时吸气,用口来呼气。在寒冷的季节里,吸气时为了避免冷空气直接从口腔进入体内,可采用卷起舌尖抵住上腭的口腔吸气方法来缓解冷空气吸入。呼吸的节奏应和跑步的节奏相配合。通常在慢速跑时,可采用三步一呼、三步一吸的方式,跑速加快时,可用两步一呼、两步一吸的方式。

三、跳高

(一)助跑

背越式跳高的助跑路线分前后两段,前段跑直线,后段跑弧线(最后三、四步)。用远离横杆的腿起跳。起跳点的位置一般离近侧跳高架的立柱1米、离横杆垂直向下投影点50 ~ 80厘米处。助跑的距离一般为6 ~ 8步或10 ~ 12步。起跑点和起跳点的连线与横杆夹角约为70°左右,弧线半径5米左右。

助跑前段应快速跑跑,跑法和普通加速跑相似。后段由于是跑弧线,所以身体向圆心倾斜,随着跑速愈快倾斜度愈大,前脚掌沿弧线落地。它的特点是身体重心高、步频快,小腿伸得不远,落地更为积极。这样便于保持较大的水平速度,有利于做快速跑有力的起跳动作,增加起跳的效果。由于是弧线助跑,起跳时身体侧对横杆,因而转体较为容易。

全程助跑要求较松、自然、快速跑、准确。跑的过程中注意高抬膝关节。最后一步一般比倒数第二步短10 ~ 20厘米。

助跑弧线丈量方法要先确定起跳点。由起跳点向近侧跳高架方向平行横杆向前自然走五步,再向右转90°角向前自然走六步做一标志,再向前走七步画起跑点。由标志点向起跳点画一弧线(半径约为5米),即成最后四步的助跑弧线。

(二)起跳

起跳的目的是把助跑时所获得的水平速度转变为垂直速度,使身体腾空。

起跳要求和助跑的最后几步要衔接紧凑。起跳的动作可细分为起跳、脚着地缓冲和蹬伸三个阶段。助跑到倒数第二步结束,摆动腿支撑地面后,在摆动腿迅速有力的后蹬推动身体快速跑前移的作用下，起跑腿迅速以髋关节带动大腿积极向前迈步，起跳脚顺弧线的切线方向踏上起跳点，以脚跟外侧领先着地并迅速滚动到全脚掌。同时两臂要配合摆动腿迅速向前上方摆起，重心快跟，上体积极前移，使起跳腿缓冲。此时身体由倾斜转为垂直，身体重心轨迹与足迹重叠，以便为最后用力的蹬伸腾起创造有利条件。当身体重心移至起跳点上方时，起跳腿迅速而有力地蹬伸，完成起跳动作。

起跳时，起跳腿的髋、膝、踝关节必须充分伸直，这是直立腾起的关键，同时身体应尽量与地面保持垂直。使身体较为水平姿势的动作不是靠双肩倒向横杆所形成的，而是因骨盆比肩更迅速地上升的结果。

（三）过杆和落地

由于起跳时摆动腿屈膝向异侧肩前上方的积极摆动，使身体腾空后逐步转为背对横杆的姿势，这时不要急于做过杆动作，而要努力保持身体的上升趋势。当肩和背高于横杆时，两肩迅速后倒，充分展髋、小腿放松，膝部自然弯曲，身体成反弓形，背部与横杆成交叉状态，反弓仰卧在横杆上方，髋部的伸展动作要延续到臂部过横杆。当膝盖后部靠近横杆时，两小腿积极地向上举。含胸收腹，自然下落以肩背领先落垫。

四、跳远

（一）助跑

助跑的目的是为了获得最大的水平速度。跳远的助跑步幅要稍小些，频率要较快，身体重心较高，节奏性要强。助跑时应沿直线逐渐加速，跑到起跳板时应达到最高速度，为踏跳做充分准备。

男子助跑距离一般为 35 ~ 45 米，女子助跑距离一般为 30 ~ 35 米。

（二）起跳

运动员在快速跑助跑的情况下，通过有利的助跑来获得必要的垂直速度，并尽量在保持水平速度的前提下，使身体腾起。在跳远中水平速度大于垂直速度，腾起角小于 45°，起跳是跳远技术的关键。

助跑的最后一步，当摆动腿支撑时，起跳腿快速跑折叠前摆，上体正直或稍后仰。在起跳脚着地的刹那，由于助跑水平速度的惯性和身体重力的作用，产生很大的压力，迫使起跳腿的髋、膝、踝关节产生很快的弯曲缓冲，全脚掌迅速滚动，身体前移。两臂积极向上摆动至肩齐平时突然停止。摆动腿的大腿积极向前上方摆至水平位置，小腿自然下垂，完成起跳动作。

（三）腾空

起跳腾空后，身体要保持平衡稳定，并做好落地的准备。上体正直，摆动腿屈膝前摆，大腿高抬并保持水平姿势，起跳腿自然放松地留在后面，成腾空步姿势。腾空姿势有蹲踞式、挺身式和走步式三种。

1. 蹲踞式

腾空步以后，迅速将踏跳腿提至前方与摆动腿并拢，双腿屈膝向胸前靠近，同时上体稍向前倾。快要落地时两腿向前伸出，同时两臂向后摆。当脚跟触及沙面时，两膝很低的弯曲，两臂从后向前摆动，身体重心前移，保证落地后的稳定，如图 6-4 所示。

图 6-4

2. 挺身式

腾空步后，摆动腿自然下落，小腿向前、向下、向后弧形摆动，使髋关节伸展，两臂向下、向后上方摆振。这时留在身体后面的起跳腿与向后摆的摆动腿靠拢，臀部前移，胸、腰稍向前挺，形成挺身展体的姿势。落地前两臂由后上方向前、向下、向后摆动，收腹举腿。上体前倾准备落地如图 6–5 所示。

图 6–5

3. 走步式

走步式跳远就是在腾空阶段完成走步的动作，与上述两种空中姿势相比，难度较大。当起跳动作完成后，身体呈现“腾空步”，处在身体前方的摆动腿应以髋为轴，用大腿带动小腿向下、向后方摆动，同时处在身体后方的起跳腿则以髋关节为轴，大腿向上抬摆，并且屈膝带动小腿前伸，完成两条腿在空中的交换动作。两臂也要配合两腿的换步进行绕环，起到维持身体平衡的作用（图 6–6）。

图 6–6

（四）落地

（1）前倒落地。当脚跟落地后，前脚掌下压，屈膝并向前跪，使身体移过支撑点后继续向前移动，身体向前扑下。

（2）侧倒落地。当脚跟落地时，一腿紧张支撑，另一腿放松，身体向放松腿的一侧倒下。

五、推铅球

（一）握法和持球

握球的方法（以右手为例，下同），五指自然分开弯曲，手腕背屈（图 6–7）；把球放在食指、中指和无名指的指根处，拇指和小指自然地扶在球的两侧。握好球后，把球放在锁骨窝处，贴近颈部，手腕外转，掌心向外，手臂肌肉放松，握球要稳，如图 6–8 所示。

图 6–7

图 6–8

（二）预备姿势

推铅球的技术有侧向滑步投、背向滑步投和旋转投三种方式。下面着重介绍背向滑步的预备姿势。

高姿势：持球背对投掷方向，右脚尖贴近圆圈，脚跟正对投掷方向，重心在右脚上。左脚在后，并以脚尖或前脚掌着地，距右脚 20 ~ 30 厘米。上体正直放松，左臂自然上举或前伸，两眼看前下方 3 ~ 5 米处。这种姿势较为自然放松，能协调地进行滑步动作，有利于提高速度。

低姿势：背对投掷方向，两脚前后开立 50 ~ 60 厘米，右脚跟正对投掷方向，左脚以脚尖或前脚掌着地，左臂自然下垂或前伸，两腿自然弯曲，上体前俯，重心落在右腿上。两眼看前下方 2 ~ 3 米处。这种姿势容易维持平衡。

（三）滑步

滑步的目的是为了使人体和铅球获得一定的预先过渡，并为最后用力创造良好的条件。掌握好滑步技术可提高成绩 1.5 ~ 2.5 米。下面着重介绍背向滑步技术。

可做 1 ~ 2 次预摆。当摆动腿向后上方摆出，上体自然前俯，左臂自然地伸于胸前。然后左腿回收，同时弯曲右腿，当左腿回收到接近右腿时，身体重心略向后移，紧接着左腿向投掷方向拉出，右腿用力蹬伸，当脚跟离地面后，迅速拉收小腿，右脚向内转扣，并用前脚掌着地，落在圆圈中心附近与投掷方向约成 130°角。这时左脚要积极下落，以前脚掌内侧迅速地落在直径线左侧靠近抵制板处。两脚落地的时间越短越好，以利用动作连贯，并能迅速地过渡到最后用力。

（四）最后用力和投掷后维持身体平衡

投掷方法的不同导致最用力维持身体平衡的方法不同，下面就背向滑步技术最后用力后的身体平衡做一介绍。

最后用力是当左脚积极着地的一刹那开始的。在滑步拉收右腿的过程中，右膝和右脚就向投掷方向转动，右脚着地后还要不停地蹬转，并推动右髋向投掷方向转动。上体也逐渐向上抬起。在右髋的不断前送中很快地向左转体，挺胸抬头，左臂摆至身体左侧制动，两脚积极蹬伸，同时右臂将铅球积极推出，在铅球快离手时，手腕和手指迅速向外拨球。投球的角度一般为38° ~ 42° 。当球离手后，立即将右腿换到前面，屈膝降低重心，以便于维持身体平衡。

第二节　球类运动

一、篮球运动

（一）运球技术

1. 高运球

高运球时两腿微屈，上体稍前倾，眼平视，以肘关节为轴，前臂自然伸屈，用手腕、手指柔和而有力地按拍球的后上方。球的落点控制在运球的手臂的同侧脚的外侧前方，使球的反弹高度控制于胸腹之间（图 6-9）。

图 6-9

2. 低运球

运球时，两腿应迅速弯曲，重心下降，上体前倾，球的落点在体侧，用上体和腿保护球，同时，用手腕和手指短促地按拍球的后上方，使球控制在膝关节的高度。

3. 运球急停急起

在快速运球中突然急停时，采用两步急停，使身体重心降低，手按拍球的前上部，使球停止向前运行。运球急起时，两脚用力后蹬，上体急剧前倾，迅速起动，同时，按拍球的后上部，人、球同步快速前进。

（二）传球技术

1. 双手胸前传球

两腿前后分开微屈，上体稍向前倾，重心在两脚之间。双手握球的两侧偏后，五指自然张开，手心不要接触球，两拇指成“八”字形。两肘弯曲并靠近身体持球于胸前。传球时用手指和腕向前翻转和抖动的力量将球传出。出球时最后通过指端向后旋转使球平直地飞行（图 6–10）。

图 6–10

2. 双手头上传球

双手从球的两侧面持球（手指尖朝上），置于头顶，肘部微屈，向传球方向跨一步的同时手腕向后转，球移至脑后，将球向前抛出，手腕向下转发力。

3. 单手肩上传球

双手持球于胸前，两脚平行开立。传球时，左脚向传球方向迈出半步，同时将球引到右肩上方，肘部外展，上臂与地面近似平行，手腕后仰，右手托球，左肩对着传球方向，身体重心落在右脚上，右脚蹬地，转体，前臂迅速向前挥摆，手腕前屈，通过食指、中指拨球将球传出。球出手后，随着身体重心前移，右脚向前迈出并保持基本站立姿势。

（三）接球技术

1. 双手接球

双手接球是最基本的接球方法，也是在比赛中运用最多的动作之一。其优点是握球牢稳，易于转换其他动作。双手接球时，两眼注视来球，两臂伸出迎球，手指自然分开，两拇指成“八”字形，手指向前上方，两手成一个半圆形。当手指触球后，两臂随球后引缓冲来球的力量，两手握球于胸腹之间（图 6–11）。保持身体的平衡，做好传球、投篮或突破的准备。来球的高度不同时，两臂伸出迎球的高低也有所不同。

图 6–11

2. 单手接球

单手接球控制的范围大，能接不同方向的来球。但是单手接球不如双手接球牢稳，因此，在一般情况下应尽量用双手接球。如用右手接球，则右脚向来球方向迈出，两眼注视着来球。接球时，手掌成勺形，手指自然分开，右臂向来球的方向伸去。当手指接触球时，手臂顺势将球向后下引，左手立即握球，双手将球握于胸腹之间，保持基本持球姿势。

（四）投篮技术

1. 单手投篮

单手投篮时，投篮手五指自然分开，手心空出，手腕后仰，大、小拇指间的夹角约为 80°，以扩大对球的支撑面，用指根及其以上部位托球的后下方，球体的重力作用线近乎落在食指和中指的指根部位，肘关节自然下垂，另一手扶球的侧上部，置球于同侧头或肩的前上方。

（1）原地单手肩上投篮。两脚开立，两膝微屈，身体重心在两脚之间，上体稍前倾，右手翻腕托球于右肩前上方，手指自然张开成球状，手心不要贴球，球的重心要落在中指和食指之间，左手帮助扶在球的侧下部，右肘自然下垂，腕关节放松；下肢蹬地的同时，右臂向前上方伸展，手腕向前扣动，手指拨球，将球柔和地送出；球出手后，手腕放松，手指自然向下（图 6–12）。

图 6–12

（2）原地跳投。原地跳投技术是在原地立定投篮的基础上发展起来的跳起投篮技术，它具有出手点高的特点，可以弥补身高不足方面的弱点。双手持球于胸腹之间，两脚左右（或前后）开立，两膝微屈，身体重心落在两脚之间，上体放松，眼睛注视篮圈。起跳时两膝适当弯曲（两脚前后开立时也可上一步再做此动作），接着脚掌蹬地发力，提腹伸腰，向上迅速摆臂举球并起跳，双手举球于肩上或头上，左手扶球左侧。当身体升至最高点或接近最高点时，左手离球，右臂向前上方伸直，同时用突发性力量屈腕、压指，使球通过指端投出。球离手后身体自然落地，屈膝缓冲，准备冲抢篮板球或回防。

（3）行进间单手肩上投篮。跑动接球时，跨右脚然后接着跨出第二步，这一步稍小并用力起跳，右腿屈膝抬高，在左脚蹬地起跳的同时，双手迅速将球举至右上方，右手五指自然分开，掌心空出，手腕后屈托球，左手扶球做保护，肘下垂；眼睛注视球篮，接着右手托球向上伸展，手指柔和地拨动，手腕下压，将球投出命中（图 6–13）。

图 6–13

2. 双手胸前投篮

双手持球于胸前，双肘自然下垂，两脚自然开立，两膝微屈，重心落在两脚之间。两手手指自然分开，拇指相对成八字形，用指根以上部位握球的两侧后下方，手心空出，两臂自然屈肘，肘关节下垂，置球于胸与下巴之间。投篮时，下肢蹬地发力，两臂向前上方伸展，前臂内旋，拇指下压，手腕前屈，食、中指将球投出。

（五）持球突破技术

1. 交叉步突破

以左脚作为中枢脚为例。两脚左右开立，两膝微屈，身体重心降低，持球于胸腹之间；突破时，右脚向右前方跨出，假装做向右侧突破，当对手重心向右偏移时，左脚前掌内侧迅速蹬地，上体向左转体探肩，右肩向前下压，重心向左前方移动，右脚迅速向左侧前方跨出，同时将球移于左侧，推放球于叉脚外侧，左脚用力蹬地向前跨出，迅速超越对手。

2. 顺步突破

顺步突破也称同侧步突破，特点是突破方向与跨步方向相同，起跨突然迅速。运用时，对中枢脚移动和防球、加速运球之间的协调配合要求较高，配合不好易造成走步违例。以左脚作中枢脚为例。准备姿势和突破前的动作要求与交叉步突破相同。突破时，假做投篮，当对手重心前移时，右脚迅速向前方跨出一步，上体向右脚外侧偏前方，左脚前脚掌迅速蹬地，向前方跨出运球突破防守（图 6–14）。

图 6–14

（六）抢篮板球技术

1. 抢进攻篮板

观察对手防守动向，判断球反弹的方向、速度和落点，根据对球的反弹判断和对手防守的态势，及时采取迂回的快速起动，争取在位置上取得相对的或更好的优势。在抢位的同时，注意屈膝降低重心，并用肩、背主动接触对手。积极用力蹬地起跳，争取空中的高度，占据一定的空间位置。充分伸展身体及手臂，尽可能在更高的空中位置上获球。抢球时手臂和腕、指的力量要大，紧握球体，或迅速托臂屈肘握球在手。即使在不能获球的情况下，也要极力用挑、拨、捅等办法将球从对方手中打出。

2. 抢防守篮板

防守队员抢篮板球要突出挡的意图，利用自己占据篮下或内侧位置挡抢篮板球。

当进攻队员投篮时，防守队员要根据对手的移动情况和位置，运用上步、撤步和转身等动作把进攻队员挡在身后，并抢占有利位置。在篮下抢位挡人时，一般采用后转身挡人，降低重心、两肘外展来抢占空间位置，并保持最有利的起跳姿势。

二、足球运动

（一）接球技术

1. 脚内侧接空中球

根据来球及时移动到位。抛物线较小的平空球应该根据临场的实际情况选择适当高度的接球点，将接球腿抬起，使脚内侧部位对准来球的方向并前迎，脚在接触球的一瞬间后下方撤，并将球接在所需的位置上（图 6-15）。

2. 脚背正面接抛物线来球

根据球的落点移动到位，脚背正面上迎下落的球，当球和脚面接触的一瞬间，接球脚和球下落的速度同步下撤，此时大腿膝关节、踝关节、脚趾都保持适度的紧张，脚尖微翘将球接到需要的地方(图 6–16)。

图 6–15

图 6–16

3. 大腿接抛物线较大的高空球

面对来球方向,根据球的落点迅速移动到位,接球腿大腿抬起,当球和大腿接触的瞬间大腿下撤将球接到需要的位置上(图 6–17)。

图 6–17

4. 挺胸式接球

面对来球，两脚左右或前后开立，两膝微屈，重心置于支撑面内，上体后仰，下颌微收，两臂自然张开，维持身体平衡。接触球的瞬间，膝关节伸直，两脚蹬地，胸部轻托球的下部使球微微弹起于胸前上方（图 6–18）。

图 6–18

（二）运球技术

1. 正脚背运球

运球跑动时，上体前倾，步幅放大，运球脚提起时，膝关节弯曲，脚尖向下，以脚背正面推拨球前进。

2. 脚背内侧运球

运球跑动时，身体自然放松，步幅要小，上体前倾要稍向运球方向转动；运球脚提起时，膝关节稍弯曲，脚跟提起，踝关节外展，脚尖斜下指，用脚背内侧部位推拨球前进。

3. 脚内侧运球

运球跑动时，支撑腿向前跨出一步，落在球的侧前方，膝关节微屈，重心落在支撑脚上，上体向带球方向前倾，用运球脚内侧推拨球后中部前进。

4. 脚背外侧运球

运球跑动时，身体自然放松，上体稍前倾，两臂自然摆动，步幅不要过大；运球脚提起时，膝关节弯曲，脚跟提起，踝关节内旋，脚尖向内斜下指，用脚背外侧部位推拨球前进。

（三）踢球技术

1. 脚背正面踢球

（1）脚背正面踢定位球

直线助跑，最后一步要稍大些。支撑脚积极着地支撑，在球的侧面 10 ～ 12 厘米处。膝关节微屈，小腿屈曲，脚尖正对出球方向。踢球腿随跑动向后摆动，支撑的同时踢球腿以髋关节为轴，大腿带动小腿由后向前摆动。当膝关节摆至接近球的正上方时，小腿做爆发式的摆动，脚趾屈，以脚背正面部位击球的后中部，击球后身体和踢球腿随球前移（图 6–19）。

图 6–19

（2）脚背正面踢地滚球

直线助跑，最后一步稍大。支撑脚积极着地，踏在球的侧方约 10 ～ 15 厘米处，脚尖正对出球方向，膝微屈。同时踢球脚向后摆起，膝弯屈。在支持脚着地同时，以髋关节为轴，大腿带动小腿由后向前摆。当膝盖摆至接近球的垂直上方的刹那，小腿加速前摆，脚背绷直，脚趾扣紧，以脚背正面击球的后中部。踢球后，身体要有随前动作并跨出一两步。

（3）脚背正面踢体侧凌空球

如图 6-20 所示，根据来球，先判断好球的运行路线和确立好击球点。身体侧对出球方向，上体向支撑脚一侧倾斜。当球落到髋部高度时，踢球腿的大腿高抬，接近与地面平行。以大腿带动小腿急速挥摆，用脚背正面踢球中部。

图 6-20

（4）脚背正面凌空踢倒勾球

如图 6-21 所示，根据来球的速度、运行轨迹等，选好击球点，及时移动到位。以踢球腿为起跳腿蹬地起跳，同时另一腿上摆，眼睛注视来球，身体后仰腾空。蹬地腿离地后迅速上摆的同时，另一腿则向下摆动（以相向运动来保证身体在空中的平衡），以脚背正面击球的后部。踢球后，两臂微屈，手掌向下，手指指向头部相反方向着地，屈肘，然后背、腰、臀部依次滚动式着地。

图 6-21

2. 脚背内侧踢球

（1）脚背内侧踢定位球

斜线助跑，助跑的方向和出球的方向约成 45° ，最后一步要稍大。支撑脚底积极着地，脚尖指向出球方向，距球内侧后方约20～25厘米，膝关节微屈。在支撑同时，踢球腿已完成后摆，并且开始以髋关节为轴大腿带动小腿由后向前摆动。当大腿摆至支撑腿接近同一平面时，小腿做爆发式摆动，此时脚背绷直、脚尖外转，以脚背内侧部位触击球的后中部。击球后踢球腿及身体继续随球向前（图6-22）。

图6-22

（2）脚背内侧踢空中球

根据来球速度、运行轨迹，选好击球点及时移动到位。身体侧对出球方向，用来球方向的异侧脚支撑，支撑脚脚尖指向出球方向，身体向支撑脚一侧倾斜，展腹。支撑脚站位后，大腿带动小腿由后向前摆动。当大腿摆至接近和击球点成一直线时，小腿做爆发式摆动，用脚背内侧击球的后中部。同时，身体向出球方向扭转，眼睛始终注视球。击球后，踢球腿顺势前摆以维持身体的平衡。

（3）脚背内侧削踢定位球

脚背内侧部位击球的后中部，摆腿的方向不通过球心，沿弧线前摆。击球的瞬间，踝关节用力向内转，使球侧旋沿弧线运行。

3.脚内侧踢球

（1）脚内侧踢定位球

如图6-23所示，直线助跑，支撑前的最后一步稍大些。支撑脚站在球的侧面约15厘米处，脚尖正对着出球方向，支撑腿膝关节微屈。在支撑脚着地时，踢球腿大腿带动小腿由后向前摆动，在前摆的过程中大腿外展。当膝关节的摆动接近球的正上方时，小腿做爆发式摆动，在触球前将脚跟送出，使得脚内侧部位所形成的平面或出球方向垂直。踢球脚脚底与地面平行，脚尖微微翘起，踝关节功能性地紧张使脚型固定，触（击）球后身体跟随移动，髋关节向前送。

图 6–23

（2）脚内侧踢地滚球

迎球支持脚踏在预计踢球的侧方约 15 厘米处。膝盖微出，踢球脚以髋关节为轴，稍向后摆。前摆时，膝外转，脚迅速外转 90°，脚尖稍翘起，脚掌与地面平行。踢球时脚腕用力绷紧，脚内侧触球的后中部。踢球后，脚随球前摆，但不宜过大。

（3）脚内侧踢反弹球

支撑脚的站位与球的落点应保持踢定位球时的相对位置。根据来球落点及时移动到位。踢球腿摆动与踢定位球时相同。在球着地后刚弹离地面的瞬间用脚内侧击球的中部。

4. 脚背外侧踢球

（1）脚背外侧踢定位球

助跑、支撑脚站位和踢球腿摆动均与脚背正面踢球技术的三个环节相同，脚触球是用脚背外侧部位。要求膝关节与脚尖内转，脚背绷紧，脚趾紧屈并提膝，触（击）球后身体随踢球腿的摆动前移。

（2）脚背外侧踢地滚球

踢球的动作规格要求和踢定位球相同，但支撑脚站位时应考虑球的滚动速度，以保证在脚触球的瞬间支撑脚与球的相对位置符合规格要求。这种踢法可用于踢前方、侧前方以及正侧方和侧后方来的地滚球。

（3）脚背外侧弹踢球

摆腿以膝关节为轴的小腿爆发式弹摆为主，摆动方向为前摆、侧前摆和侧摆。击球后踢球腿迅速收回，由于这种方法踢球腿摆幅小，并且是以小腿摆动为主，所以完成动作快、突然，而且隐蔽性强，多用于快速运球中的传球。

5. 脚跟踢球

脚跟踢球是指用脚跟接触球的一种踢球方法，其踢球力量小，但出球方向有突变性和隐蔽性。

（1）脚跟踢内侧球

踢球脚自然跨到球的前方，屈膝提腿，小腿突然而快速向后摆，脚尖翘起，用脚后跟击球前中部，将球向后踢出（图 6–24）。

（2）脚跟踢外侧球

踢球脚先自然向前摆，当摆过支撑脚时，立即向支撑脚一侧交叉后摆，脚尖翘起，用脚后跟击球前中部，将球向后踢出（图 6–25）。

图 6–24　　图 6–25

（四）抢断球技术

1. 正面抢球

（1）正面跨步堵抢

准备用跨步堵抢时，抢球者两脚前后开立，迎着运球者而站，两膝微屈，身体重心下降并置于两脚间，当运球者与抢球者间的距离缩小到一定范围（即抢球者上前跨一大步可能触及球），运球者脚触球后即将落地或刚刚落地时，抢球者后脚用力蹬地并跨步向前，以脚内侧去堵截球，当已堵住球时，另一只脚应迅速上步。若抢球脚堵住球，两位对手也堵住球时，则抢球者应将另一只脚迅速前移做支撑脚，抢球脚在不脱离球的情况下迅速向上提拉，使球从对手脚面滚过，身体重心也迅速跟上并将球控制好（图 6–26）。

图 6–26

（2）正面铲球

移动接近控球者，膝关节微屈，重心下降，当控球者触球脚触球后尚未落地时，抢球者双脚沿地面向球滑铲，随即用手扶地做向一侧的翻滚，并尽快起身。

2. 侧面抢球

（1）异侧脚铲球

当双方都不能用正常的动作触球时（指跑动中），防守者应根据与球的距离，同侧脚用力蹬地使身体跃出，异侧脚向前沿地面对着球滑出，脚底将球铲出，然后小腿外侧、大腿外侧、手依此着地。或铲出球后身体向铲球腿一侧翻转，手撑地后立即起身，使身体恢复到与下一动作衔接的状态和位置（图 6–27）。

图 6–27

（2）合理冲撞抢球

当防守者并肩与运球者跑动追球时，防守者重心稍下降，靠近对手一侧的手臂紧贴身体，利用对方同侧脚离地的过程，用肘关节以上部位适当冲撞对手同样部位，使对手身体失去平衡，趁机将球控制住（图 6–28）。

图 6–28

（五）头顶球技术

1. 前额正面头顶球

（1）前额正面原地头顶球

身体正对来球方向，两脚左右开立（或前后开立），膝关节微屈，重心置于两脚间的支撑面上（或后脚上），两臂自然张开。当球运行到将垂直于地面的垂线时，迅速向前摆体，两腿用力蹬地，微收下颌，在触球瞬间颈部做爆发式的振摆，用前额正面击球中部，上体随球前摆（图 6–29）。

图 6–29

（2）前额正面原地跳起头顶球

两膝屈，重心下降，然后两脚用力蹬地起跳，同时两臂屈肘上摆，在身体上升阶段展腹挺胸，眼睛注视来球，两臂自然张开，身体自然成背弓。当球运行至身体额状面时，迅速收腹，上体前摆，触球瞬间颈部做爆发性振摆，用前额正面将球顶出。同时两腿向前做振摆，球顶出后两腿屈膝屈踝落地（图 6–30）。

图 6–30

（3）前额正面鱼跃头顶球

判断好来球的路线、选择好顶球点，以单脚或双脚用力向前蹬地，身体接近水平状态向前跃出，同时两臂微屈前伸，眼睛注视来球，手掌向下，利用身体向前跃出的冲力，前额正面顶球。顶球后，两手先着地，手指向前，以胸部、腹部和大腿依次着地（图 6–31）。

图 6-31

（4）前额正面跑动跳起头顶球

根据来球的速度、运行轨迹，选好起跳位置，及时跑到起跳点，起跳的前一步要稍微大些，起跳脚蹬地跳起。同时，另一腿屈膝上摆，两臂屈肘自然上提。其余各环节和原地跳起头顶球相同（图 6-32）。

图 6-32

2. 前额侧面头顶球

（1）前额侧面跳起头顶球

起跳动作及第一环节和前额正面跳起头顶球相同。在起跳后的身体上升阶段上体向出球的相反方向侧摆，在身体达到最高点时，上体急速向来球方向摆出，颈部扭摆甩头，用前额侧面击来球的后中部，将球击向预定的目标。落地时屈膝以缓冲落地力量并保持身体平衡（图 6-33）。

图 6-33

（2）前额侧面跑动头顶球

跑动头顶球和原地额侧头顶球动作要领相同，不同的是此动作是在快速跑动中开始和完成的，而且注意完成动作后的身体平衡。

三、排球运动

（一）发球技术

发球是进攻的开始。发球可以直接得分，也可以破坏对方一攻的战术组成，还可以起到先发制人的作用。所以发球既要有攻击性，又要有准确性。

1. 正面下手发球

如图 6-34 所示，面对网两脚前后开立，左脚在前，右脚在后，两膝弯屈，上体前倾，左手持球于腹前。左手将球垂直上抛在右肩的前下方，离手约 20 厘米高度即可。在抛球的同时，右臂伸直后摆，身体重心也适当后移。以肩为轴，手臂由后经下方向前摆动，身体重心也随这前移，在右肩的前下方腹前高度用全手掌击球的后下方。击球后，随着身体重心前移之势迅速跨步入场。

图 6–34

2. 正面上手发球

如图 6–35 所示，面对球网，两脚自然开立，左脚在前，左手持球于体前。用抬臂和手掌的平托上送，将球平稳地垂直抛于右肩的前上方，高度适中。在左手抛球的同时，右臂抬起，屈肘后引，肘与肩平，上体稍向右侧转动。击球时，利用蹬地，使上体向右转动，同时收腹，带动手臂挥动。在左肩上方伸直手臂，用全掌击球的中下部。击球时，手指自然张开吻合球，手腕要迅速主动地做推压动作，使击出的球呈上旋飞行。击球后，随着重心前移，迅速进场。

图 6–35

3. 侧面下手发球

如图 6–36 所示，两只脚要左右开立并与肩同宽。膝关节稍弯屈，上体略前倾，左肩对球网站立，左手持球将球放在腹前位置。发球时用左手将球抛起，距腹前约一臂远，高度约离手 30 厘米左右。在抛球的同时,右臂伸直后摆至身体右侧后下方。击球时,右脚蹬地,身体左转带动右臂向体前上方摆动,用全手掌或掌根在腹前击球的后下方将球击出。击球后,迅速进入场地准备比赛。

图 6-36

(二)垫球技术

垫球是用单手或双手手臂或手的坚硬部位,由球的下方向上击球的技术动作。垫球主要用于接发球、接扣吊球及接拦回球,有时也用来组织进攻。

1. 正面双手垫球

正面双手垫球是双手在腹前垫击来球的一种垫球方法,是各种垫球技术的基础,也是最基本的垫球方法。其基本垫球动作如图 6-37 所示。正面双手垫球按来球力量大小可以分为垫轻球、垫中等力量球和垫重球。

图 6-37

（1）垫轻球：半蹲或稍蹲姿势站立面对来球，双手成垫球手型。当球飞到腹前约一臂距离时，两臂夹紧前伸，插入球下，同时配合蹬地、跟腰、提肩、顶肘、压腕、抬臂等全身协调动作迎向来球，身体重心随着击球动作向前上方移动。击球点保持在腹前高度。用前臂的手腕关节以上 10 厘米左右的两小臂桡骨内侧所构成的平面击球的后下部。在击球瞬间，两臂要保持稳定，身体重心继续协调地向抬臂方向伴送球。垫击动作结束后，立即松开双臂做好下一动作的准备。

（2）垫中等力量球：准备姿势、击球点和手型与垫轻球相同。来球有一定力量，因而手臂迎击球动作的速度要慢，手臂要适当放松，主要靠来球本身的反弹力将球垫起。击球时，要运用蹬地、跟腰、提肩压腕、向前抬臂的动作击球的后下部。

（3）垫重球：采用半蹬或低蹲的准备姿势，两臂放松置于腹前。击球用力时，由于来球速度快，力量大，触球后球体自身的反弹力也大，因此应采用含胸收腹的动作，帮助手臂随球后撤并适当放松肌肉，以缓冲来球力量。同时用手臂和于腕动作来控制垫球的方向和角度。击球的手型和部位，应根据来球的情况而作变动。当击球点稍高并靠近身体时，仍可用前臂垫球；当击球点低而距身体较远时，就要用屈肘翘腕的动作把球垫在手腕部位的虎口处。

2. 侧面双手垫球

侧面双手垫球就是用两臂在身体两侧垫球的技术动作，这种技术动作主要用于来球速度较快、离体侧较远、来不及移动的时候。如图 6-38 所示，当球飞向左侧时，左脚向左跨出一步，这时右脚前脚掌内侧蹬地，左膝弯曲，身体重心放在左脚上，两手臂夹紧向左伸出，右肩微向下倾斜，同时腰右转、左肩上提。两臂垫击球的后下部将球的飞行路线截住，侧垫时，两手臂要先伸向来球方向截住球，不要随球伸臂，否则球接触手臂后会向侧方飞出。还要特别注意两手臂不要弯曲，否则会影响垫球效果。

图 6–38

3. 挡球

挡球主要用于球较高、力量较大、不便于利用传球时。挡球要保持前臂放松，两肘朝前，手腕后仰，用掌外侧和掌根组成的平面挡击球的下部。击球的一瞬间，手腕用力要适度，击球点要保持在额前或两则肩上。挡球包括双手挡球、单手挡球。

（1）双手挡球

如图 6–39 所示，手臂屈肘上举，肘部朝前，手腕后伸，以手掌外侧和掌根所组成的平面挡击球的后下部。击球瞬间，手腕要紧张，用适度的力量将球向前上方挡起，击球点一般在脸额或两肩的前上方。

图 6–39　　图 6–40

（2）单手挡球

击球点高，便于挡头部上方或侧上方的高球，有时对飞向身后的高球，可跳起用单手将球挡回。单手挡球的方法如图 6–40 所示。

（三）传球技术

传球是用双手（或单手）在额前上方，利用蹬腿、伸臂协同一致的动作及手指手腕的弹力完成的击球技术动作。

1. 正面传球

（1）手型

手触球时十指应自然张开使两手成半球状，手腕稍后仰，以拇指内侧、食指全部、中指的二、三指节触球的后下部，无名指和小指在球两侧辅助控制球的方向。两拇指相对近“一”字形。

（2）动作方法

如图 6–41 所示，准备姿势采用稍蹲姿势，上体稍挺起，仰头看球，两手自然抬起，屈肘，放松置于额前。当来球接近额前时，开始蹬地、伸膝、伸臂，手指微张从脸前向前上方迎出。全身各部位动作应协调一致。击球点在脸额前上方约一球距离处。在迎球动作的基础上，当手和球即将接触前，手腕和手指要有前屈迎球的动作，当手和球接触时，各大关节应继续伸展，最后用手指手腕的弹力将球击出。

图 6–41

2. 侧向传球

身体侧对传球目标,在不转动身体的情况下,靠双臂向侧方传球的动作称为侧向传球。如图 6-42 所示,侧传的准备姿势、手型及迎球动作同正面传球,但击球点应偏向传出方向一侧。迎球时,通过下肢蹬地使身体重心向上伸展,上体和双臂向传球方向一侧伸展。异侧手臂动作的幅度要大些,伸展的速度也应快些,以双臂和上体侧屈的协调动作将球传出。

图 6-42

3. 背向传球

背向传球时须把身体的背面正对着传球的目标,上体保持正直或稍微后仰,击球点应略高于正面双手传球。如图 6-43 所示,当球飞来时,头稍后仰并挺胸,上体向后上方伸展的同时配合下肢蹬地。击球时,手腕适当的后仰,使掌心向后上方,击球的底部,利用蹬地、送髋、抬臂、送肘、手指、手腕主动向上方的力量将球向后上方传出。

(四)扣球技术

扣球是队员跳起在本方将球从过网区击入对区的一种击球动作。扣球是攻击性最强的基本技术,是完成战术配合的最后一个技术动作。扣球技术的好与坏是决定胜负的关键,它需要有良好的弹跳高度，利用腰腹力量、快速挥臂鞭打动作和手控制球的能力。

图 6–43

1. 正面扣球

（1）助跑起跳。如图 6–44 所示，两脚开立，膝关节微屈，上体稍前倾，两臂自然下垂，站在离网 3 米左右的位置，观察二传来球，随时准备向各个方向助跑起跳。助跑时首先左脚要先向前迈出一步，接着右脚跟着迅速跨出一大步，同时左脚及时并上，落在右脚侧前方，两脚尖稍内收准备起跳。注意助跑的第一步要小，这样可以使上步的方向对正，也使身体获得向前的水平速度；第二步要大，这样接近球和提高助跑的速度可以得到提高；为了利于制动，要使右脚落地支撑点在身体重心之前。助跑跨出最后一步的同时，两手臂经体侧向后引，两臂自后积极向前摆动的同时，左脚要落地制动，双腿蹬地向上起跳时，两手臂要配合起跳用力上摆。

（2）击球。如图 6–45 所示，起跳后，挺胸、展腹，上体稍向右转，右臂向后上方引臂，使身体成反弓形。挥臂时转体要迅速、快速收腹，集中力量带动肩、肘、腕各关节成鞭甩动作向前上方挥动击球。击球时击球点要保持在起跳和手臂伸直最高点的前上方，五指自然张成勺形，并保持紧张，以掌心为击球中心，全手掌包满球击球的后中部，同时屈腕屈指主动用力向前推压，使扣出的球加速上旋。空中完成击球动作后，身体自然下落，为了减轻腿部负担，应用双脚的前脚掌先着地，同时顺势屈膝，以缓冲身体下落的力量。

图 6–44

图 6–45

2. 勾手扣球

起跳后，左肩对网，通过转体动作，带动右臂向左上方挥动击球的一种方法就叫做勾手扣球。如图 6–46 所示，助跑的最后一步，两脚与中线平行，完成起跳动作后要使左肩对网或跳后在空中时就使左肩转向球网。跳起后，上体稍后仰或稍向右转，右肩下沉，当左臂挥至脸前后迅速引至体测，手臂伸直，掌心向上，手指微张成勺形，同时，挺胸展腹。击球时，利用向左转体及收腹的力量使手臂伸直，手臂由下经体侧向上划弧挥动，用全手掌在头的前上方最高点处击球的后中部。整个动作与勾手大力发球相似。

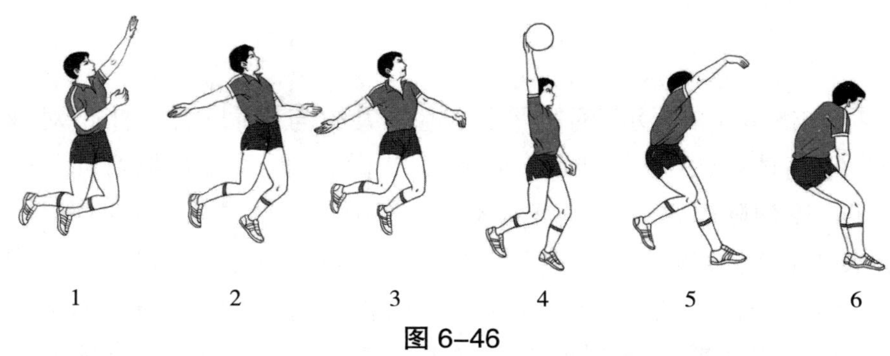

图 6–46

3. 单脚起跳扣球

助跑后第二只脚不再踏地而直接向上摆动帮助起跳的一种扣球方法叫做单脚起跳扣球。如图 6–47 所示，单脚起跳扣球时球与网的夹角较小或者采用顺网的一步、两步或多步的助跑。助跑后，左脚跨出一大步，上体向后倾斜，左脚迅速蹬地起跳的同时右腿也向前上方摆动，为利于起跳，两臂应配合摆动，起跳后扣球动作与正面扣球动作相同。

图 6–47

（五）拦网技术

拦网是队员在网前以身体任何部分阻挡对方击球过网的技术动作。掌握拦网技术，提高拦网技术水平，对夺取比赛的胜利起着极其重要的作用。

1. 单人拦网

如图 6–48 所示，两脚平行站立，大约与同肩宽，身体正对球网，距离球网约 30 ~ 40 厘米，膝关节微屈，两手臂自然弯曲放在胸前，以便随时准备起跳或移动。比赛中拦网队员需要及时移动，以便对准对方进攻点。常用并步、滑步、交叉步、跑步移动。拦网起跳时，降低重心，膝关节弯曲，弯曲程度可以因人而异，两脚用力蹬地，用两臂在体侧划小弧用力上摆的力量，来带动身体向上垂直起跳，起跳后利用收腹的力量来控制身体平衡。要掌握好拦网起跳的时间，可以通过对方二传球的高低、远近、快慢以及扣球队员的起跳时间和动作特点来决定。拦高球时，一般在扣球队员跳起之后起跳；拦快球时，可以和扣球队员同时起跳或提前起跳。起跳的同时，两手臂要与球网平行，努力向网上沿的前上方伸出，两手臂伸直，前臂要与网接近，两手伸向对方上空接近球，两手自然张开，屈指屈腕呈勺型。为了防止球从两手间漏过，所以两手之间距离不能超过一个球。当手触球时，两手要突然紧张，要用手腕的力量用力下压盖住球的上方。站在靠近边线的拦网队员，为了防止对方打手出界，拦网时外侧手掌心要内转。拦远网扣球时，手臂要尽量向上伸直，手腕不能下压，以提高拦击点。如果球已经被拦回，则要面向对方，屈膝缓冲，双脚落地。如果球没有被拦到，身体下落时要向着球飞出的方向转身准备救球。

图 6–48

2. 双人拦网

双人拦网时应以一人为主拦队员，另一人为配合队员。但主拦队员不是固定的，一般情况下距对方扣球点近的队员应为主拦队员。主拦队员必须抢先移动到对正扣球点的位置，做好起跳准备，配合队员则迅速移动靠近主拦队员准备同时起跳。两队员之间的距离一定要合适。距离太远，跳起后将出现“空门”；距离太近，起跳时互相干扰，致使双方都跳不高。双人拦网起跳时，两人的手臂应该在体前划小弧向上摆伸，都要尽量垂直向上起跳，要防止互相碰撞或干扰。手臂在空中既不能重叠，造成拦击面缩小，又不能间隔太宽，造成中间漏球。扣球靠近边线时，靠边线近的拦网队员外侧的手应适当内转，以防打手出界。

3. 三人拦网

三人拦网多在对方进行高点强攻的情况下运用。三人拦网时不论对方从哪个位置进攻，都应以本方中间位队员为主拦者，两侧队员主动配合，集体起跳拦网。

四、乒乓球运动

（一）握拍法

1. 直拍握拍法

（1）直拍快攻式握拍法。如图 6-49 所示，以食指第二指节和拇指第一指节扣拍，拇指与食指间距离适中；其他三指自然弯曲，中指第一指节贴于拍的背面。

（2）直拍弧圈球式握拍法。如图 6-50 所示，拇指紧贴在拍柄的左侧，食指扣住拍柄，形成一个小环状紧握拍柄。其他 3 指自然伸直，中指第一指节顶住球拍的背面中间。

（3）直拍削球式握拍法。如图 6-51 所示，大拇指弯曲紧贴在拍柄的左侧，并用力压拍。其他 4 指自然分开，托住拍的后面。正手削球时，前臂旋后使球拍后仰，反手削球时，拍后 4 指灵活地把球拍抖起，使拍柄向下。

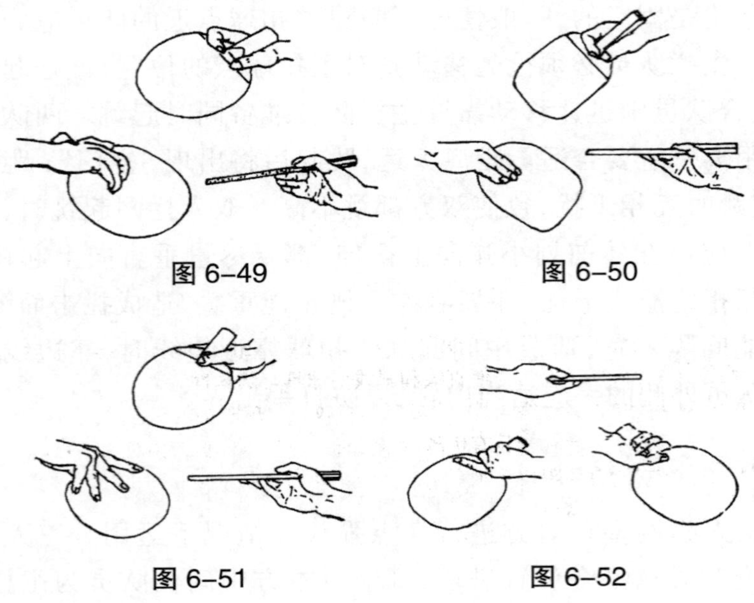

图 6-49　　图 6-50

图 6-51　　图 6-52

2. 横拍握拍法

横拍握拍法在正反手位能用球拍的两面进行回击对方来球，其优点是拍柄延伸距离要长，正、反手的防守横截面较大；容易在发力进攻与防守时衔接紧密。其主要缺点是攻直线球时动作要明显，很容易被识破；另外，挥拍时的摆速要慢，处理台内短球的难度较大。如图 6-52 所示，虎口贴住拍肩，中指、无名指和小指自然地握住拍柄，拇指在球拍的正面轻贴于中指旁边，食指自然伸直斜贴在球拍的背面。

（二）发球

1. 正手平击发球

正手平击发球是初学者最基本的发球方法。其速度应一般，略带上旋。动作是站位近台中间偏左处，抛球同时向右侧上方引拍，上臂带动前臂向前平行挥动，拍形稍前倾，在球的下降期击球的中上部向前方发力，使球的第一落点在球台的中段附近。

2. 正手发右侧上旋急长球

正手发右侧上旋急长球球速快、落点长、角度大、冲力强。球的飞行弧线低且向左偏斜，具有较强的右侧上旋。如图 6-53 所示，左脚稍前，身体略微向右转，当球向上抛起的同时，执拍手随即向右后上方引拍，拍形稍前倾，腰向右转。当球下降至网高时，以肘关节为轴，上臂带动前臂由右后方向左前方挥动，触球瞬间运用手腕的弹击力量，再变化拍面发斜、直两线，提高隐蔽性，这时重心由右脚向左脚移动。

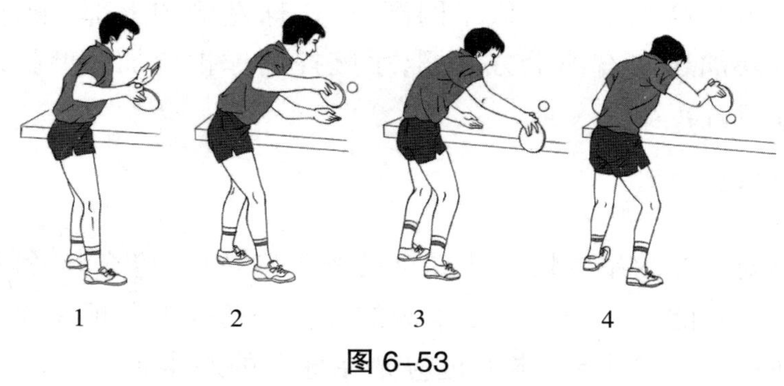

图 6-53

3. 正手发下旋加转球与不转球

正手发下旋加转球与不转球球速较慢，前冲力小，主要用相似的发球动作制造旋转变化去迷惑对手。动作左脚在前，右肩侧对球台，持球向上抛球，同时，持拍手臂将拍引至后上方略比肩高，肘部后移，带动手腕旋内，球拍呈横向拍面垂直，身体重心后移。当球回落时，肘关节加速运动，前臂带动手腕猛然加力旋外，在胸腹前偏右一臂距离处，拍形后仰用球拍下部靠左的部位，触球中后位底部，加大力臂摩擦球体，击球后，随势将身体重心移至前脚。“切”球愈薄，发球愈转。

4. 反手平击发球

反手平击发球出球性质与正手平击发球相类似,但整个技术动作都与之差异非常大。发球时,右脚在前,左脚在后,身体稍向左转。左手掌心托球,置于身体左侧,右手持拍于体前。抛球后,球拍开始后撤,待球将回时,小臂从身体左后方,向前挥击球的中上部,整个过程是“抛—拉—打”。

5. 反手发急球

比赛中为能很好牵制对方,偶尔使用一个反手急球。可反手发急球再突变为正手,作为主要战术的配合。左手把球向上抛起,同时右臂外旋,让拍面稍前倾,上臂自然靠近身体左侧,向左后方引拍。球从高点下降至低于网高时,击球左侧中上部,触球的瞬间前臂要加速向右前上方横摆,手腕控制球拍应加力摩擦球,腰部配合向右转动

(三)接发球

根据对方的站位情况选择自己的正确站位,应充分考虑到这种站位是否能有效顾及对方来球的任何一落点。一般来讲,如果对方站在球台左半台,本方也应站在球台的左半台;若对方站在球台的右半台,本方也应相应调整至球台的中间偏右位置。为了有利于照顾球台的各个部位,有利于前后移动接长短球,站位离球台 30 ~ 40 厘米为宜。

主要依据对方发球时的挥拍击球方向和挥臂方向两个因素来进行判断。对方所发来球通常是分为斜线球和直线球。发斜线球时拍面要向侧方向偏斜,手臂应向斜前方挥出;发直线球时,拍面与手臂向前挥出。

（四）挡球和推挡球

1. 挡球

挡球球速慢，力量较轻，动作简单，易掌握。对方攻击时，挡球还可以作为防御的一种手段。如图 6–54 所示，两脚要平行或左脚稍前，身体离球台大约 50 厘米。击球之前，前臂与台面应平行伸向来球。拍触球时，前臂和手腕要稍向前移动，主要是借助对方来球的反弹力把球挡回。在上升期，击球的中部，拍形与台面接近垂直。击球之后，快速收回球拍，快速还原成击球前的准备姿势。

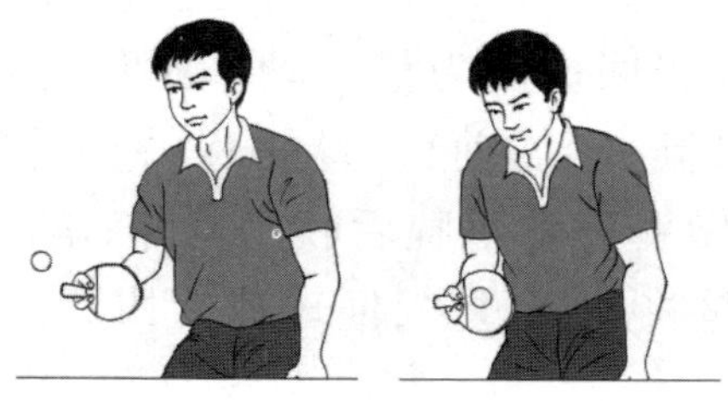

图 6–54

2. 加力推

加力推回球力量要重，球速快，击球点较高；要充分发挥手臂前推力量，压制对方攻势，这样利于争取主动。如图 6–55 所示，站位在球台中间或偏左，身体离台约 50 厘米。两脚平站或右脚稍前，两膝微屈，收腹含胸，身体向前或略向左转；右上臂和肘关节靠近身体右侧，前臂外旋并向上提起，引拍至身前或偏左，与球网同高或略高，拍面稍前倾。来球飞越球网时，上臂、前臂和手腕向前，挥拍迎球，同时，腰、髋向左转动，在来球的上升后期或高点期，以前倾的拍形推击球的中上部。球拍击球瞬间，上臂、前臂和手腕向前上方发力推压，腰、髋亦协助用力。击球后，手和臂顺势向前下方挥动，并迅速还原成准备姿势。

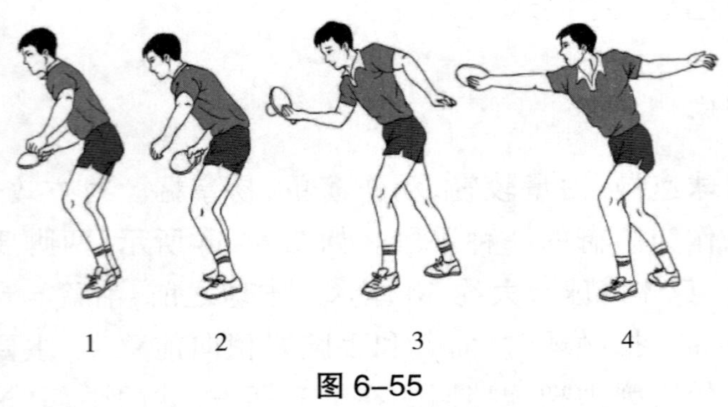

图 6–55

3. 减力挡

减力挡回球弧线低、落点低、力量轻。回接对方的大力扣杀或加力推挡时能减弱回球的力量。动作站位与挡球要相同。击球前身体重心略升高，稍屈前臂，球拍保持合适的前倾角度；触球瞬间，有意识地做手臂和手腕后收的动作；削弱来球反弹力的同时，借来球的力量将球挡过去，回球速度快。

4. 快推

快推要借力还击，回球速度要快，力量较轻。在发挥出速度上的优势时能起到助攻作用。站位在球台中间或偏左，身体离台约 40 厘米。两脚平站或右脚略后，两膝微屈，收腹含胸，身体向前或略向左转。右上臂和肘关节靠近身体右侧。手自然弯曲，引拍至身前或偏左，同时前臂外旋，使拍面稍前倾。来球从台面弹起后，前臂和手腕向前，挥拍迎球，在来球的上升期，以稍前倾的拍形推击球的中上部。球拍击球瞬间，前臂和手腕自然向前或向前兼略向上发力，并主要借用来球的反弹之力将球快速击回。击球后，手和臂顺势向前挥动，并迅速还原成准备姿势。动作过程中，身体重心要放在双脚上。

（五）攻球

1. 正手快攻

正手快攻站位较近、动作小、球速快，借球反弹力进行还击，能缩短对方的准备回击时间，争取主动，为进攻创造有利条件，也可直接得分。如图 6–56 所示，站位在球台中间或偏左，身体离台约 50 厘米。左脚稍前，身体重心放在右脚上，两膝微屈，收腹含胸，身体稍向右转；右臂自然弯曲，前臂后引，将拍引至身体右侧，略偏后，同时前臂内旋，使拍面稍前倾。来球从台面弹起后，在上臂带动下以前臂和手腕为主向左前方或左前上方挥拍迎球，同时，腰、髋带动上体向左转动，在来球的上升期，以前倾拍形迎击球的中上部。球拍击球瞬间，以前臂和手腕为主向左前方或左前上方发力击球，腰部亦协助用力。击球后，手和臂顺势向左前方或左前上方挥动，并迅速还原成准备姿势。动作过程中，身体重心从左脚移到右脚上。

图 6–56

2. 反手快攻

反手快攻站位近，动作小，球速快，借来球的反弹力进行还击。反手攻打上旋球时，右脚稍前，同时身体左转，右肩前顶略下沉，肘关节靠近身体，上臂与前臂夹角约为 130° 。向左侧方引拍，使拍略高于来球，以上臂带动前臂由左后方向右前方挥动，手腕配合外旋，在来球的上升后期或高点期击球的中部或中上部。

反手攻打下旋球时，拍形垂直或略后仰，以肘关节为轴，以前臂发力为主在来球的下降前期击球的中部或中下部。球拍多摩擦球，制造一定的上旋。

3. 正手扣杀

正手扣杀动作大、力量重、球速快，攻击性强；在还击半高球时，就可以充分发挥击球的力量。如图 6–57 所示，站位在球台中间或偏左，多半在近台位置；左脚稍前，两脚距离比其他攻球稍宽，身体重心放在右脚上，两膝微屈，收腹含胸，腰、髋及上体稍向右转；右臂自然弯曲，前臂后引，将拍引至身体右侧偏后，同时前臂内旋，使拍稍前倾。来球从台面弹起后，腰、髋带动身体及上臂向左转动，与此同时，上臂积极发力带动前臂和手腕向左前方挥拍迎球，在来球的高点期，以前倾拍形猛击球的中上部。球拍击球瞬间，以上臂和前臂为主向左前方发力击球，腰、髋亦积极协助用力。击球后，手和臂顺势向左前方挥动，并迅速还原成准备姿势。动作过程中，身体重心从左脚移到右脚上。若来球下旋，则拍形不要过分前倾，应击球的中部，并适当增加向上的力量。

图 6–57

4. 反手扣杀

反手扣杀动作幅度大、力量重、球速快、攻击性强，是还击半高球的一种有效的手段。扣杀时，直握拍选手的上臂应靠近身体，右脚稍前同时前臂做旋外动作，拍形稍垂直。拍触球瞬间身体重心上提，食指压拍，拇指放松使拍形稍前倾，在来球的高点期击球的左侧中上部，前臂快速向右前方发力。

5. 正手拉攻

正手拉攻站位要稍远，动作较慢，由下向上挥击，球速不是很快，应靠主动发力击球。这还击下旋球的有效方法，攻削球时能为扣杀创造有利条件。如图 6–58 所示，站位在球台中间或偏左，身体离球台 50 ~ 60 厘米。左脚稍前，身体重心放在右脚上，两膝微屈，收腹含胸，身体稍向右转；右臂自然弯曲，前臂后引并下沉，将拍引至身体右后下方，同时前臂外旋，使拍面稍后仰。待来球弹起到高点时期，在上臂带动下，以前臂为主向左上前方挥拍迎球，在来球的下降期，后仰拍形迎击球的中下部。球拍击球瞬间，以前臂为主向左前上方发力摩擦击球，使球上旋。

图 6–58

第三节　表演类运动

本节主要对表演类运动中健美操的基本动作进行介绍。

一、手型（图 6–59）

（1）合掌。五指并拢伸直。

（2）分掌。五指用力分开，手腕保持一定的紧张程度。

（3）拳。五指弯曲紧握，大拇指压在食指弯曲部位。

（4）推掌。手掌用力上翘，五指自然弯曲。

（5）西班牙舞手势。五指用力，小指、无名指、中指自掌指关节处依次弯曲，拇指稍内扣。

（6）芭蕾手势。五指微屈、后三指并拢，稍内收，拇指内扣。

（7）一指式。握拳，食指伸直或拇指伸直。

（8）响指。拇指与中指摩擦与食指打响，无名指、小指弯曲至握。

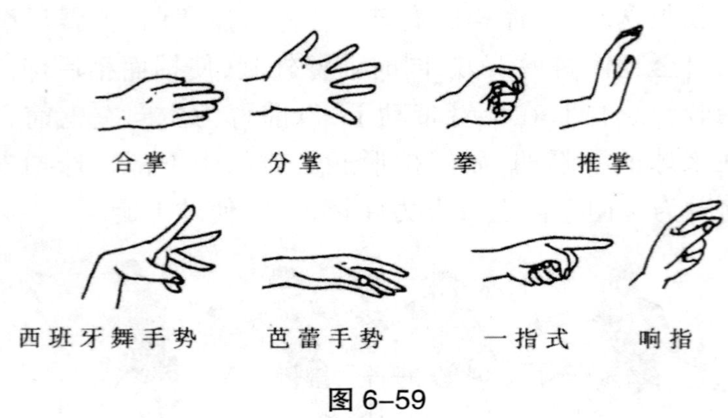

图 6-59

二、头、颈部动作

（一）屈（图 6-60）

动作描述：头部向前、后、左、右四个方向分别做颈部关节弯曲的运动。

注意要点：身体正直，做动作时应缓慢，充分伸展颈部肌肉。

动作变化：前屈、后屈、左侧屈、右侧屈。

（二）转（图 6-61）

动作描述：头保持正直，然后头颈部沿身体垂直轴向左、右转动 90° 。

注意要点：下颌平稳地左右转动。

动作变化：左转、右转。

（三）环绕（图 6–62）

动作描述：头保持正直，然后头颈部沿身体垂直轴向左或右转动 360°。

注意要点：转动时头部要匀速缓慢，不要过快。动作要到位，向后转时头要后仰。

动作变化：左或右环绕，两动作一致，方向相反。

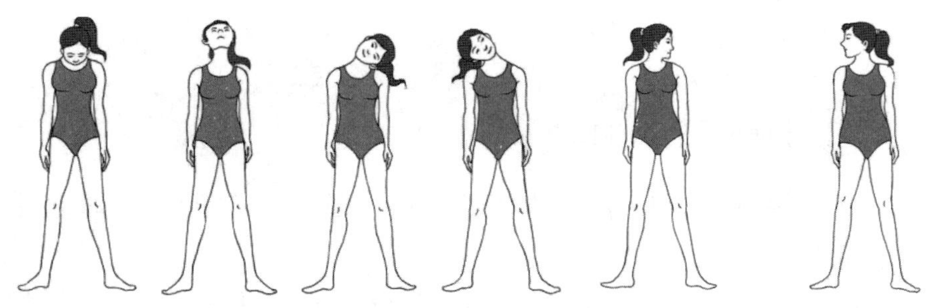

图 6–60　　图 6–61

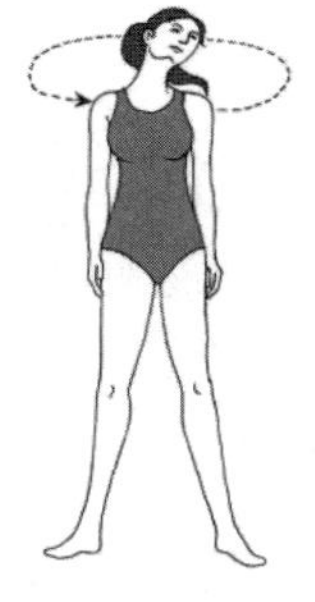

图 6–62

三、肩部动作

（一）提肩（图 6–63）

动作描述：脚开立，身体保持正直，然后肩部沿身体垂直轴向上提起。

注意要点：尽可能向上提起，提肩时，身体不能摆动。

动作变化：单提肩、双提肩。

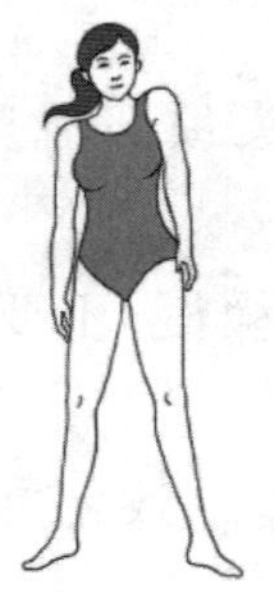
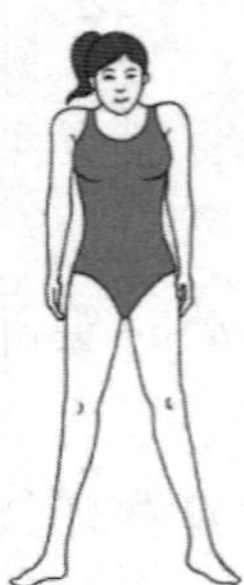

图 6–63

（二）沉肩（图 6–64）

动作描述：脚开立，身体保持正直，然后肩部沿身体垂直轴向下沉落。

注意要点：尽可能向下沉落，沉肩时，身体不能摆动，头尽量往上伸展。

动作变化：双肩下沉。

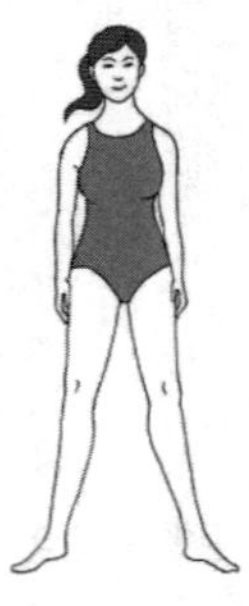

图 6–64

（三）绕肩（图 6–65）

动作描述：脚开立，身体保持正直，然后肩部沿身体前、后、上、下四个方向进行绕动。

注意要点：绕肩时，身体不要摆动，动作尽量的大，要舒展开。
动作变化：单肩环绕、双肩环绕。

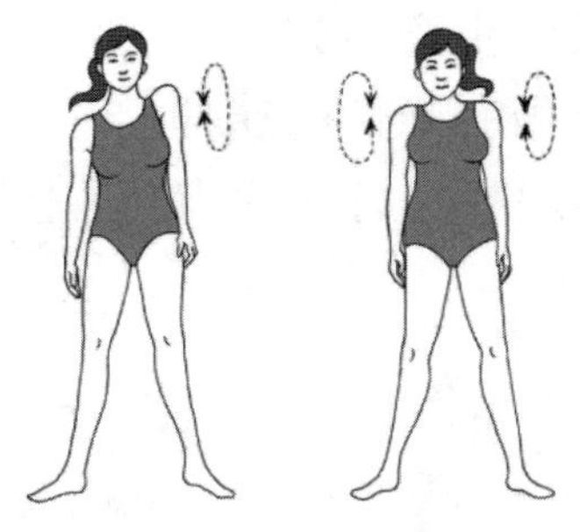

图 6–65

四、上肢动作

（一）举（图 6–66）

动作描述：以肩关节为中心，手臂进行活动。
注意要点：动作到位，有力度。
动作变化：前举、后局、侧举、侧上举、侧下举、上举。

图 6–66

（二）屈（图 6–67）

动作描述：肘关节由弯曲到伸直或由伸直到弯曲的动作。

注意要点：关节做有弹性的屈伸。

动作变化：胸前平屈、肩侧屈、肩侧上屈、肩侧下屈、胸前上屈、头后屈。

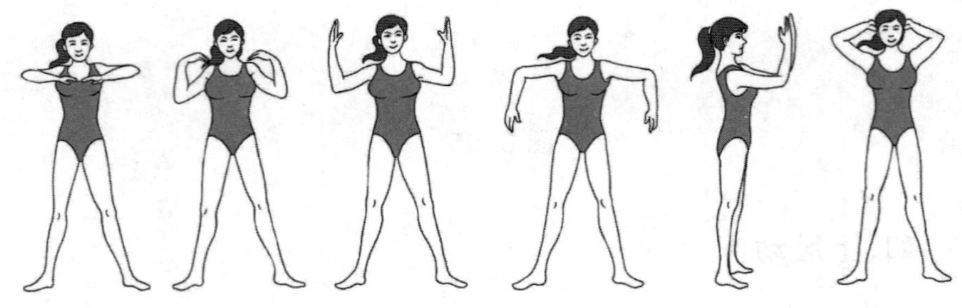

图 6–67

（三）绕、绕环（图 6–68）

动作描述：两臂或单臂以肩为轴做弧线运动。

注意要点：路线清晰，起始和结束动作位置明确。

动作变化：两臂或单臂向内、外、前、后绕或环绕。

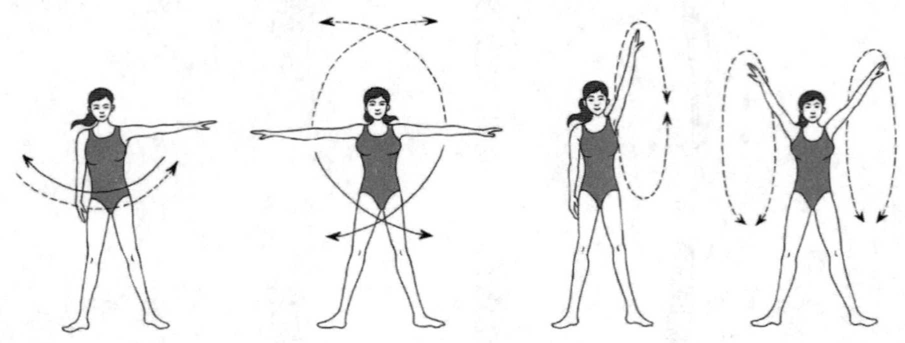

图 6–68

五、躯干动作

(一)胸部动作

1. 移胸

动作描述:髋部位置固定,腰腹随胸部左右移动。
注意要点:移胸时,腰腹带动胸部移动;动作要尽量的大。
动作变化:左右移胸。

2. 含胸、挺胸(图 6–69)

动作描述:含胸时,低头收腹,收肩,形成背弓,呼气;挺胸时,抬头挺胸,展肩,吸气。

注意要点:含胸时身体放松,但不松懈;挺胸时,身体紧张但不僵硬。

动作变化:手臂胸前平屈含胸,手臂侧平举展胸。

(二)腰部动作

1. 屈(图 6–70)

动作描述:腰部向前或向侧做拉伸运动。
注意要点:充分伸展,运动速度不宜过快。
动作变化:前屈、后屈、侧屈。

2. 转(图 6–71)

动作描述:腰部带动身体沿垂直轴左右转动。
注意要点:身体保持紧张,腰部灵活转动。
动作变化:迈步移动重心与转腰运动结合。

3. 绕和环绕(图 6-72)

动作描述：腰部做弧线或圆周运动。
注意要点：路线清晰、动作圆滑。
动作变化：与手臂动作相结合进行腰部绕和环绕。

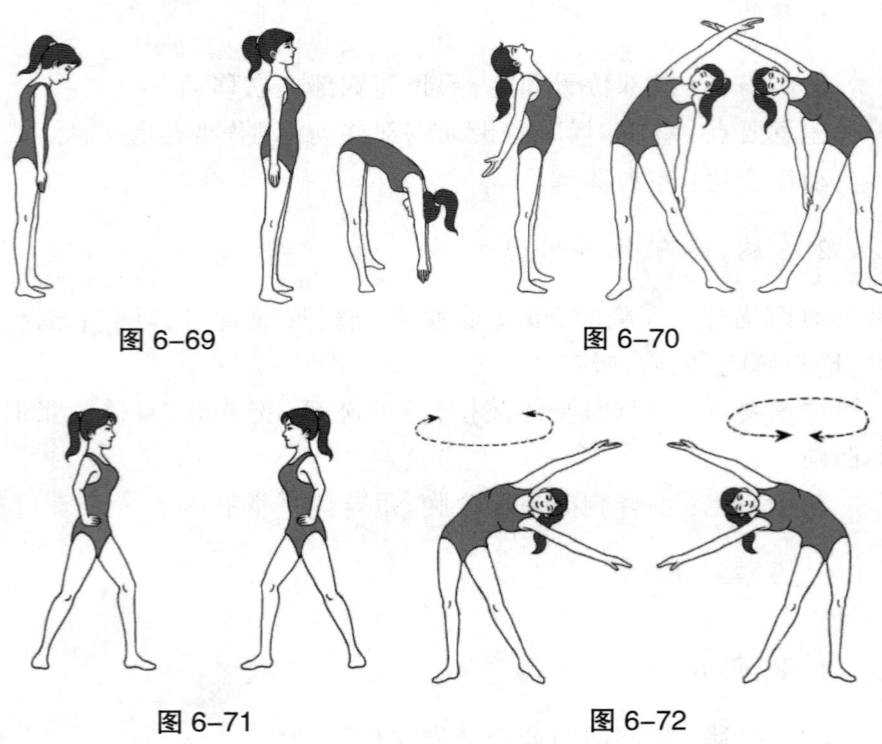

图 6-69　图 6-70

图 6-71　图 6-72

(三)髋部动作

1. 顶髋(图 6-73)

动作描述：两腿开立，一腿支撑并伸直、另一腿屈膝内扣，上体保持正直，用力将髋顶出。

注意要点：动作用力且有节奏感。

动作变化：双手叉腰顶髋，左顶、右顶、后顶、前顶。

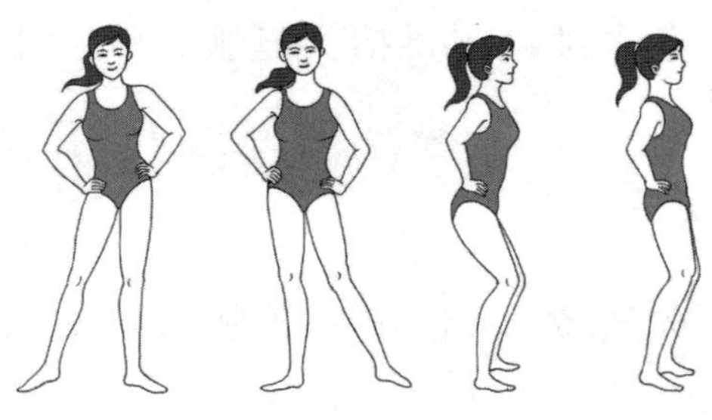

图 6–73

2. 提髋(图 6–74)

动作描述：髋向上提。
注意要点：髋与腿部协调向上。
动作变化：左提、右提。

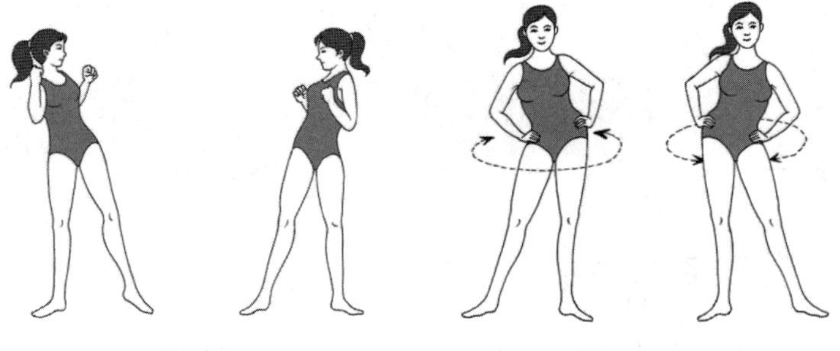

图 6–74　　图 6–75

3. 绕和环绕(图 6–75)

动作描述：髋做弧线或圆周运动。
注意要点：运动轨迹要圆滑。
动作变化：左、右方向进行绕和环绕动作。

六、下肢动作

(一)立

1. 直立、开立(图 6–76)

动作描述：身体直立，再双腿打开，做开立动作。

注意要点：直立时身体要抬头挺胸；开立时，脚的间距约与肩相等。

2. 点立（图 6-77）

动作描述：先直立，再伸出一条腿做点立或双腿提起做提踵立。

注意要点：动作要舒展。

动作变化：侧点立、前点立、后点立、提踵立。

图 6-76

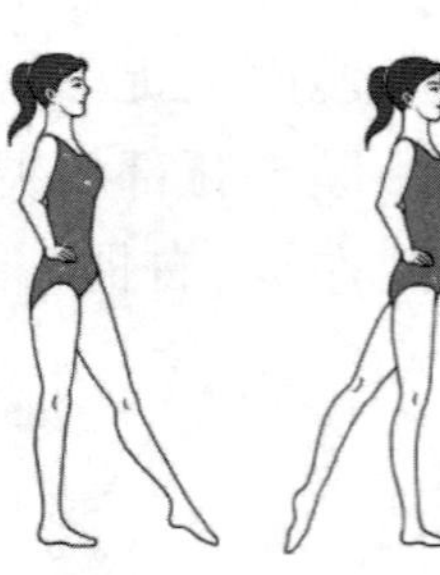

图 6-77

（二）弓步（图 6-78）

动作描述：直立后，大步迈出一腿，做屈动作。

注意要点：步子迈出不能太小，当然也不能太大。

动作变化：前弓步、侧弓步、后弓步。

（三）踢（图 6-79）

动作描述：双腿交换做踢腿动作。

注意要点：动作干净利落。

动作变化：前踢、侧踢、后踢。

（四）弹（图 6-80）

动作描述：双腿进行弹动动作。

注意要点：双腿弹动要有弹性。

动作变化：正弹腿、侧弹腿。

图 6-78

图 6-79

图 6-80

（五）跳（图 6-81）

动作描述：做各种姿势进行腿部练习。
注意要点：跳的时候要有力度和弹性。
动作变化：并腿跳、开并腿跳、踢腿跳。

图 6–81

第七章　民族传统体育运动项目实践

第一节　传统武术

一、手型基本功

(一)基本手型

拳：四指并拢卷握，拇指紧扣食指和中指的第二指节，拳面要平，拳握紧(图 7–1)。

掌：四指并拢伸直，拇指弯屈紧扣于虎口处(图 7–2)。

勾：五指第一指节捏拢在一起，屈腕(图 7–3)。

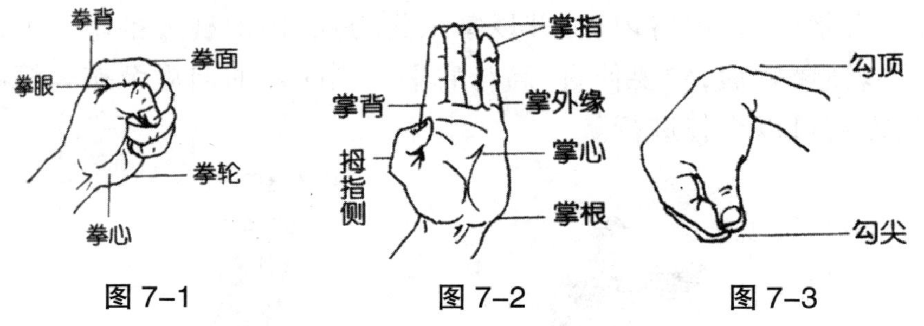

图 7–1　　图 7–2　　图 7–3

(二)冲拳(图 7–4)

两脚左右开立，与肩同宽，两拳抱于腰间，肘尖向后，拳心向上。挺胸、收腹、立腰，右拳从腰间向前猛力冲出，转腰、顺肩，在肘关节过腰后右前臂内旋。力达拳面，臂要伸直，高与肩平。同时左肘向后牵拉，练习时左右可交替进行。

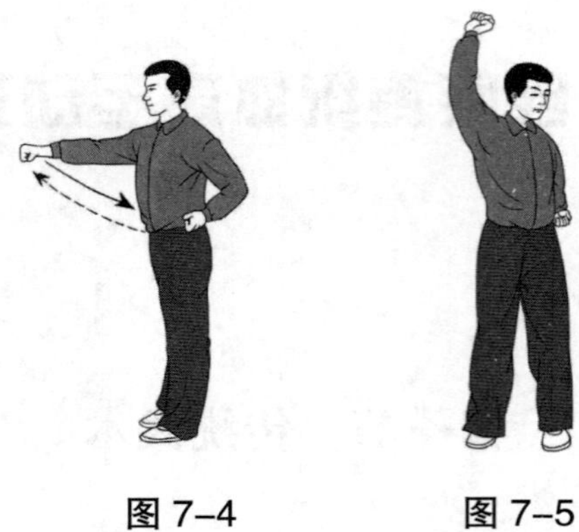

图 7–4　　图 7–5

（三）架拳（图 7–5）

两脚左右开立，与肩同宽，两拳抱于腰间，肘尖向后，拳心向上。右拳向下，向右，向上经头前向右上方划弧并在右前上方架起，拳眼前下，眼看上方。练习时左右交替进行。

（四）推掌（图 7–6）

两脚左右开立，与肩同宽，两拳抱于腰间，肘尖向后，拳心向上。右拳变掌，前臂内旋，并以掌根为力点，向前猛力推出。推击时要转腰、顺肩，臂要伸直，高与肩平。同时左肘向后牵拉。练习时，左右可以交替进行。

图 7–6

图 7–7

（五）亮掌（图 7–7）

两脚左右开立，与肩同宽，两拳抱于腰间，肘尖向后，拳心向上。右拳变掌，经体侧向右、向上划弧，至头部右前上方时，抖腕亮掌，臂成弧形。掌心向前，虎口朝下，眼随右手动作转动，亮掌时，注视左方。练习时，左右手交替进行。

二、步型基本功

（一）弓步（图 7–8）

并步直立抱拳。左脚向前一大步（约为本人脚长的 4 ~ 5 倍），脚尖微内扣，左腿屈膝半蹲（大腿接近水平），膝与脚尖垂直。右腿挺膝伸直，脚尖内扣（斜向前方），两脚全脚着地。上体正对前方，眼向前平视，两手抱拳于腰间。弓右腿为右弓步；弓左腿为左弓步。

图 7–8

图 7–9

（二）马步（图 7–9）

并步直立抱拳。两脚平行开立（约本人脚长的 3 倍），脚尖正对前方，屈膝半蹲，膝部不超过脚尖，大腿接近水平，全脚着地，身体重心落于两腿之间，两手抱拳于腰间。

（三）虚步（图 7–10）

并步直立叉腰。两脚前后开立，右脚外展 45°，屈膝半蹲，左脚脚跟离地，脚面绷平，脚尖稍内扣，虚点地面，膝微屈，重心落于后腿上。两手叉腰。眼向前平视。左脚在前为左虚步；右脚在前为右虚步。

图 7–10　　图 7–11

（四）仆步（图 7–11）

并步直立抱拳。两脚左右开立，右腿屈膝全蹲，大腿和小腿靠紧，臀部接近小腿，右脚全脚着地，脚尖和膝关节外展，左腿挺直平仆，脚尖里扣，全脚着地。两手抱拳于腰间。眼向左方平视。仆左腿为左仆步；仆右腿为右仆步。

（五）歇步（图 7–12）

并步直立抱拳。两脚交叉靠拢全蹲，左脚全脚着地，脚尖外展，右脚前脚掌着地，膝部贴近左腿外侧，臀部坐于右腿接近脚跟处。两手抱拳于腰间。眼向左前方平视。左脚在前为左歇步；右脚在前为右歇步。

三、二十四式太极拳

二十四式太极拳是简化太极拳，适合健身锻炼，是练好太极拳的重要基础，由国家体育总局创编并在全国范围推广，是高等院校武术套路教学的重要内容之一,这里对其名称和动作学练详细分析如下。

图 7–12

（一）第一组

1. 起势（图 7–13）

两脚并拢,臂下垂；左开步,臂平举,屈膝下蹲；垂肘,目平视。

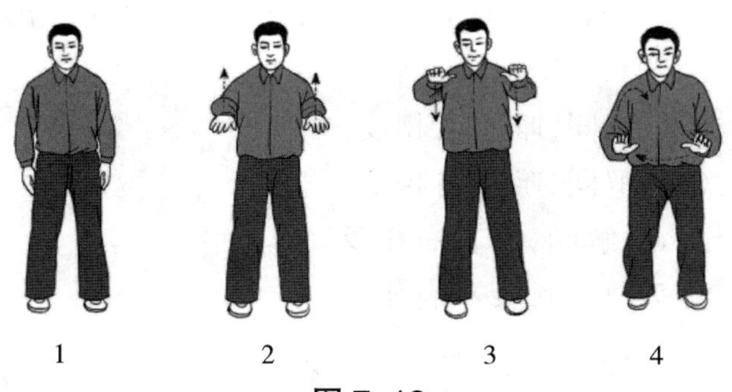

图 7–13

2. 左右野马分鬃（图 7–14）

（1）上体微向右转,身体重心移至右腿上；同时右臂收在胸前平屈,手心向下,左手经体前向右下划弧放在右手下,手心向上,两手心相对成抱球状；左脚随即收到右脚内侧,脚尖点地；眼视右手。

（2）上体微向左转,左脚向左前方迈出,同时左右手随转体慢慢分别向左上、右下错开；眼视左手。

（3）上体继续左转，右脚跟后蹬，右腿自然伸直成左弓步；左右手随转体继续向左上、右下分开，左手高与眼平，手心斜向上，肘微屈；右手落在右胯旁，肘也微屈，手心向下，指尖向前；眼视左手。

（4）上体慢慢后坐，身体重心移至右腿，左脚尖翘起，微向外撇（45° ~ 60°），同时两手准备抱球。

（5）左脚掌慢慢踏实，左腿慢慢前弓，身体左转，身体重心再移至左腿；同时左手翻转向下，左臂收在胸前平屈，右手向左上划弧放在左手下，两手心相对成抱球状；右脚随即收到左脚内侧，脚尖点地；眼视左手。

（6）上体微右转，右腿向右前方迈出，同时左右手随转体慢慢分别向左下、右上错开；眼视右手。

（7）左腿自然伸直成右弓步；同时上体继续右转，左右手继续随转体分别慢慢向左下、右上分开，右手高与眼平，手心斜向上，肘微屈；左手落在左胯旁，肘也微屈，手心向下，指尖向前；眼视右手。

（8）与（4）解同，唯左右相反。

（9）与（5）解同，唯左右相反。

（10）与（6）解同，唯左右相反。

（11）与（7）解同，唯左右相反。

图 7-14

3. 白鹤亮翅(图 7-15)

(1)上体微向左转,左手翻掌向下,左臂平屈胸前,右手向左上划弧,手心转向上,与左手相对成抱球状;眼视左手。

(2)右脚跟进半步,上体后坐,身体重心移至右腿;上体先向右转,面向右前方,眼视右手;然后左脚稍向前移,脚尖点地,成左虚步;同时上体再微向左转,面向前方,两手随转体慢慢向左下、右上分开,右手上提停于右额前,手心向左后方,左手落于左胯前,手心向下,指尖向前;眼平视前方。

图 7-15

（二）第二组

1. *左右搂膝拗步*（图 7-16）

（1）右手从体前下落，由下向后上方划弧举至右肩外侧，肘微屈，手与耳同高，手心斜向上；左手由左下向上、向右下方划弧至右胸前，手心斜向下；同时上体先微向左再向右转；左脚收至右脚内侧，脚尖点地；眼视右手。

（2）上体左转，左脚向前（偏左）迈出成左弓步；同时右手屈回由耳侧向前推出，高与鼻尖平，左手向下由左膝前搂过落于左胯旁，指尖向前；眼视右手。

（3）右腿慢慢屈膝，上体后坐，重心移至右腿，左脚尖跷起微向外撇，随后脚慢慢踏实，左腿前弓，身体左转，重心移至左腿，右脚收到左脚内侧，脚尖点地；同时左手向外翻掌由左后向上划弧至左肩外侧，肘微屈，手与耳同高，手心斜向上；右手随转体向上向左下划弧落于左胸前，手心斜向下；眼视左手。

（4）与（2）解同，唯左右相反。

（5）与（3）解同，唯左右相反。

（6）与（2）解同。

图 7–16

2. 手挥琵琶（图 7–17）

（1）右脚跟进半步，上体后坐，重心移至右腿上，上体半面向右转。

（2）左脚略提起稍向前移，变成左虚步，脚跟着地，脚尖跷起，膝部微屈；同时左手由左下向上挑举，高与鼻尖平，掌心向右，臂微屈；右手收回放在左臂肘部里侧，掌心向左；两手成侧立掌合于体前；眼视左手食指。

1 2 3

图 7-17

3. 左右倒卷肱(图 7-18)

1 2 3 4

5 6 7 8

9 10 11

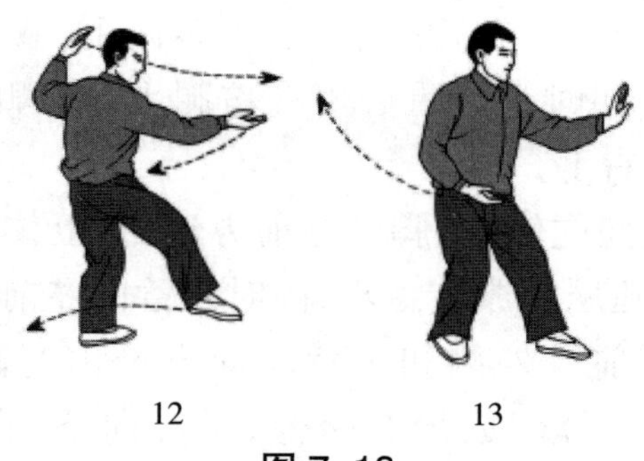

12　　13

图 7-18

（1）上体右转，右手翻掌（手心向上）经腹前由下向后上方划弧平举，臂微屈，左手随即翻掌向上；眼的视线随着向右转体先右视，再转向前方视左手。

（2）右臂屈肘折向前，右手由耳侧向前推出，手心向前，左臂屈肘后撤，手心向上，撤至左肋外侧；同时左腿轻轻提起向后（偏左）退一步，脚掌先着地，然后全脚慢慢踏实，身体重心移到左腿上，成右虚步，右脚随转体以脚掌为轴扭正；眼视右手。

（3）上体微向左转。同时左手随转体向后上方划弧平举，手心向上，右手随即翻掌，掌心向上；眼随转体先左视，再转向前方视右手。

（4）与（2）解同，唯左右相反。

（5）与（3）解同，唯左右相反。

（6）与（2）解同。

（7）与（3）解同。

（8）与（2）解同，唯左右相反。

（三）第三组

1. 左揽雀尾（图 7-19）

（1）上体微向左转，同时右手随转体向后上方划弧平举，手心向上，左手放松，手心向下；眼视左手。

（2）身体继续向右转，左手自然下落，逐渐翻掌经腹前划弧至右肋前，手心向上；右臂屈肘，手心转向下，收至右胸前，两手相对成抱球状；同时身体重心落在右腿上，右脚收至右脚内侧，脚尖点地；眼视右手。

（3）上体微向左转，左脚向左前方迈出，上体继续向左转，右腿自然蹬直，左腿屈膝成左弓步，同时左臂向左前方掤出（即左臂平屈成弓形，用前臂外侧和手背向前方推出），高与肩平，手心向后；右手向右下落，放于右胯旁，手心向下，指尖向前；眼视左前臂。

（4）身体微向左转，左手随即前伸翻掌向下，右手翻掌向上，经腹前向上、向前伸至左前臂下方；然后两手下捋，即上体向右转，两手经腹前向右后上方划弧，直至右手心向上，高与肩平，左臂平屈胸前，手心向后；同时身体重心移至右腿；眼视右手。

（5）体微向左转，右臂屈肘折回，右手附于左手腕里侧（相距约 5 厘米），上体继续向左转，双手同时向前慢慢挤出，左手心向后，右手心向前，左前臂要保持半圆；同时身体重心逐渐前移变成左弓步；眼视左手腕部。

（6）左手翻掌，手心向下，右手经左腕上方向前、向右伸出，高与左手齐，手心向下，两手左右分开，宽与肩同；然后右腿屈膝，上体慢慢后坐，身体重心移至右腿上，左脚尖跷起；同时两手屈肘回收至腹前，手心均向前下方；眼向前平视。

（7）上式不停，身体重心慢慢前移，同时两手向前、向上按出，掌心向前；左腿前弓成左弓步；眼平视前方。

图 7–19

2. 右揽雀尾(图 7–20)

(1)上体后坐并向右转,身体重心移至右腿,左脚尖里扣;右手向右平行划弧至右侧然后由右下经腹前向左上划弧至左肋前,手心向上;左臂平屈胸前,左手掌向下与右手成抱球状;同时身体重心再移到左腿上,右脚收到左脚内侧,脚尖点地;眼视左手。

(2)同“左揽雀尾”(3)解,唯左右相反。

(3)同“左揽雀尾”(4)解,唯左右相反。

(4)同“左揽雀尾”(5)解,唯左右相反。

(5)同“左揽雀尾”(6)解,唯左右相反。

(6)同“左揽雀尾”(7)解,唯左右相反。

图 7-20

（四）第四组

1. 单鞭（图 7-21）

（1）上体后坐，重心逐渐移至左腿，右脚尖里扣；同时上体左转，两手（左高右低）向左弧形运转，直至右臂平举，伸于身体左侧，手心向左，右手经腹前运至肋前，手心向后上方；眼视左手。

（2）重心再渐渐移至右腿上，上体右转，左脚向右脚靠拢，脚尖点地；同时右手向右上方划弧（手心由里转向外），至右侧方时变勾手，臂与肩平；左手向下经腹前向右上划弧停于右肩前，手心向里；眼视左手。

（3）上体微向左转，左脚向左前侧方迈出，右脚跟后蹬，成左弓步；在身体重心移向左腿的同时，左掌随上体的左转慢慢翻转向前推出，手心向前，手指与眼齐平，臂微屈；眼视右手。

图 7-21

2. 云手（图 7-22）

（1）重心移至右腿上，身体渐向右转，左脚尖里扣；左手经腹前向右上划弧至右肩前，手心斜向后，同时右手松勾变掌，手心向右前；眼视左手。

（2）上体慢慢左转，重心随之逐渐左移；左手由脸前向左侧运转，手心渐渐转向左方；右手由右下经腹前向左上划弧，至左肩前，手心斜向后；同时右脚靠近左脚，成小开立步（两脚距离 10 ~ 20 厘米）；眼视右手。

（3）上体再向右转，同时左手经腹前向右上划弧至右肩前，手心斜向后；右手向右侧运转，手心翻转向右；随之左腿向左横跨一步；眼视左手。

（4）同（2）解。

（5）同（3）解。

（6）同（2）解。

图 7–22

3. 单鞭（图 7–23）

（1）上体向右转，右手随之向右运转，至右侧方时变成勾手；左手经腹前向右划弧至右肩前，手心向内；重心落在右腿上，左脚尖点地；眼视右手。

（2）上体微向左转，左脚向左前侧方迈出，右脚跟后蹬，成左弓步；在身体重心移向左腿的同时，上体继续左转，左掌慢慢翻转向前推出，成“单鞭”式。

图 7-23

（五）第五组

1. 高探马（图 7-24）

（1）右脚跟进半步，身体重心逐渐后移至右腿上；右勾手变成掌，两手心翻转向上，两肘微屈；同时身体微向右转，左脚跟渐渐离地；眼视左前方。

（2）上体微向左转，面向左前方，右掌经右身旁向前推出，手心向前，手指与眼同高；左手收至左侧腰前，手心向上；同时左脚微向前移，脚尖点地，成左虚步；眼视右手。

图 10-24

2. 右蹬脚（图 7-25）

（1）左手手心向上，前伸至右手腕背面，两手相互交叉，随即向两侧分开并向下划弧，手心斜向下，同时左脚提起向左前侧方进步（脚尖稍外撇）；身体重心前移；右腿自然蹬直，成左弓步；

眼视前方。

（2）两手由外圈向里圈划弧，两手交叉合抱于胸前，右手在外，手心均向后；同时左脚靠拢，脚尖点地；眼平视右前方。

（3）两手臂左右划弧分开平举，肘部微屈，手心均向外；同时右腿屈膝提起，右脚向右前方慢慢蹬出；眼视右手。

图 7–25

3. 双峰贯耳（图 7–26）

（1）右腿收回，屈膝平举；左手由后向上、向前下落至体前，两手心均翻转向上，两手同时向下划弧，分落于右膝盖两侧；眼视前方。

（2）右脚向右前方落下，重心渐渐前移，成右弓步，面向右前方；同时两手下落，慢慢变拳，分别从两侧向上、向前划弧至面部前方，成钳形；两拳相对，高与耳齐，拳眼都斜向内下（两拳中间距离为 10 ～ 20 厘米）；眼视右拳。

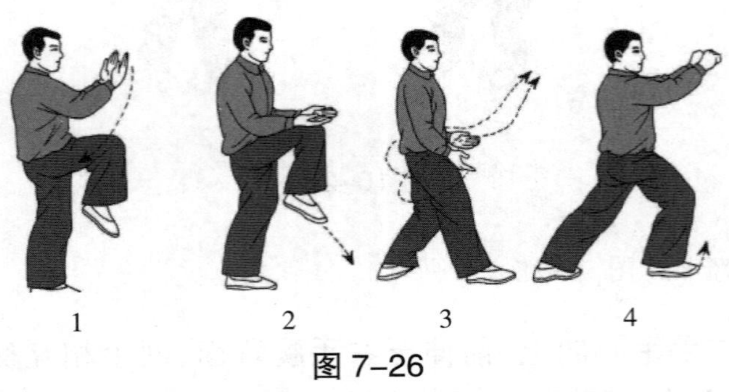

图 7–26

4. 转身左蹬脚（图 7–27）

（1）左腿屈膝后坐，身体重心移至左腿，上体左转，右脚尖里扣；同时两拳变掌，由上向左右划弧分开平举，手心向前；眼视左手。

（2）身体重心再移至右腿，左脚收到右脚内侧，脚尖点地；同时两手由外圈向里圈划弧合抱于胸前，左手在外，手心均向后；眼平视左方。

（3）两手臂左右划弧分开平举，肘部微屈，手心均向外；同时左腿屈膝提起，左脚向左前方慢慢蹬出；眼视右手。

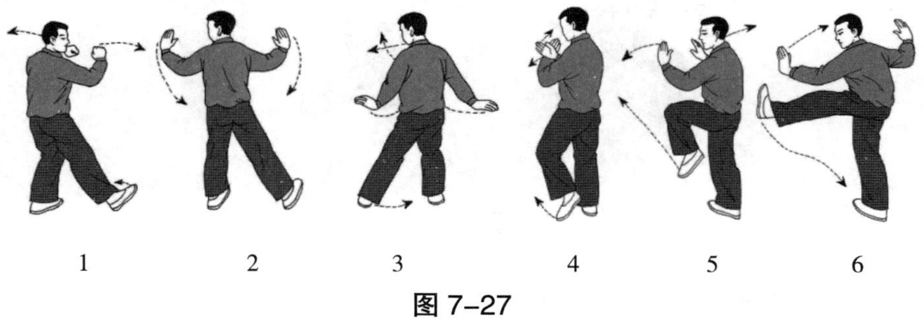

图 7–27

（六）第六组

1. 左下势独立（图 7–28）

（1）左腿收回平屈，上体右转；右掌变成勾手，左掌向上、向右划弧下落，立于右肩前，掌心斜向后；眼视右手。

（2）右腿慢慢屈膝下蹲，左腿由内向左侧（偏后）伸出，成左仆步；左手下落（掌心向外）向左下顺左腿内侧向前穿出；眼视左手。

（3）身体重心前移，左脚跟为轴，脚尖尽量向外撇，左腿前弓，右腿后蹬，右脚尖里扣，上体微向左转并向前起身；同时左臂继续向前伸出（立掌），掌心向右，右勾手下落，勾尖向后；眼视左手。

（4）右腿慢慢提起、平屈，成左独立式；同时右勾手变掌，并由后下方顺右腿外侧向前弧形上挑，屈臂立于右腿上方，肘与膝相对,手心向左;左手落于左胯旁,手心向下,指尖向前;眼视右手。

图 7–28

2. *右下势独立*(图 7–29)

(1)右脚下落于左脚前,脚尖着地,然后以左脚前掌为轴,脚跟转动,身体随之左转,同时左手向后平举变成勾手,右掌随着转体向左侧划弧,立于左肩前,掌心斜向后;眼视左手。

(2)同"左下势独立"(2)解,唯左右相反。

(3)同"左下势独立"(3)解,唯左右相反。

(4)同"左下势独立"(4)解,唯左右相反。

(七)第七组

1. *左右穿梭*(图 7–30)

(1)身体微向左转,左腿向前落地,脚尖外撇,右脚跟离地,两腿屈膝成半坐盘式;同时两手在左胸前成抱球状(左上右下);

然后右脚收到左脚内侧，脚尖点地；眼视左前臂。

（2）身体右转，右脚向右前方迈出，屈膝弓腿成右弓步；右手由脸前向上举并翻掌停架在右额前，手心斜向下；左手向左下，再经体前向前推出，高与鼻尖平，手心向前；眼视左手。

（3）身体重心略向后移，右脚尖稍向外撇，随即身体重心再移到右腿，左脚跟进，停于掤内侧，脚尖点地；同时两手在胸前成抱球状（右上左下）；眼视右前臂。

（4）同（2）解，唯左右相反。

图 10–29

图 7-30

2. 海底针(图 7-31)

(1)右脚向前跟进,身体重心移至右腿,右脚稍向前移举步;右手下落经体前向后、向上提抽至肩上耳旁,左手下落至体前侧。

(2)左脚尖点地成左虚点;同时身体稍向右转;右手再随身体左转,由右耳旁斜向前下方插出,掌心向左,指尖斜向下;与此同时,左手向前、向下划弧落于左胯旁,手心向下,指尖向前;眼视前下方。

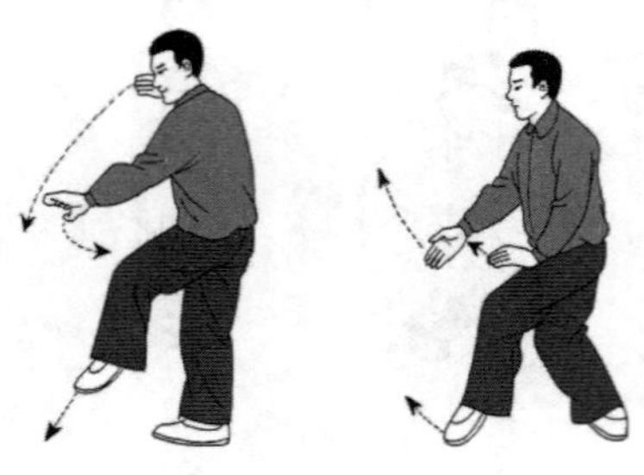

图 7-31

3. 闪通臂(图 7–32)

(1)上体稍向右转,左脚微回收举步,同时两手上提;眼视前方。

(2)左脚向前迈出,脚跟着地;左右两手分别向左前、右后分开;左手心向前,右手心向外;眼视前方。

(3)重心前移,左腿屈膝弓成左弓步;同时右手屈臂上举,停于右额前上方,掌心翻转斜向上,拇指朝下;左手由胸前随重心前移慢慢向前推出,高与鼻尖平,手心向前;眼视左手。

图 7–32

(八)第八组

1. 转身搬拦锤(图 7–33)

(1)上体后坐,身体重心移至右腿上,左脚尖里扣;身体向右后转,然后身体重心再移至左腿上;与此同时,右手随着转体向右、向下(变拳)经腹前划弧至左肋旁,拳心向下;左掌上举于头前,掌心斜向上;眼视前方。

(2)向右转体,右拳经胸前向前翻转撇出,拳心向上;左手落于左胯旁,掌心向下,指尖向前;同时右脚收回后(不要停顿或脚尖点地)即向前迈出,脚尖外撇;眼视右拳。

(3)身体重心移至右腿上,左腿向前迈出一步;左手上起经左侧向前上划弧拦出,掌心向前上方;同时右拳向右划弧收到右腰旁,拳心向上;眼视左手。

（4）左腿前弓成左弓步，同时右拳向前打出，拳眼向上，高与胸平，左手附于右前臂里侧；眼视右拳。

图 7-33

2. 如封似闭（图 7-34）

（1）左手由右腕下向前伸出，右拳变掌，两手手心逐渐翻转向上并慢慢分开回收；同时身体后坐，左脚尖跷起，身体重心移至右腿；眼视前方。

（2）两手在胸前翻掌，向下经腹前再向上、向前推出；腕部与肩平，手心向前；同时左腿前弓成左弓步；眼视前方。

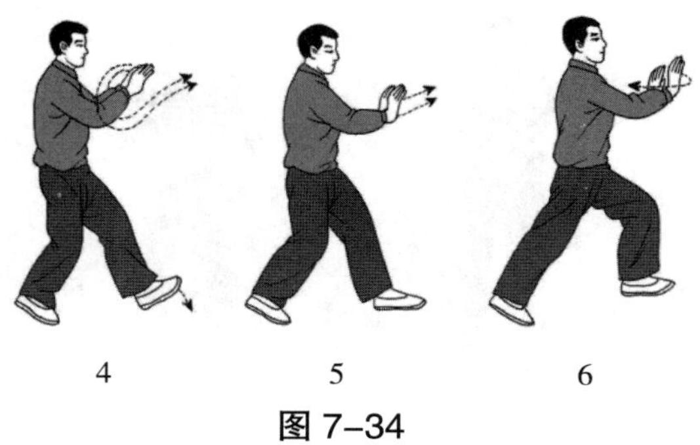

图 7–34

3. 十字手（图 7–35）

（1）屈膝后坐，身体重心移向右腿，左脚尖里扣，向右转体；右手随着转体动作向右平摆划弧，与左手成两臂侧平举，掌心向前，肘部微屈；同时右脚尖随着转体稍向外撇，成右侧弓步；眼视右手。

（2）身体重心慢慢移至左腿，右脚尖里扣，随即向左收回，两脚距离与肩同宽，两腿逐渐蹬直，成开立步；同时两手向下经腹前向上划弧交叉合抱于胸前，两臂撑圆，腕高与肩平，右手在外，成十字手，手心均向后；眼视前方。

图 7–35

4. 收势（图 7–36）

两手外翻，臂落至腹前；并步直立，两掌落至腿侧，目平视。

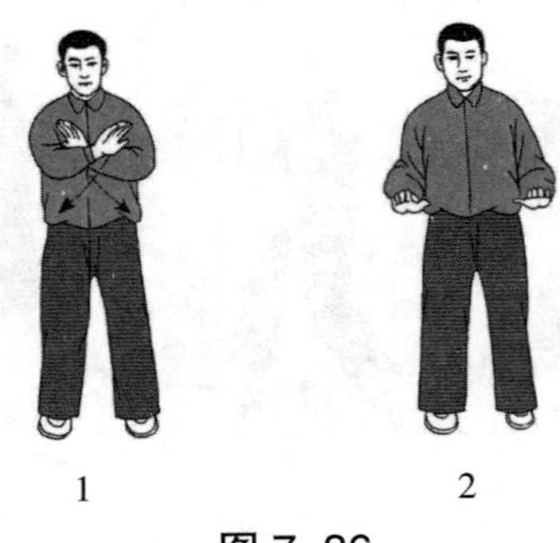

图 7–36

第二节　珍珠球

一、珍珠球运动概述

珍珠球俗称“投空手”“采珍珠”，是满族中流传的体育项目，距今已有三百多年的历史。古代居住在牡丹江、松花江以及嫩江一带的满族采珠人将采珍珠的工具——抄网，当作游戏器材，并模仿采珍珠的劳动过程发明了“采珍珠”游戏。此游戏最初在河中进行，后来移至陆地上。居住在白山黑水之间的青年男女在采珠之余，欢庆收获之际，用绣球、布包或猪膀胱（充气）代表珍珠，竞相往鱼篓中投，或用抄网将球抄入网中，投（抄）中者预示未来出海时可以采集到更多的珍珠。同时为了表示人们与风浪拼搏的艰险，更将蛤蚌神化，“蛤蚌精”张开贝壳，防卫着珍珠不被采走，于是演变成一种攻防兼备的满族传统体育运动项目。采珍珠游戏后来发展为满族儿童用内装黄豆的布包进行投接的一种游戏活动。它以模仿采珍珠的劳动情景，在活动中用“绣球”象征珍珠，竞相往网中投掷，同时，要有 1 ～ 2 人每人手拿两片大蛤蚌壳，用以阻止珍珠进网，不让采走珍珠，于是一种与生产劳动紧密相连的有攻有守的，以跑、传、跳、投为主的体育项目便形成了。随着满族进入辽、沈后分居于北京、内蒙古、河北、新疆等地，采珍珠活动随之也带到了与汉族杂居的地方。

新中国成立后，民族传统体育进入了一个崭新的发展阶段，许多民族、民间传统体育经过挖掘与整理显现出新的活力。1983年北京市民委组织在京的民族传统体育学者、专家，对“采珍珠”游戏进行挖掘、整理、改进，同时参照篮球、手球规则编写出“采珍珠”游戏规则，并正式更名为“珍珠球”。

珍珠球运动由于其场地器材比较简单，比赛竞争激烈，可操作性和观赏性都比较强，有一定篮球和手球运动基础的人很快就能够进入角色，因此深受接触过此项运动的人士喜爱。珍珠球运动对人的身体素质要求比较全面，需要良好的力量、速度、耐力、灵敏素质和弹跳力。因此，通过参加此项运动，能够增强呼吸和循环系统的功能，提高速度、弹跳及力量素质。

二、珍珠球运动基本技术

（一）移动技术

珍珠球移动技术是指在比赛中运动员的位置、方向、速度变化时所运用各种脚步动作方法的总称，它是珍珠球比赛的基础。移动技术是珍珠球各个位置或区域的运动员应具备的基本技术。

进攻中运用移动的目的是为了摆脱防守去接球、选择位置、牵制对手，或是为了合理而迅速地完成运球、传球、突破、投球等各种进攻行动。防守时运用移动技术则是为了抢占有利位置，防止对手摆脱或及时、准确、果断地抢球、断球、打球。因此，在训练中，要抓好各种脚步移动，特别是关键性的变换身体重心和控制身体平衡的训练，即保持正确的准备姿势，控制好身体重心和身体各部分的协调配合。

在珍珠球比赛中，由于队员区域和分工的不同，表现出各个区域队员脚步移动的差异性。水区队员的脚步可以采用篮球运动的移动技术及其练习方法，得分区和封锁区队员的脚步移动由于规则和场区的限制，主要采用急停急起、前滑步、后滑步、急停起跳、交叉步、侧跨、后跨、后仰起跳以及组合脚步移动技术。

（二）传球技术

传球是珍珠球运动中进攻队员之间有目的的转移球的方法，传球的好坏直接影响到比赛的成绩和团队配合的质量。下面介绍两种常用的基本传球技术：单手肩上传球和单手体侧传球。

1. 单手肩上传球

单手肩上传球是珍珠球比赛中最基本的一种传球方法，具有迅速有力的特点，在不同方向、不同距离、不同位置均能运用，与射球结合运用得好，能具有较强的攻击性，可运用于快攻长传和外围转移球。

两脚前后开立，两膝微屈，重心落在右（后）脚上，左肩侧对传球方向，右手持球于体侧。准备传球时，右手将球由下向后引至肩上，掌心对着传球方向；传球时右（后）脚蹬地，重心前移并向左转体，以肩带肘，向前挥臂，在球即将离手的瞬间屈腕，用食指、中指、无名指的力量将球传出。

2. 单手体侧传球

两脚前后开立，两膝微屈，重心落在右（后）脚上，右手持球于体侧。传球时，利用右脚蹬地，向左转体带动右臂，以肘领先，前臂与地面平行向传球方向挥摆，掌心对着传球方向，最后用屈腕和食指、中指、无名指的力量将球传出。

单手体侧传球也是珍珠球比赛中基本的传球方法，具有出手快，动作幅度小，便于突破时与其他射球技术结合运用的特点，能创造良好的进攻机会，多用于外围转移球及供内线球。

（三）接球技术

接球是与传球紧密衔接的重要进攻技术。准确熟练的接球技术，不仅能减少传球失误率，而且为顺利完成下一个连续进攻动作做好准备,从而加强个人的攻击能力。根据来球的部位不同,可分为接胸部高度的球、高球和低球三种,根据接球的手法不同,可分为单手接球和双手接球两种。

1. 单手接球

五指自然分开成勺形,向来球伸出,当球触手后,手臂顺势回收缓冲,然后直接挥臂射球或成单手持球姿势。

2. 双手接球

接球时,两眼注视来球,两臂向来球伸出主动迎球,五指自然分开稍向上翻,手掌向前成半球状,当球触及手指的瞬间,两臂迅速随球向后回收缓冲把球接住,同时保持身体平衡,以便接下一个动作。

(四)运球技术

运球是珍珠球运动中一项最基本的技术,是持球队员在原地或移动中,用单手连续拍按从地面反弹起来的球。这是珍珠球比赛中个人进攻的一项技术,是实现战术配合和战术目的的重要手段,也是运动员熟悉球性、提高控制球和支配球能力最好的方法。通过运球可以提高队员的观察能力、脚步移动的灵活性和全身用力的协调性。

运球时,两眼平视,五指自然分开,以肘为轴,手心向下,用力向前下方拍按,球的落点在身体侧前方,球的反弹高度在胸腹之间。如果向前直线运球,拍在球的后上方;如果向左或右变向时,拍球的部位有所改变,要拍在球的右或左侧后方。

(五)持球突破技术

持球突破是持球队员运用脚步动作和运球技术超越对手的一项攻击性技术。比赛中,掌握好突破时机,合理地运用突破技术,既能直接切入得分,又能打乱对方的防守部署,创造更多的攻击机会,增加对手的犯规,给对方防守造成较大的威胁。如能把突破与投球、分球结合运用,进攻就会更加机动灵活,效果更为显著。

(六)投球技术

投球是进攻队员为将球投向抄球网而采用的各种专门动作的总称。

投球从动作上可分为原地、跑动和跳起投球三种;从投球出手的部位可以分为原地单手肩上投球、跑动单手肩上投球、向前跳起单手肩上投球、向上跳起高手肩上投球和跳起体侧投球等五种。

(七)抄网技术

抄网技术是珍珠球运动中最主要的基本技术之一。由于珍珠球体积小,抄网队员活动范围大(得分区、端线及其边线以外的空间),使得水区队员的投球点多面广,方式多样,从而创造了更多的得分机会。但是由于有 2 名持拍队员防守 1 名持网队员,所以,水区队员投球的弧度、速度、节奏和球的落点以及抄网队员抄球的时机、角度和抄球点等将直接关系到比赛的胜负。

1. 抄平快球

抄快平球时,应掌握好时间差和空间差,向前平伸抄网引导投球队员将球抄中。

2. 抄高抛球

抄高抛球时,采用侧身站立,使抄网面与来球成直角,并抄球的低点;若来球是低弧度球或球的落点在得分区时,采用排球扣球技术抄球的高点。

3. 抄反弹球

抄反弹球时,应与水区队员建立目光和信号联系,使网面朝下抄反弹球。

（八）防守技术

防守对手是指防守队员合理地运用各种防守动作，积极抢占有利位置，阻挠和破坏对手进攻，以争夺控制球权为目的的动作方法。在比赛中，它与进攻技术有着同等重要的作用。因此，重视个人防守技术的训练，提高个人防守的能力，有利于促进集体防守与进攻技术、战术的学习与提高。

封锁区队员防守应侧身站位，多采用交叉步、滑步和侧身跑技术，将抄网队员置于2名持拍队员之间，当来球弧度高、速度快时，采用单拍上捅方式改变球的路线，破坏对方抄网。当来球弧度平时，用夹接球、双拍封挡。另外，2名持拍队员要注意配合，组成更大的防守面积：当1名持拍队员防高点时，另1名持拍队员防低点，在规则允许的范围内影响抄网队员的视线；当1名持拍队员防前点时，另1名持拍队员防后点以及防止持网队员反跑抄球。

三、珍珠球运动基本战术

（一）水区队员战术

在珍珠球比赛中，个人战术行动是全队战术原则和战术打法的组成部分，是以全队的战术原则和打法为依据而进行的活动。配合是场上2 ~ 3名队员在局部范围内，为达到相同目的而协调行动的组织形式。珍珠球比赛的战术多样、变化多端，但都离不开基础配合。综合个人和配合战术，可以达到更好的效果。

1. 水区队员的个人战术

个人战术行动要做到判断准确，动作突然，起动快速，以保证技术运用的效果。水区队员的个人战术行动包括有球行动和无球行动。

（1）有球战术

主要表现：发动快攻、突破、投球、传球助攻以及运球等。

（2）无球战术

进攻方面的表现主要有：摆脱防守（变速摆脱、变向摆脱、假动作摆脱）、切入（纵切、横切）、掩护、策应以及移动调整位置等。

防守方面的表现主要有：在防无球队员时应做到“两抢一卡一协防”，即抢占有利位置、抢球，卡对方移动路线，随时协助同伴防守；防有球队员时应积极防其投球、突破、传球，并重点防守对方强侧手，限制对方行动，破坏其习惯动作，积极进行抢、打、断球和抢位等。

2. 水区队员的基础配合

（1）传切配合

传切配合指队员之间利用传球和切入技术所组成的简单配合。持球队员传球后，假动作摆脱对手，再接球进攻。

（2）掩护配合

掩护配合是指进攻队员选择正确的位置，运用规则允许的动作挡住同伴防守人的移动线路，帮助同伴摆脱防守获得接球进攻机会的配合方法。

（3）突破分球配合

突破分球配合是持球队员突破对手后，遇到对方的补防或协防时，及时将球传给进攻时机最佳的同伴的一种配合方法。

（二）封锁区持拍队员战术

1. 封锁区持拍队员的个人战术

持拍队员是球队最后一道防线，其个人的战术行动对球队的士气和胜负起重要作用，尤其是在防守由水区投来的平快球、反弹球以及半高球时更为重要。因此，在训练中，应重点抓好持拍队员的脚步动作和持拍防守技术（按压、封挡、夹接、挑拨）

的结合。

2. 持拍队员与水区队员的基础配合

由于珍珠球比赛攻强守弱的特点和规则的制约，使水区队员与持拍队员的基础配合相对较少。在现有条件下，提高持拍队员的技术综合运用能力将有助于防守力量的提高。例如，持拍队员单拍拦截球后，可直接用单拍将球抛传给水区的同伴，以发动快攻。在珍珠球比赛中，水区队员与持拍队员的基础配合主要运用于防守配合中，如发动快攻、防守反击等。

（三）得分区抄网队员战术

1. 得分区抄网队员的个人战术

在珍珠球比赛中，许多战术配合是围绕抄网队员设计的，抄网队员的个人战术行动成为球队获胜的关键。如，真摆脱抄时间差球，假摆脱、真起跳抄时间差球，抄网队员假起跳，同侧移动、异侧反跑抄球等。因此，要重点抓好抄网队员的抄球技术，使队伍的战术多样化、实用化。

2. 抄网队员与投球队员的基础配合

（1）快球配合

当抄网队员已经摆脱封锁区防守时，投球队员应以最快的速度投出直线球。要求力量大、速度快，高度在同伴的膝到头部之间。

（2）高抛球配合

投球队员向抄网手的强侧投高弧度的球，要求最高点要越过封锁区队员跳起能达到的高度，落地要求准确，力争得到 2 分。

（3）边线外的配合

这个配合是根据珍珠球规则的特点设计的，即投球队员和抄网队员都在边线外的空中完成投和抄的动作。这个动作对队员的身体素质和默契程度有着很高的要求。这种球能大大提高进攻队的士气,观赏性也极强。

3. 抄网队员与水区队员的基础配合

在珍珠球比赛中,水区队员与抄网队员的基础配合成为进攻战术体系的关键,水区队员投球的准确性(落点和弧度),抄网队员抄球的时机、时空判断力直接影响着进攻成功率。因此,提高水区队员与抄网队员的基础配合意识和能力尤为重要。如水区队员通过配合出现的投球点尽可能在抄网队员强侧手(抄网手)一边,从而使抄网队员抄球时更为方便。

第三节 陀 螺

一、陀螺运动概述

陀螺运动是我国少数民族喜爱的传统体育活动,这项活动流传已久,而且玩法很多,各民族间的陀螺及打法各有不同,如云南傣族称陀螺为百跌,陀螺形状接近正规比赛用的陀螺,其打法为分队集体对抗,攻击方在 10 米开外进行攻击,击中后以旋转时间长的为胜。同时可用拨、赶、吹灰石等延长旋转时间,无固定场地；佤族称陀螺为布冷,其头大身细、形似鸡枞(野生食用菌类),形状奇特；广西壮族玩的陀螺像一支大盘子,瑶族玩的陀螺重者可达四五斤。据《中华民族传统体育志》载:1945 年,我国台湾光复后,桃园县大溪镇等地成立陀螺俱乐部,百余人打 60 千克的陀螺,可谓巨型。但万变不离其宗,比赛时,互相旋放击打,互撞之后,以陀螺旋转的时间长者为胜。

陀螺首次列入第 5 届全国民运会竞赛项目,这中间包含着诸多体育工作者的辛勤付出。1981 年 10 月,云南省少数民族运动会把打陀螺列为表演项目。1982 年,第 3 届云南少数民族传统体育运动会列为表演项目。1989 年 10 月，云南省体委、省民委在昆明召开陀螺规则研讨会。1990 年，云南省第 4 届民运会将陀螺列为比赛项目。1991 年，第 4 届全国民运会上云南代表团为大会作了陀螺表演。1992 年 10 月，云南省体委、省民委再次在昆明召开陀螺项目研讨会，在保持民族特色的基础上借鉴现代体育的竞赛方法制定出了规则和打法。1994 年国家民委、国家体委在昆明海埂举行陀螺竞赛培训班，省内外 23 位学员进行了认真学习。这批骨干为打陀螺这项运动的开展奠定了基础。全国第 5 届民运会首次将陀螺列为竞赛项目，一共有河北、广东、上海、海南、云南等 12 个队进行角逐，争夺 4 块金牌。

随着社会的发展，陀螺在各地的发展也是形态各异，玩法多样。如：在我国北方地区此项活动一般在冬春季进行，是用鞭子连续抽打陀螺，使之在冰面或平滑地面上不停地旋转或相互碰撞，以旋转的时间长短判定胜负；而在我国南方地区，是将一陀螺旋放后，其他人站在一定距离之外，用旋转着的另一陀螺去击打它，看谁打得准，并看谁旋得时间长。拉祜族人的打陀螺很有意义，传说拉祜族人种的棉花不结桃，先祖要他们打陀螺，把陀螺打开花，棉花也就开花结桃了，为了祈求棉花丰收，拉祜族就兴起打陀螺，每逢节假日，都要举行对抗性的打陀螺比赛。在苗族地区有两种比较特殊的陀螺，一种是大陀螺，直径 20 厘米，用于比赛碰撞；另一种是两头尖的陀螺，两头都可以旋转站立。比赛时，用鞭抽陀螺，使其旋转，双方陀螺相撞，被撞倒者为负。

打陀螺运动是一项集对抗性、技巧性、趣味性为一体的综合性体育活动，它对场地器材要求不高。比赛可在平整无障碍物的平地上举行，比赛要求两队在场上必须按守、攻顺序进行互换。双方遵照规则，从守方放陀螺开始，由攻方将自己的陀螺抛掷，触击守方陀螺，将守方陀螺击出场区或与守方陀螺在场区内比赛旋转时间的长短。比赛只计攻方得分，以当场比赛的累计得分决定该场胜负，得分多的队为获胜队。经常参加打陀螺运动，能够提高各组织器官、系统的机能水平，培养健康的心理状态，树立良好的集体主义精神,促进人全面、协调的发展。通过打陀螺比赛,可以增进友谊,交流技艺,丰富人们的文化生活。

二、陀螺运动基本技术

(一)陀螺运动的进攻技术

1. 缠线技术

缠线技术是指运动员在比赛中,将有效的鞭绳合理地缠绕在陀螺上的动作方法的总称,它是运用其他攻防技术的基础。

2. 持陀技术

为了更好地发挥手指端对陀的感应能力,保持出陀前持陀的稳定性,以利于控制陀出手的力量与方向,持陀时五指都应自然分开,增大接触陀的面积,手指指端要贴在陀上,手心空出。以右手持陀为例,两脚前后开立,重心落在两脚之间,右手五指自然分开,翻腕持陀的后中部位,左手持鞭杆且放少许线,将陀举至胸前右侧位置,目视旋放区,大小臂约成 90° ,肘关节内收。

3. 助跑

一般分为预跑段和攻陀步两个阶段。预跑段的任务是获得最后用力前的预先速度,为最后用力出陀创造良好的条件。预跑段的距离根据个人特点而定,初学者可先走后跑。一般 3 ~ 5 步较为适宜,方法是沿直线逐渐加速,臂、腿配合平稳协调,步点跑准、节奏好。

4. 最后用力

最后用力动作是在第三步左脚着地时,形成以胸带肩、以肩带臂,进行挥臂甩腕的攻击动作;陀螺离手的瞬间,手腕、手指的积极动作,能使陀螺沿着纵轴按顺时针方向自转,以保证左手抽线的延续性和稳定性，才能获得最佳的攻击效果。

5. 攻陀出手角度

攻陀出手角度是指攻陀时陀螺离手时与地面的高度，或者是与旋放区死陀点的角度。这一角度是否适应，对命中率有重要影响，攻陀出手角度可分为高、中、低 3 种姿势。

6. 随前动作

由于最后力量集中到手腕、手指及抽线上，攻陀出手后，全身要随陀跟送。持陀臂自然前伸，而不要在陀出手后，马上改变持陀臂动作，以免影响陀的飞行和攻击的准确性，左腿向攻击方向跨出一步，以缓解前冲的力量来保持平衡，防止冲出攻击线而违例。

（二）陀螺运动的防守技术

防守技术是队员在防守时，将陀螺有效地放入旋放区所采取的各种专门动作的总称。

1. 缠线

由于规则规定，鞭绳不低于 2 米，加之陀螺的高度直径，那么绳线一般均匀地缠在陀腰的 1 ~ 2 厘米较为适宜。根据运动员的身体素质、陀螺的周长等特点，运动员的鞭绳长度的要求也不一样，但一般要求绳长在 4 米左右较为适宜。

2. 准备姿势

准备旋放时，应做好如下旋放前的准备姿势。

（1）下肢

两脚前后开立，约与肩同宽，两膝微屈，重心落在后脚上。

（2）躯干

上体稍前倾或接近直立（但不能后仰），两肩放松，目视旋放区。

（3）上肢

右手五指自然分开，手腕后翻，持陀的后中部，以手指最前面的关节和大拇指的压力将陀控制住，大臂低于肩关节，小臂与大臂的夹角约成90°，肘关节稍外翻，左手持鞭杆需从右手下方穿过。

3. 旋放出手动作

旋放时，后脚蹬地，身体重心前移，同时转体两臂前伸，手腕由后向前翻转，靠手指的弹拨将陀抛出，同时左手向右后水平方向用力抽鞭杆，它是控制陀飞行方向落点的关键。

4. 旋放后的身体姿势

由于陀螺必须在旋放区内旋转才有效，所以旋放后的身体姿势尤其重要，否则易造成死陀。抽线完毕后，身体可向后旋转，或保持抽线完动作，以保证陀螺在旋放区的稳定旋转。

三、陀螺运动战术

陀螺战术是指根据自己与对手的情况，有目的、有意识地运用技术所确定的攻、防集体配合的方法。

（一）个人战术

个人战术是指队员在比赛中为了战胜对手，合理地运用技术所采用的各种方法，个人战术分为个人进攻战术和个人防守战术。

1. 个人进攻战术

（1）“全力攻”战术

为使各种进攻达到预期的效果，必须根据比赛的实际情况，合理地运用“全力攻”战术，并掌握好出陀的方向、力量、落点，以争取有效地命中。

①攻击点：就是以陀螺作为一个点进行强有力地攻击。无论运用何种攻击方法，都应以陀螺做为直接攻击目标，运用合理的力量进行攻击。

②攻击面：就是在旋放区内以陀螺所旋转的点向攻击区方向所延伸的整条直线。进攻时，可根据目标而确定攻击力量和落点。

（2）“巧攻”战术

在比赛中，有很多情况是始料不及的，例如，旋放效果差或死陀等，这些情况在高水平比赛中是不易发生的，但又不可能避免。当遇到这些情况时，应进行“巧攻”战术，而不要全力攻。因为只要命中就能拿到较高的得分，所以在采用进攻方法上尽可能以命中为主，如轻攻、吊攻等。

2. 个人防守战术

（1）四边式

四边式是指在旋放过程中为了加大攻击者的攻击难度，尽可能地将陀螺旋放在旋攻区的四个边角。这些地带是距攻区最近、最远以及最边的地带，对于攻击者来说除了直接命中以外，间接命中的概率相当小，所以不易命中。但要把陀螺有效地旋放在这些地带也不容易，这要根据场地器材，以及所掌握技术的状况合理地应用，以免造成失误。

（2）中间式

中间式是指在旋放时将陀螺有效地旋放在死陀点周围的方法，这个地带面积比较大，容易掌握、控制。对攻击者来说，中间式攻击面较广，可直接、间接命中，命中率会高一些；对防守者来说，旋放时，陀螺的转速会增大，这就增大阻碍进攻者的得分率。这就说明，虽然有不利的一面，但也有利于自己的一面。

（二）集体战术

集体战术是指为了完成整个战术任务而采用的全队配合方法。

1. 集体进攻战术

由于在陀螺比赛中无论是团体，还是双人，进攻上每一次轮转顺序不变，也就是进攻六轮中，都要遇到不同的防守者。而不论哪一个队，队员的技术水平、心理素质都存在着一定的差别，这就要求在比赛中对进攻轮次上队员的配备要合理，才有利于整个进攻。

以下介绍几种方法。

（1）"二一"式

根据本队的实际情况，把三名主力队员中技术、心理品质、临场经验较好的两名队员安排在第一攻击、第二攻击上，或者安排在第一攻击、第三攻击上，一般来讲，对方在防守过程中，都会安排较好的队员担当第一防守任务，所以这样的安排可以避免弱对强在第一轮出现，有利于士气的提高。

（2）"一二"式

本队中相对只有一名队员较突出时，那么这时在轮次安排上，这名队员一般安排在第一攻击或者第二攻击上，这时可能会出现强对强、弱对弱，或者是强对弱、弱对强，无论怎样，这是为了争取一个好的开局，对下面的比赛有促进的作用。

2. 集体防守战术

在陀螺比赛中，旋放是比赛的开始，旋放得好坏直接关系到战术的组成及质量，因此集体防守战术在比赛中占有重要地位。集体防守战术有"1、2、3"配备、"2、3、1"配备和"3、1、2"配备等方法。

根据规则及进攻战术所采用的配备方式，一般来讲，进攻对手在轮次上的安排是好、中、差,那么要求在防守上应有相应的对阵,以争取比赛的胜利。

由于规则规定防守轮转顺序第一轮为1、2、3,第二轮为2、3、1,第三轮为3、1、2,所以为了鼓舞士气,要结合进攻的特点争取在两轮防守上阻碍对手得高分,进攻上拿高分,以拉开彼此间的差距,从而争取比赛的胜利。

第四节 高杆绣球

高杆绣球是广西正式的少数民族传统体育比赛项目,高杆抛绣球有专门的比赛场地和比赛用球。参与者可在两边抛球区内反复将绣球抛向高杆上的圆圈。将绣球每抛过圈内一次得一分,在规定的时间内得分多者为胜。

一、比赛规则与裁判法

(一)队员

每队运动员10人,由男、女各5人组成,队员上衣必须有明显的号码。

(二)工作人员

(1)工作人员由裁判长1人、裁判员10人、记录员1人组成。

(2)裁判长职责负责检查、核定所有设备,包括裁判员、记录员使用的表格、用具,比赛用的绣球,掌握比赛时间等。

(3)裁判员职责2名裁判员为一组,每组裁判员备好3只同-颜色的绣球。赛前定好自己负责的一名运动员,并发给一个比赛用球。 在比赛时间内,分别登记自己负责的运动员的投球数命中数和违例数。如果在比赛中绣球出现破裂或挂在架上,裁判员应及时补发一个,以免耽误比赛。

(4)记录员职责事先将比赛队员的名单列好,将每次参加比赛的队员名单列给裁判员。

比赛结束时,登记队员的投球数、命中数、违例数,计算出队员的得分数,排列出名次。

(三)比赛规则

(1)比赛分团体赛和男、女个人赛。团体赛每队由男、女各5人参加个人赛,每次比赛5人,计个人成绩。

(2)比赛时间:团体赛比赛时间20 min分两段进行,每段10 min第一段为5名女运动员上场抛绣球,第二段为5名男运动员上场投绣球。

(3)比赛时由裁判长带领比赛的运动员与裁判员认识,由裁判员发给运动员绣球,练球1min后,队员分别站在两边的投球区内,待裁判员、运动员做好准备,裁判长鸣笛开始比赛。运动员投圈后飞快捡起自己专用的球反向投圈。中圈一次得1分,如果投球时运动员踩到控制线、越出投球区或拿别人的球投,一次扣1分。

(4)比赛结束后,按得分多少排列团体(10人得分相加)和个人名次,得分高者名次列前。

如果投球得分相等,再用1min时间给相等分数的运动员复赛,投中多者为胜如果仍相等,再赛1min,直至决出胜者为止。

二、场地与器材

(一)场地

长方册形泊场地,长26米宽14米必须有明显的界线。在中线两侧7米的地方,各画一条与中线平行,与两条边线相接的线,这两条细叫投琳控制线。投球控制线到端线之间的地区为投球区。

（二）投球圈

在中线的中点竖一根高 9 米的杆，杆顶安一个直径 1 米的圆圈，为投球圈。

（三）绣球

用绸布或花布制成，直径 5 ~ 6 厘米，内装细沙石，重 150 克。球心系着一条长 90 厘米的绳子。绳子的尾端系着 3 片长 4 厘米、宽 0.55 厘米的布条，球下部逢上 5 片长 5 厘米、宽 0.5 厘米的布条为球穗，这样就制成了比赛用的绣球。比赛时需备 5 种不同颜色的绣球各 3 个。

第五节　高脚马

一、高脚马概述

高脚马，是湘、鄂、渝、黔四省边境各县市广大土家苗寨盛行的项民间传统的体育活动多少年来直为该地区各 民族青少年和）童们所喜好。新中国成立前，我国橡胶工业还不发达，高脚马不但是这个地区青少年和儿童们锻炼身体、竞艺的民间体育活动之一，也是他们走村串寨时防湿的交通工具，因而该项民间传统体育活动一直长盛不衰。新中国成立后，我国经济得到飞速发展，橡胶工业从无到有，“解放鞋”遍及城乡，价廉物美，经久耐穿。人们不但可以用它作为防湿的交通工具，走村族，而且还可以穿着它上山劳动和进行平时的休闲娱乐。高脚马这项民间传统体育活动，作为交通工具的功能逐输削弱，但作为锻炼身体和休闲娱乐的功能却一直长盛不衰。尤其是青少年和儿童，每遇闲暇时，不是骑高脚马互相交流技艺，就是角力对抗，比比谁是角斗英雄，真不愧为该地区锻炼青少年和儿童的机智勇敢、快速灵活、坚韧顽强、不屈不挠的一项民间群众体育活动。尤其是在现在的全民健身活动中，它将焕发出光辉，为全民健康服务，更具现实意义。

二、高脚马的基本技术

高脚马就器材而言，可分为卦子马和统子马（又叫对子马）两类。所谓卦子马，就是竹马踏镫与马身成 80° 左右的锐角，是将卦子绑在马身上的。这类竹马都是用杂木条和杉木条制作而成。将适当粗细的楠竹取其 1.5 米左右长，留下相邻两竹节的丫枝，然后利用两竹节丫枝邦成脚掌可以踏入的竹马踏镫囊，这叫做统子马。所以，高脚马的基本动作，也就是高脚马的基本骑法，可分卦子马骑法和统子马骑法。

（一）卦子马的主要骑法

卦子马的特点是竹马踏镫是用一双像卦子一样的木块绑在或钉在马上。这种竹马主要骑法有：一双内、一双外、一只内一只外、犟骆子、夹夹脚、观音坐莲、乌龙绞柱等。

1. 一双内

将两只竹马平行立于体前，使竹马踏镫（卦子）相对，两手虎口朝上各握住一只竹马的上端，然后两脚依次踏上竹马踏镫，走马时，左（右）手向上提竹马与左（右）脚向上提膝协调配合，始终使两脚掌不离开竹马踏镫，这样就能使左右脚交替行进，并保持身体平衡，这就叫做骑一双内。这也是最基础的骑法。可以前进、后退，可以向左或向右走，也可以原地踏步。

2. 一双外

将两只竹马平行立于体前，使竹马踏镫均朝外，即背向，与一双内的卦子方向相反，两手虎口朝上各握一只竹马的上端，两脚依次上马。走马时的手脚协调与骑一双内完全相同，只是保持身体平衡有别。骑一双内两手将竹马略向外分，而骑一双外时，须将竹马身向内倾斜，以便保持身体平衡。

3. 一只外一只内

骑一只外一只内，又叫做骑一顺风。它是将两只竹马平行立于体前并使竹马踏镫指向同一方向(同向左或同时向左)，然后两手虎口向上握住竹马的上端，两脚依次上马，走马时的手脚协调配合与骑一双内和一双外一样，两脚掌始终不离开竹马踏證，左右脚交替行进，这叫做骑一只内一只外。

4. 犟骆子

骑犟骆子又叫做骑丁丁猫。将两只竹马平行立于体前，使竹马踏镫朝后，即竹马卦子指向身体，两手虎口朝上各握住一只竹马的上端，左右脚依次上马，即脚掌顺着卦子的方向踏上竹马踏镫。走马时手脚协调配合与一双内、一双外或一只内一只外怕配合一样，始终使两脚掌不离开竹马踏登，左右脚交替行进，这叫做骑犟骆子。

5. 夹夹脚

将两只竹马交叉置于体前，任何一只竹马在前都可以，并使竹马卦子像骑一双外那样均朝外，两手虎口朝上各握住一只竹马的上端，左手握的竹马由右脚沓上踏镫，右手握的竹马由左脚踏上踏镫，两脚依次上马。走马时，左(右)手向上提竹马与右(左脚向上提膝协调配合。行进时首先必须使两脚掌始终踏在竹马踏镫上，其次是交叉在体前的两只竹马必须使前面的那只竹马先向前跨出一步，后面那只竹马再跟进一步，并且不能超出前面的竹马，如此前进、跟步，再前进、再跟步的继续走马，这叫做骑夹夹脚。这就是说，骑夹夹脚时，手脚不是同边合，而是交叉合，前进时，交叉在前面的竹马必须先向前走进步，后面跟进的这只竹马跟进的步幅既不与前行的竹马平行，更不能超过前行的竹马，所以，骑夹夹脚时，前进的步幅受到一定的限制，这对前进速度和保持身体平衡提出了更高的要求。

6. 观音坐莲

观音坐莲是骑竹马中最难掌握的一种骑法。骑观音坐莲的动作与骑夹夹脚时手脚配合是一样的，所不同的是在身后骑夹夹脚就叫做骑观音坐莲。它是将两只竹马交叉置于身后，两手虎口向下各握一只竹马的上端；两脚依次上马，立马时与骑夹夹脚基本相同。由于竹马在身后交叉，这就更难掌握身体平衡，步幅不能过大，向左右移动或闪转就更困难，这不但要求更好的协调性、灵活性，对身体各关节的灵活性、柔韧性要求更高，否则，不用说能快速前进、后退，或向左、向右移动，就是在马上位置身体平衡也不容易，不用走几步便会下马。

7. 乌龙绞柱

将两只竹马平行立于体前，两只竹马的卦马相时或背向，两手虎口朝上各握住一只竹马的上端，两脚上马前先用大小腿缠绕竹马后再上马。缠绕时可以由内向外缠绕，也可以由外向内缠绕，可以单脚缠绕，也可以双脚同时缠绕。由于缠绕不同而成各种不同的绞柱，即单绞柱、双绞柱，单脚向外或向内的绞柱或双脚向外、向内的绞柱等。

（二）统子马的主要骑法

统子又叫对子马，它的特点是竹马踏镫像一只半截鞋子，走马时脚踏入竹马踏镫囊内。由于竹马踏镫是半截鞋似的，所以其骑法犹如卦子马的丁丁猫骑法，属于同边配合，其他不再多述。

第六节　板　鞋

一、板鞋竞速概述

板鞋竞速源于“三人板鞋”，三人板鞋是自明朝以来就广泛流行于广西壮族民间的一种体育竞技活动。它起源于明朝嘉靖年间，至今已有200多年的历史。在民间，关于板鞋的传说还有一个有趣的故事：明朝嘉靖年间，广西壮族女英雄瓦氏夫人为了培养士兵的集体观念，以求步调一致，而命人将木板做成长木鞋。她让士兵3人一组或6人一组共穿一双长木鞋，练习赛跑，要想跑得快，必须团结一心，默契配合。正是这种饶有趣味的练兵方法，使壮兵团结一致，无畏勇敢，所向披靡，从而在战场上大败倭寇，为壮乡人民立了大功。后来，南丹县那地为壮族人民效仿瓦氏夫人“同步”练兵法，在田头地头、屋前屋后开展三人板鞋竞技活动自娱自乐，相袭成俗，流传至今。

板鞋集体表演的形式有：板鞋集体舞、板鞋秧歌舞、板鞋拳术等。大多是三人或多人组合，脚穿板鞋，徒手攀肩或扶腰，手持鲜花、绸带、扇子或各种装饰物，编排成不同的队形，踏着欢快、协调的步伐，在壮族音乐的伴奏下进行表演。板鞋竞技比赛的形式有：三人板鞋竞技、板鞋竞技枪踪把（民间）、板鞋竞技戏水、板鞋竞技抢水球、板鞋竞技抛绣球（或各种球）、板鞋竞技踩气球等。

从1985年开始，广西少数民族的板鞋竞速比赛每年都如期上演。板鞋比赛是壮乡“三月三”歌圩活动的民族体育竞技精彩项目之一。2006年，在广西武鸣县“三月三”歌圩上，数百名壮家青年男女以罕见的30人板鞋竞速来庆祝自己的节日。30人板鞋竞速十分罕见，一般在非常重大的民族节日里才可能上演。参加者必须步调一致，同心协力，谁要是一个不小心，就会令全队人仰马翻。该运动项目是在“板鞋舞”和“板鞋竞速”的基础上经多次修改、不断提高而定型的竞技形式。2005 年,经过国家民委和国家体育总局的认可,板鞋竞速运动完成了完整的竞赛规则的制定,为其进军全国性的大舞台奠定了基础。

为将广西少数民族竞技运动板鞋竞技推向全国,2006 年 8 月 9 日,在广西首次举行了 2006 年全国少数民族传统体育项目板鞋竞速邀请赛,共有河北、江苏、浙江、湖北、广州、贵州等 7 支区外队伍和广西来宾等地区内队伍参加。壮家儿女独有的板鞋运动第一次从广西走向了全国竞技大舞台。2006 年 7 月,国家体育总局和国家少数民族运动委员会下发通知,板鞋竞技成为 2007 年在广州举行的全国第八届少数民族传统体育运动会的正式比赛项目,广西又为全国民运会增添了一项新的比赛内容。

二、板鞋竞速基本技术

板鞋竞速的基本技术有预备姿势、原地踏步、向前走、快速跑、弯道走、终点冲刺技术。

(一)预备姿势

3 人将脚套进板鞋的鞋套,第 2 名和第 3 名队员分别扶在前 1 名队员腰部或者肩部。

(二)原地踏步—向前走—快速跑

3 人都穿好鞋后,1 人或一齐喊口令“1、2、1”或“左、右、左”原地踏步,步调一致。熟练后,自然向前走,再慢慢过渡到自然跑、快速跑,提高速度。

(三)弯道走—弯道跑

以左转为例,保持身体重心,克服转弯时的倾斜度,走动时整个身体稍向内倾斜,右臂摆动幅度稍大且稍向外,左臂摆幅稍小,右脚前抬时稍向内扣,用前脚掌的内侧扣紧板鞋,左脚稍向外,脚外侧稍用力。自然向前走,再慢慢过渡到自然跑、快速跑,提高速度。在转弯后整个身体逐渐过渡到正常姿势,快速向前跑。

(四)终点冲刺技术

板鞋竞速接近终点时目视前方,上体要稍前倾,两小腿惯性前摆,积极带动两脚前抬加大幅度,快速向前摆动,冲过终点线。

第七节 秋 千

一、秋千运动概述

秋千为我国古代妇女、儿童喜爱,主要在朝鲜族、高山族、白族、纳西族等民族中流行。其起源有几种不同的说法。第一种说法是源于西域,明人王圻的《三才图绘》中记载:“百戏起于秦汉,有弄瓯、吞箭、走火、缘杆、秋千、高翘等类,不可枚举。”第二种说法是源于北方山戎之戏,据清人翟灏的《通俗编》卷三十一引《古今艺术图》说:“春秋时代,齐桓公北伐山戎,看到少数民族中,有人踩在用两根绳子吊在半空中的板子上,晃来晃去,显得十分轻捷矫健,于是就把这种游戏带回了齐国。”第三种说法认为起源于汉武帝时代,据唐代文人高无际在《汉武帝后庭秋千赋》中说:“秋千者,千秋也,汉武帝祈千秋之寿,故后宫多秋千之乐。”也就是说秋千为汉武帝宫中游戏,本为“千秋”,取千秋万寿的祝词,后来才倒读为秋千。南北朝时传入南方,并已形成习俗。到了唐代,秋千活动更为普及,宫廷和民间都开展得相当广泛,每逢寒食、清明、端午等节日,皇宫中都要竖立起秋千架,令嫔妃宫女们尽情玩乐。宫女们身着彩衣绣裙,登上秋千,上下凌空,体态优美,宛若仙女从天上飘飘而降,唐玄宗看得高兴,因而给秋千起了一个颇为贴切的雅号——“半仙之戏”,于是秋千游戏风靡一时。唐代诗人看到秋千的盛况后,信手写下了对秋千的感受,如王维在《寒食城东即事》里有“秋千竞出垂杨里”的诗句；杜甫在《清明二首》中写道“万里秋千习俗同”。王建的《秋千词》中有“身轻裙薄易生力，双手向空如鸟翼”“回回若与高树齐，头上宝钗从堕地”的诗句，描绘了在荡秋千时争强好胜，顾不得头上首饰飘飘落地的情景。刘禹锡的《同乐天和微之深春》一诗中，也有“秋千争次第，牵拽彩绳斜”的描写，刻画出少女们荡秋千时的场面。到了宋代，出现了水上秋千，谓之百戏之一，“一人上蹴秋千，将平架、筋斗掷身入水”（《东京梦华录·梦粱录》），它与今天的跳水颇相类似。当时，女子秋千活动很流行，盛极一时的宋词就集中反映了女子参加秋千活动的情景，并且皆有描述。明朝的秋千活动也很盛行，万历年间太监刘若愚的《酌中志》中写到“清明秋千节也，戴柳枝于鬓，坤宁后宫及各宫皆秋千一架”。明代开先著的《闲居集》中也曾有诗记载，直到清朝，荡秋千的活动仍很盛行。

荡秋千的种类很多，各民族都有自己独特的表演形式和比赛方法。西南地区的纳西族在春节期间有荡秋千的活动，秋千场上人来人往，络绎不绝，单荡、双荡交替频繁，比赛以时间的长短和荡绳高低进行评分，热闹非凡，场面壮观。还有白族每逢春天，各村寨都要进行为期一周的“秋千会”，把美好的祝愿寓意在荡秋千活动中，如说“打一回秋千，平安三百六十五天”等。

荡秋千运动发展到现在，已经成为了一项民族传统体育竞赛运动，基本方法是用两手攀持秋千，腿部协调用力蹬摆，使秋千随着蹬摆的惯性来增高或触碰铜铃。正式比赛只设女子项目，分单人赛（分为单人触铃和单人高度）、双人赛（分为双人触铃和双人高度）和团体赛三种。

二、秋千运动基本技术

（一）握法与站位

绑系安全带方法：每条安全带应能承受100千克的拉力，安全带由一条宽幅的长布两头打结后连成环状，两头分别套在秋千绳和运动员的手腕上。

手握绳高度：双手用拇指压住食指和中指，牢牢地握住秋千绳。套上安全带后，手抓握秋千绳的高度一般在胸至髋关节处之间。

脚站位：系好安全带后，练习者单腿站立，前脚踏在脚踏板上，后脚提踵用前脚掌支撑在起荡台上，脚、背、颈部自然放松，两臂、两膝微屈，调整好呼吸，向裁判员示意准备起荡。

（二）起荡

运动员听到出发令后，吸气，然后双手用力向后向上拉绳，后脚快速用力蹬离起荡台，同时前脚向后上吸提，拉板做“吸板”动作，使身体重心尽量上升，提高起荡瞬间的身体重心高度。后脚蹬离起荡台后，积极上抬与前脚并拢，放置在脚踏板上，人体在脚踏板上尽量后留在脚踏板后，屈腿成半蹲姿势。然后两腿用力向前向下蹬，推出脚踏板，同时双手推绳，使身体向下方运动，以获得较大初速度，开始第一次前摆。

（三）前摆

后脚蹬离起荡台后，两脚踏在秋板上或后摆至最高点时，屈膝、双手向后拉绳、两肩充分拉伸、身体后移、身体重心下降成半蹲姿势，下坠秋千绳；随着秋千绳的摆荡，双腿积极快速地向前下方蹬踏脚踏板，加快秋千的前摆速度，同时，身体重心也随着双腿的蹬伸而继续下坠秋千绳，完成前摆时的第一次蹬伸。接着在秋千绳靠近垂直面之前，双手用力拉绳，两腿屈膝，腰腹用力，使身体重心前移第二次成半蹲姿势；当秋千绳靠近垂直面时，双手用力上拉使双手和秋千绳靠近体侧，双脚的前脚掌向下向后用力蹬板，同时，腰腹用力，向前挺膝、送髋、挺腹、挺胸、抬头屈肘，身体完成挺身起的波浪式动作，当秋千绳前摆至最高点时，身体充分伸展，完成前摆时的第二次蹬伸。在身体将要接近最高点时，两臂用力向体侧打开，完成“分绳”动作，身体积极前移至秋千绳前方，空中形成两臂侧下举直立姿势。

预摆中，当后摆至最高点后，屈膝、双手向后拉绳、身体下降成半蹲，下坠秋千绳，开始完成前摆技术动作，动作要点同第一次前摆要求。

（四）后摆

人体摆至前摆的最高点后，人体随秋千的回摆，双手紧握秋千绳，两臂由分绳的打开回收至腰侧，双腿屈腿半蹲成空中半蹲姿势；然后，两臂向前上推秋千绳，双腿同时向前上蹬脚踏板，完成伸肘、含胸，屈腹、屈髋、伸膝、臀部下坐、躯干成弓形，下坠秋千绳，使身体重心尽量下降，形成空中的悬垂举腿姿势。下坠秋千绳，一是减少了阻力，二是对秋千绳产生向下、向后的拉力。因此身体重心的投影点应尽量低于脚踏板和远离秋千绳。随秋千绳后摆，将要靠近秋千架时，双手用力拉绳，屈膝、两前脚掌向下、向后压板、小腿向后回收完成双腿向后的“吸板”动作，成空中上体稍后仰的屈膝半蹲姿势，接着，在接近垂直面时，双手用力向后、向上拉绳，双腿向后蹬踏脚踏板，腰腹同时用力，身体在空中完成挺身起动作；当人体接近后摆最高点时，两臂用力外展，完成“分绳”动作，身体在脚踏板上，秋千绳后的两臂侧下举直立姿势。

（五）触铃技术

1. 单人高度比赛的触铃技术

在运动员感觉下一次前摆的高度可触到铃时，当后摆至最高点要加快下蹲和站起的速度。身体快接近铃杆时，髋关节充分前挺，重心迅速上提，两臂向身体的方向回收拉绳，上体前贴，两臂保持屈肘贴绳姿势。当整个身体重心全部集中至踏板的一瞬间，踝、膝、髋迅速向上方伸展，重心进一步往上移。身体适宜前倾，用单手或双手触铃。另外还有一种触铃方法，当身体前摆将至最高点时，快速向两侧分绳，收腹举腿用双脚触铃。

2. 单人触铃比赛的触铃技术

触铃比赛是在 10 分钟内运动员尽可能多地触铃以取得优胜的竞赛方式。触铃比赛需要运动员要有很好的耐力，同时运动员的体力消耗非常的大，因此单人触铃比赛的触铃技术与单人高度比赛的触铃技术尽管差不多，但是一般不采用用脚触铃的方法。同时，运动员在摆荡过程中在能够触铃的前提下，应尽量缩短每一个摆荡周期所用的时间，因此要掌握好摆幅，这样既可以减少人体能量的消耗又增加了触铃的次数。

3. 双人高度比赛的触铃技术

当下一次前摆可能触铃时，面对秋千架站立的人（送铃人）要提醒触铃人注意，当双人后摆至最高点时，迅速下蹲和站立，站立后送铃人将身体挺身向前，紧贴对方回收拖绳，将绳拉至身体两侧，当秋千达到最高点的一瞬间，快速向前推手发力，整个身体向前上方腾起，将触铃人向前推出碰铃。同时，触铃人用力回拖绳，将身体向上拉起贴绳，到达最高点时感到送铃人向前推动的一瞬间，快速成向前支撑绳，两臂伸直，锁肩将身体向后上方逿动，身体挺直，稍含胸，下颌微收，头上顶触铃。

4. 双人触铃比赛的触铃技术

其触铃技术与双人高度的触铃技术基本相同；同单人触铃比赛一样，在保证能够触铃的前提下，注意减少身体能量的消耗，掌握好摆荡的幅度，在规定的时间尽可能多的触铃。

（六）停摆动作

高度比赛中触铃成功后或触铃比赛中听到“时间到”的敲锣声时，双手抓稳秋千绳，站立或坐在秋板上随秋千绳自然摆荡，当秋千绳的摆动幅度小于 30° 时，可以随秋千的摆动惯性跳下秋千跑出场地或等待秋千自动停止后跳下。

第八章　休闲体育运动项目实践

第一节　攀　岩

一、攀岩运动概述

攀岩运动是人类利用原始的攀爬本能，借以各种装备做安全保护，攀登岩石构成的峭壁、裂缝、大圆石以及人工岩壁的运动。由于攀岩运动特有的惊险性、刺激性、技术性和趣味性，吸引了众多勇于挑战自我，敢于面对挑战的年轻人参与。它使人们在享受大自然博大胸怀的同时，更能体验到挑战自然、实现自我所带来的刺激、愉悦和成就感。

攀岩运动起源于20世纪50、60年代，但攀岩技术的发展已有一百多年的历史。早在1865年，英国登山家、攀岩运动创始人埃德瓦特首次用简易的钢锥、铁锁和登山绳索等技术装备成功地攀登上了险峰。1890年，英国登山家马默里又改进了攀登工具，发明了打楔用的钢锥和钢丝挂梯以及各种登山绳结，把攀岩技术推进到了新的阶段。但是，难度较大的攀岩竞赛，则是在20世纪50年代末60年代初才出现的。当时在苏联高加索地区的一些地方体协和军队中，率先开始试行攀岩竞赛，逐渐发展为全苏性比赛。1974年9月，苏联和捷克斯洛伐克的登山组织在苏联克里米亚举办了首届“国际攀岩锦标赛”，英国、民主德国、联邦德国、意大利、美国和日本等12个国家的213名选手参加了比赛。此后，国际登山联合会决定，每两年举办一次“国际攀岩锦标赛”，比赛项目有个人攀登赛、个人平行计时赛和小队攀登赛等。

1991年1月，“亚洲攀登比赛委员会”成立，并决定每年举办亚洲竞技攀岩锦标赛。同年12月，在香港举行了首届攀岩锦标赛。当今世界攀岩比赛分两大流派：分别是以苏联为代表的“速度”派和以两欧国家为主的“难度”派。

我国从1987年起已先后举办了多届全国性的攀岩比赛，比赛项目有男/女单人攀登赛、双人结组攀登赛和人工岩场的攀登比赛。

经过近二十年的发展，攀岩运动在我国已得到很好的普及推广。目前，攀岩已成为追求时尚、放纵心情的理想选择；成为对广大青少年学生进行素质教育的有效途径；成为众多户外运动俱乐部引以为傲的拳头产品；成为拓展培训中不可缺少的挑战项目。近几年来，我国每年都举行多次全国性、国际性赛事，且数量越来越多、规模越来越大、层次越来越高、形式越来越丰富。这些赛事的成功举行，逐步建立了我国攀岩比赛的商业运作模式；为国内外攀岩选手提供了众多相互交流的平台；大大提升了中国攀岩的国际地位；吸引了无数中国百姓的眼球。自2001年开始组建国家攀岩集训队以来，我国整体的竞技水平得到了快速提高。通过组建国家集训队，我们培养了一支相对稳定的优秀攀岩运动员队伍。经过几年不懈的努力，我国整体的竞技水平得到了快速提升，达到了亚洲准一流水平。2012年4月，世界杯攀岩赛在重庆大渡口区府广场举行，中国选手钟齐鑫以6.86秒的成绩勇夺第三。

二、攀岩的装备

（一）个人装备

（1）攀岩服装。攀岩运动对服装的一个基本要求就是能防风。另外，服装的透气性也很重要，这一切可使穿着者保持身体的干爽和舒适；攀登岩壁时服装的耐磨性也不可忽视。为了既吸汗又透气，快干衣、裤是不错的选择。这类服装的材料是由一些导水性极强的材料制成的，这些材料具有独特的速干性，有些材料在洗后 10 ~ 15 分钟即可变干。在攀岩的过程中，由于衣服里面会积聚大量的汗液，很容易着凉而引发感冒，在登山或极地探险活动中还会造成冻伤，这类材料在很大程度上解决了这一问题。为了解决保暖的问题，我们可以穿上抓绒材料制成的夹克和背心。抓绒的材质轻，而且保温性好，同等重量的抓绒和同等重量的羊毛相比，抓绒的保暖性要强于羊毛。抓绒材料的导汗性也很不错，缺点是防风性较差，在有些地方不能直接穿着，还必须加上一层防风外套。抓绒夹克加上防风外套这样的组合已成为户外运动中流行的穿着方式。

为了应付多变的天气，在出发的时候还必须配备一件好的外套，外套层服装习惯上也称为全功能外套，它是户外运动服装中非常重要的一部分，能为我们的身体减少一切不必要的损伤。它们的款式有短风衣或束腰夹克式样，大部分还带有帽子。内里服装的不足都可以靠这一层来弥补，像保温层服装大都耐磨性较差，抓绒夹克的防风性也不好，而全功能外套则完全弥补了这些不足。

(2)攀岩鞋。攀岩鞋的选择是穿起来舒适且不痛，趾尖部分要合脚。为了使攀岩鞋寿命更长，应保护好鞋底：使用后将鞋底上的黏土、灰尘、小沙粒清理干净，放在凉爽的地方风干，绝不要暴晒或放在高温处烘干。

(3)头盔。头盔可保护头部，防止落石等东西及坠落时的意外撞击。

(二)技术装备

(1)主绳。绳子长时间使用后，应注意绳子的安全性。攀登绳寿命最简单的判断方法是：室内训练攀登绳，大约几个星期；每个星期数次攀登，2 ~ 6 个月；一个星期一次，大约用 2 年；

当绳子已经变硬，或局部区域有变软或变扁的现象、表皮损坏就应该换掉。当绳子任一端变得毛糙，就剪掉这一节并继续使用剩下的部分绳子，但使用一定要谨慎，一方面它同样已经承受了多次下降的考验；另一方面，确保它在线路上放下时仍足够长。如果在攀登线路时脱落或下降后，应在重新攀登前让绳子收起几分钟，使其恢复一些弹性和承受压力的性能。

（2）绳套。在保护系统中做软性连接，主要有机械缝制和手工打结两种。一般机械缝制的绳套可抗拉力达 22 千牛，而手工打结就很难达到 20 千牛。

（3）安全带。主要是为攀登者和保护者提供一种舒适、安全的固定。安全带分为可调式和不可调式两种。每次使用安全带时，应对安全带的安全性能进行检查，尤其是长时间使用安全带。安全带保护套起毛或断裂，就应及时更换。使用时也应尽量避免灰尘、暴晒、脚踩等。

（4）镁粉及粉袋。镁粉的使用主要是在室内攀岩，以防手出汗时出现手滑现象或吸收岩壁表面的水分，以增大摩擦力。为了较方便使用，镁粉一般存放在粉袋里，粉袋系在安全带上，在攀登难度大的岩壁或线路时使用。

（5）保护器。在保护和下降过程中，通过它与保护绳之间产生的摩擦力来减少操作者所需要的握力。保护器有很多种，但只有几种适用于攀岩。常见比较好的保护器有“8”字环、管状保护器和自动保护器“GRIGRI”。

（6）上升器。在单绳技术中解决向上运动的器械，可左手握和右手握，适用于不同用手习惯的攀登者。

（7）铁锁和快挂。用于连接主绳与安全带。

（8）螺栓。现代竞技攀登一般用直径 3/8 ~ 1/2 英寸的膨胀螺栓，这是一种拉起式螺栓，也是现有最好的岩石作业用的螺栓之一，适合于各种岩石表面，其安装容易、简便而且牢固。

（9）挂片。随着竞技攀登的迅速流行，出现了大量新式螺栓挂片，从初级的、手工制作的挂片到光滑而结实的专用挂片都有。

使用者应注意挂片上是否有裂痕或变形。

（10）岩锥。金属做的钉子，在攀登的时候可以敲进岩缝做成一固定点。

（11）绷带。绷带的使用是保护疼痛的手指或关节，保护擦伤或破皮的指尖以及其他一些用处。

（12）保护垫。在岩壁的下面，都会放一块保护垫，在下降或脱落时可以起到减震和保护作用，减少脚后跟和脚踝扭伤的危险。

三、攀岩的基本动作技术

（一）基本动作

抓——用手抓住岩石的凸起部分。

抠——用手抠住岩石的棱角、缝隙和边缘。

拉——在抓住前上方牢固支点的前提下，小臂贴于岩壁，抠住石缝隙或其他地形，以手臂和小臂使身体向上或向左右移动。

推——利用侧面、下面的岩体或物体、以手臂的力量使身体移动。

张——将手伸进缝隙里，用手掌或手指曲屈张开，以此抓住岩石的缝隙作为支点，移动身体。

蹬——用前脚掌内侧或脚趾的蹬力把身体支撑起来，减轻上肢的负担。

跨——利用自身的柔韧性，避开难点，以寻求有利的支撑点。

挂——用脚尖或脚跟挂住岩石，维持身体平衡，使身体移动。

踏——利用脚前部下踏较大的支点，减轻上肢的负担，移动身体。

（二）基本技术

攀岩要有良好的身体条件，但更重要的要有熟练的技术。学习攀登技术实践性很强，必须在不断攀登中练习，如果能有技术熟练者在旁指导，将能收到事半功倍的效果。

1. 手法

攀登中用手的根本目的是使身体向上运动和贴近岩壁。

岩壁上的支点形状很多，常见的也有几十种。攀登者对这些支点的形状要熟悉，知道对不同支点手应抓握何处，如何使力。根据支点上凸凹的位置和方向，有抠、捏、拉、攥、握、推等方法。但也不要拘泥于某种方法，同一支点可以有多种抓握的方法，比如有种支点是一个圆疙瘩上面有个小平台，一般情况是把手指搭在上面垂直下拉，但为了使身体贴近岩壁，完全可以整个捏住而平拉。又如有时要两只手抓同一支点时，前手可先放弃最好抓握处，让给后手，以免换手的麻烦。抓握支点时，尤其是水平用力时，手臂位置要低，凭借向下的拉力加大水平磨擦力。要充分使用拇指的力量，尽量把拇指搭在支点上。对于常见的水平浅槽的支点，可把拇指扭过来，把指肚一侧扣进平槽，或横搭在食指和中指指背上，都可增加很大力量。

攀登中手指的力量十分重要，平常可用指卧撑、引体向上、指挂引体向上、提捏重物等方法练习。现在国外一些高手已能达到单指引体向上的力量水平。在攀登较长路线时可选择容易地段两只手轮换休息。休息地段要选择没有仰角或仰角较小，且手上有较大支点处，休息时双脚踩稳支点，手臂拉直（弯曲时很难得到休息），上体后仰，但腰部一定要向前顶出，使下身贴近壁，把体重压到脚上，以减小手臂负担，做活动手指、抖手动作放松，并擦些镁粉，以免打滑。

2. 脚法

攀岩时腿脚的运用非常重要，腿的负重能力和爆发力都很大，而且耐力强，攀登中要充分利用腿脚力量。

攀岩一般都穿特制的攀岩鞋，鞋底由硬橡胶制成，前掌稍厚，摩擦力大，鞋身由坚韧的皮革制成，鞋头较尖。穿上这种鞋，在不到1厘米宽的支点上都可以稳固地支撑全身重量。在选购这种鞋时,易小不易大,鞋越紧脚,发力时越稳固。一些选手比赛时甚至要在挂钩的辅助下穿鞋。

攀岩时用到脚的部位只有鞋正前尖、鞋尖内侧边、鞋尖外侧边和鞋后跟(主要是翻屋檐时用来挂脚),而且攀爬过程中只能踩进一指左右的宽度,不能太多。如果实行换脚、转体等动作,需把整个脚掌放上去,为的是使脚在受力的情况下能够左右旋转移动。

换脚是一项基本的技术动作,攀登中经常使用,换脚时要保证平稳,不增加手上的负担。以右脚支撑换到左脚支撑为例,先把左脚提到右脚上方,右脚以脚在支点上最右侧为轴逆时针(向下看)转动,把支点左侧空出来(体重仍在右脚上),左脚从上方切入,踩点,右脚顺势抽出,体重过渡到左脚。动作连贯起来,右脚从支点滑出,左脚同时滑入,体重一直由双脚负担,手只用来调节平衡。有些初学者换脚时是前脚使劲一蹬,跃起,后脚准确地落在前脚原在的支点上,看起来十分利落,但实际上是错的,因为这样一方面使手指受力较大,另一方面造成身体失衡,更重要的是在脚点较高时无法用这种方法换脚。双脚在攀登过程中除了支撑体重外,还常用来维持身体平衡。脚并不是总要踩在支点上,有时要把一条腿悬空伸出,来调节身体重心的位置,使体重稳定地过渡到另一只脚上。

3. 移动重心

攀登中,应明确地意识到自己重心的位置,灵活地控制重心的移动。移动重心的主要目的是在动作中减轻双手负荷,保持身体平衡。通常通过推拉腰胯和腿平衡来达到调节重心的目的。腰是人体的中心,它的移动直接带动重心的移动,较大的移动往往形成一些很漂亮的动作。把腿横向伸出,利用腿脚的重量来平衡身体也是常见的做法。

初学动作时大都十分盲目,不知道去体会动作,只想提升高度，其实初学者最好不要急于登高，先做一段时间的平移练习，即水平地从岩壁一侧移到另一侧，体会重心、平衡、手脚的运用等基本技术。在最基本的三点固定、单手换点时，一般把重心向对侧移动，使手在没离开原支点之前就已经没有负荷，可以轻松地出手；横向移动时，要把重心向下沉，使双手吊在支点上而不是费力地抠拉支点。一般情况下，应把双脚踩实，再伸手够下一支点，而不要脚下虚踩，靠双手上拉使身体上移。一定要注意体会用腿的力量顶起重心上移，手只是在上移时维持平衡。

攀爬时身体要尽量贴近岩壁，可常见一些高手往往身体离岩壁很远，这是因为常用的侧拉、手脚同点、平衡身体等技术动作的准备动作需要与岩壁间有一定空间，只是身体上升的一刻，身体才贴向岩面。

4. 侧拉

侧拉是一项很重要的技术动作，主要在过仰角及支点排列近于直线时使用，它能极大地节省上肢力量，使一些原本困难的支点可以轻易达到，在过仰角地段时尤其被大量采用。其技术要点是身体侧向岩壁，以身体同侧手脚接触岩壁，靠单腿支撑身体重量，同侧手抓握上方支点，另一只腿伸直用来调节身体平衡。以左手抓握支点为例，身体朝左，右腿弯曲踩在支点上，左腿用来保持平衡，右腿蹬支点发力，右手伸出抓握上方支点。

由于人的身体条件，膝盖是向前弯曲，若面对岩壁，抬腿踩点必然受到阻碍，如果身体侧向岩壁就可以很好地解决这一问题，身体离墙更近，使脚能够承受更多的体重，而且可以充分利用自身的高度，达到更高的支点。一次侧拉结束后，视支点位置可做第二个连续侧拉。双手抓稳后，以支撑脚为轴转体，脸转向对侧，平衡腿在支撑腿前交叉而过，以脚尖外侧踩下一支点，这时平衡腿变成了支撑腿，自由手变成了支撑手，完成第二次侧拉。其间支撑脚踩点一定要少，否则不易做转体动作。

侧拉动作有以下方面应当注意：身体侧向岩壁；支撑脚应

以脚尖外侧踩点,不要踩得过多,以利换脚或转身;若要踩的点位置较高,可侧身后双手拉牢支点,臀部向后坠,加大腰前空间,抬脚踩点,再双手使劲把重心拉回到这只脚上,另一条腿用来保持平衡用;支撑手只负责把身体拉向岩壁,身体完全由单腿发力顶起,以节省手臂力量;发力前把腰肋顶向岩壁,体重转到脚上,切忌过度放松身体,使身体下坠,这点在攀爬仰角时尤为注意;自由手应在发力前就向上举起,把肋部贴向岩面,如果蹬起后再把手从身下移到头上,中间必会把身体顶离岩壁,加大固定手的负担。

5. 手脚同点

手脚同点是指当一些手点高度在腰部附近时,把同侧脚也踩到此点,身体向上向前压,把重心移到脚上,发力蹬起并伸手抓握下一支点,这期间另一只手用来保持平衡。手脚同点技术主要用在支点比较稀少的线路上。

手脚同点的岩壁支点较少,且身体上升幅度大。若支点较高,应将身体稍侧转,面向支点,腰胯贴墙向后坠,腾出空间抬腿,不要面向岩壁直接抬腿。脚踩实后,另一脚和双手同时发力,把重心前送,压到前脚上,单腿发力顶起身体,同侧手放开原支点,从侧面滑上,抓握下一支点,另一手固定不动调整身体平衡。

6. 节奏

攀岩讲究节奏,讲究动作的快慢和衔接。每个动作做完,身体都有一定的惯性,而且,一旦上一动作正确到位,身体平衡也不成问题,这时可以利用这一惯性直接冲击下一支点,两个动作之间不作停顿,这样原本觉得困难的点也被轻易击破。如果过分求稳,一动一停,每个动作前都要先移动重心、调节平衡,然后开始发力,必然导致大量体力的消耗。

动作要连贯但不能粗糙,各个细节要到位,上升时一定要由脚发力,不能因为求快而手拉脚蹬,手主要的作用是保持平衡和使身体靠近岩壁。动作不要求太快,每个动作做实,一般做一两个连贯动作稍微停顿一下,用来调整重心,观察、选择路线。困难地段快速通过,容易地段稳定、调整。连贯—停顿—连贯—停顿,间歇进行,连贯动作时手脚、重心调整一定要到位,到达一支点后要尽快恢复身体平衡。有必要时,可选好地段稍作休息,放松双手。

四、攀岩的保护技术

攀岩者是在保护人通过攀岩绳给予的保护下进行攀登的。攀岩绳的一端通过铁锁或直接与攀岩者腰间的安全带连接,另一端穿过与保护者腰间安全带相连的铁锁和下降器,中间则穿过一个或多个固定的安全支点上的铁锁。保护者在攀岩者上升时不断送绳(或收绳),在攀岩者失手时,拉紧绳索制止其坠落。攀岩者发生突然坠落时,冲击力是很大的,若保护者直接手握绳索很难拉住,而利用攀岩绳,可以通过绳索与铁锁及下降器的摩擦力抵消冲击力。由于在保护支点上有很大的摩擦力,所以体重较轻的人是可以保护体重较重的人的,但保护者必须具有熟练过硬的技术、强烈的责任心。保护的形式一般按保护支点的相对位置分为上方保护和下方保护。

(一)上方保护

上方保护是保护支点在攀岩者上方的保护形式,与之对应的攀登方式为顶绳攀登。在攀岩者上升过程中,保护者不断收绳,使攀登人胸前不留有余绳,但也不要拉得过紧,以免影响攀岩者行动,这点在登大仰角时尤应注意。上方保护对攀岩者没有特殊要求,且攀岩者发生坠落时受到的冲击力较小,较为安全。保护人收绳时,应注意随时要有一只手握住下降器后面的绳索(或把下降器两头的绳索抓在一起),只抓住下降器前面的绳子是难于阻止攀岩者坠落的。

1. 基本步骤

操作程序如下：

（1）攀岩者与保护者各自做好准备（穿戴好装备）。

（2）相互检查（即使是一个训练有素的老手，也要检查）。重点：”8”字环、安全带，铁锁是否拧紧。

（3）攀岩者向保护者发出“开始”信号。

（4）保护者向攀岩者发出“可以开始”信号。

（5）开始攀登、保护（保护严格按照五步操作法）。

（6）攀岩者登顶后发出“下降”信号。

（7）保护者发出“可以下降”的信号，开始放绳。

（8）攀岩者返回后，向保护者表示感谢。

2. 注意事项

（1）起步时绳子稍紧一些，以防开始就脱落。

（2）精力集中，密切关注攀岩者的行动，力求有一定的预见性。

（3）任何时间都有一只手紧握通过下降器的绳子（右手随时制动）。

（4）选择最佳的位置和站立姿势。

（5）收绳子时双手协调配合。

（6）放绳子时，要缓慢匀速。

（二）下方保护

这是保护支点位于攀登人下方的保护方式，与之对应的攀登方式为先锋攀登。没有上方预设的保护点，因而要求攀岩者在上升过程中，不断把保护绳挂入途中保护点（快挂）上的铁锁中。保护点可以是预先设置好的，也可以是在攀登过程中临时设置的。下方保护是先锋攀登唯一可行的保护方法，实用性较强，而且是国际比赛中规定的保护方法。但这种保护方法要求攀岩者自己挂保护，而且发生坠落时，坠落距离大，受到的冲击力强，因此一

般由技术熟练者使用。下方保护操作程序与上方保护相同,要注意给绳和收绳的时机。注意事项:

(1)起步时保护者要站在攀岩者下方,双手张开,以防其开始就脱落。

(2)精力集中,密切关注攀岩者的行动,力求有一定的预见性。

(3)任何时间都有一只手紧握通过下降器的绳子(右手随时制动)。

(4)选择最佳的位置和站立姿势。

(5)双手协调配合,根据需要随时收、放,松紧度适中。

(6)脱落时,不能立刻收紧绳子,要给予一定缓冲。

(7)攀岩者处于或可能处于危险状态时,要及时给予提醒。

第二节　越　野

一、定向越野概述

定向越野是指利用地图与指北针穿越一个未知的地区。定向越野是定向运动的主要比赛项目之一。

所谓定向运动是指利用地图和指北针到访地图上所指示的各个点标,以最短时间到达所有点标者为胜。定向运动通常设在森林、郊外和城市公园里进行,也可在大学校园里进行。野外定向是一项高度发挥个人智慧和体能的野外运动。参加者需凭个人定向技术、地图阅读能力、指南针运用及自己思考判断,在陌生野外环境中寻找赛会预先放置的各控制点。

控制点的位置是预先绘在地图上的,当参加者到达控制点时可以找到控制点标志,它是三面一方尺(30cm×30cm)的旗号,对角分为白色和橙红色,控制点编号印在上方白色的位置,参加者利用附在标志上的密码夹在控制点适当位置上打孔作记,证明他曾到达该处。但控制点与控制点之间的路线却没有限制,通常两点之间的路线会有两个以上的选择，寻找完成所需到达之控制点后，必须返回终点报到。

二、定向越野技术

（一）野外辨别方向

1. 利用地物特征

下述地物可以帮助我们辨别方向：

（1）房屋：房屋一般门朝南开，在我国北方尤其如此。

（2）庙宇：庙宇通常也南向设门，尤其是庙宇群中的主要殿堂。

（3）树木：树木通常朝南的一侧枝叶茂盛，色泽鲜艳，树皮光滑，向北的一侧则相反。同时，朝北一侧的树干上可能生有青苔。

（4）凸出地物：例如墙、地埂、石块等，其向北一侧的基部较潮湿，并可能生长苔类植物。

（5）凹入地物：例如河流、水塘、坑等，其向北一侧的边缘（岸、边）的情况与凸出地物相同。

2. 利用太阳与时表

上午 9 时至下午 4 时之间按下面这句话去做，就能较快地辨别出概略的方向："时数折半对太阳，'12' 指的是北方"。如在上午 9 时，应以 4 时 30 分的位置对向太阳；如在下午 2 时 40 分（即 14 时 40 分），则应以 7 时 20 分的位置对向太阳，此时"12"字的方向即为北方。为提高判定的准确性，可在"时数折半"的位置上竖一细针或草棍，并使其阴影通过表盘中心，如图 8-1 所示。

需要注意的是：

（1）"时数"是按一日 24 小时而言的，例如下午 1 时，就是 13 时；

（2）在判定方向时，时表应平置（表面向上）；

（3）此方法在南、北纬度 20° 30′ 之间地区的中午前后不宜使用；

（4）要注意时差的问题。即要采用“以标准时的经线为准，每向东 15° 加 1 小时，每向西 15° 减 1 小时”的方法将标准时间换算为当地时间。

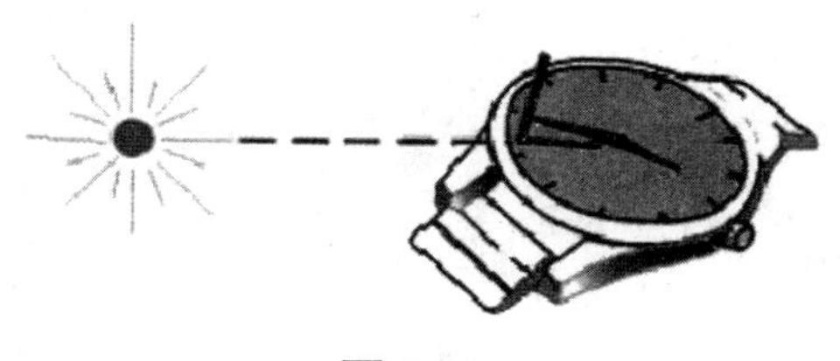

图 8-1

3. 利用指北针

当指北针的磁针静止后，其 N 端（通常都有标志）所指的方向即为北方。利用指北针辨别方向是十分简便快捷的，但是需要注意。

（1）尽量保持指北针水平；

（2）不要距离铁、磁性物质太近；

（3）不要错将磁针的 S 端当做北方，造成 180° 的方向误判。

4. 夜间利用星体

（1）利用北极星

北极星位于正北天空，观察时，其距离地平面的高度约相当于当地的纬度。寻找时，通常要根据北斗七星（即大熊星座）或 W 星（即仙后星座）确定。北斗七星是七个比较亮的星，形状像一把勺子，将勺头 α β 两星连一直线向勺口方向延长，约为 α β 两星间隔的五倍处，有一颗略暗的星，即北极星。如图 8-2 所示。

当地球自转，看不到北斗七星时，则可利用 W 星寻找。W 星由五颗较亮的星组成，形状像个“W”字母，向 W 字缺口方向延伸约为缺口宽度的两倍处，就是北极星。

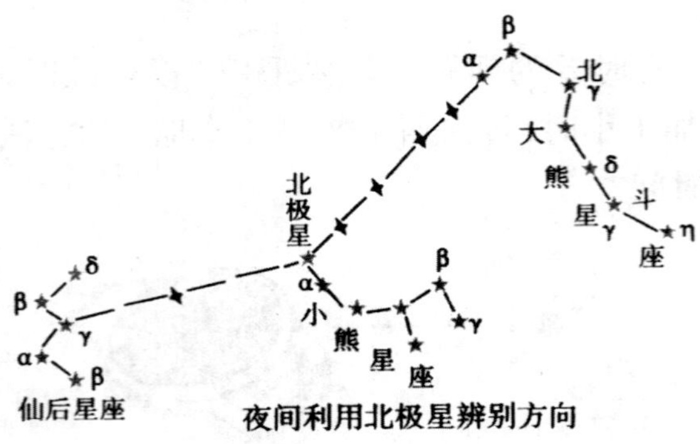

图 8-2

（2）利用南十字星

在北纬 23° 30′ 以南的地区，夜间有时可以看到南十字星，它也可以用于辨别方向。南十字星由四颗较亮的星组成，形同"十"字。在南十字星的右下方，沿 α γ 两星的连线向下延长约该两星的四倍半处（无可见的星），就是正南方（图 8-3）。

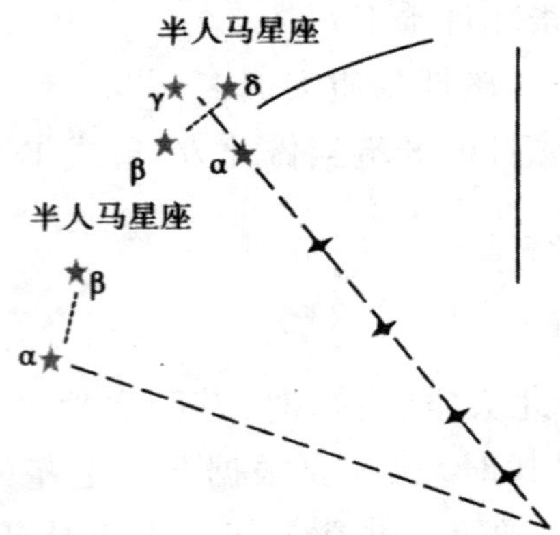

图 8-3

（二）使用越野图的比例尺

比例尺是地图上最重要的参数之一。要想学会识别、使用越野图，首先应懂得地图比例尺。

1. 比例尺的概念

图上某线段的长度与相应实地水平距离之比，叫做地图比例尺。

地图比例尺＝图上长度 / 相应实地水平距离

如某幅图的图上长度为 1 厘米，相应实地的水平距离为 15000 厘米，则这幅地图是将实地缩小 15000 倍测制的，1 与 15000 之比就是该图比例尺，叫 1∶15 000 或 1∶1.5 万地图。

2. 比例尺的特点

（1）比例尺是一种没有单位的比值，相比的两个量的单位必须相同，单位不同不能成比。

（2）比例尺的大小是按比值的大小衡量的。比值的大小，可按比例尺分母来确定，分母小则比值大，比例尺就大；分母大则比值小，比例尺就小。如 1∶1 万大于 1∶1.5 万，1∶25 万小于 1∶1 万。

（3）一幅地图，当图幅面积一定时，比例尺越大，其包括的实地范围就越小，图上显示的内容就越详细；比例尺越小，图幅包括的实地范围就越大，图上显示的内容就越简略。

（4）比例尺越大，图上量测的精度越高；比例尺越小，图上量测的精度也就越低。

3. 图上距离的量算

（1）用直尺量读

当利用刻有“直线比例尺”的指北针量读时，可根据刻在尺上的数值在图上直接读出相应实地的距离。

当利用“厘米尺”量读时，要先从图上量取所求两点间的长度，然后乘以该图比例尺分母，即得出相应的水平距离（需将结果换算为米或 k 米）：

实地距离 = 图上长度 × 比例尺分母

如在1∶1.5万越野图上量得某两点间的距离为3毫米(0.3厘米),则实地水平距离为:

3毫米 ×15 000=45 000毫米(45米)

当量算某两点间的弯曲(如公路)距离时,可将曲线切分成若干短直线,然后分段量算并相加。

(2)估算法

估算法又叫心算法,这种方法在定向越野比赛中最有实用价值。要掌握它,需要具备下述两方面能力。

①能够精确地目估距离,包括图上的距离和现地的距离。在图上,能够辨别0.5米以上尺寸的差异;在现地,目估距离的误差不超过该距离总长度的1/10,如某两点间的准确距离为100米,目估出的距离应在90 ~ 110米之间。

②熟知几种图上常用的尺寸单位与相应实地水平距离的对应关系,如在1∶1.5万图上,1毫米相当实地15米,2毫米相当实地30米,1厘米相当实地150米等。

③图上量算距离应注意的问题。从越野图上量得的距离,不论是直线还是曲线距离,都是两点间的水平距离。如果实地的地形平坦,图上所量距离接近于实地水平距离;如果实地两点间的地形起伏,则两点间的实际距离大于图上量得的水平距离。因此,在计算行进里程时,必须根据地形的起伏情况进行具体分析,将图上量得的距离加上适当改正数。

④越野图的注记。越野图的注记主要分为三类:

地名注记:在越野图上,地名的表示并不重要,除非对运动员判定方向与确定站立点非常有用,地名(包括村镇、河流、高地等)一般不表示。

高度注记:高度注记分为等高线注记(注在等高线上)、高程注记(地面高程注记绘有测注点“.”,水面高程注记旁则不绘测注点)和比高注记三种。

图外说明注记:越野图图外说明注记包括比例尺、等高距、图名、图例、出版单位、出版时间、成图方法、用图要求等。有时越野图上还会印有检查卡片、检查点说明表、赞助人广告等。

（三）越野跑

虽然从总的方面来说定向越野的成绩是由野外定向和识图用图的能力决定的，但问题是，在野外人们应该掌握什么样的奔跑技术，注意哪些问题才能发挥更大的体能优势，在比赛中既有高速度、长距离，又能避免一切可能发生的危险？这就是说，要想取得更好的定向越野成绩，还需要经过科学的越野跑训练。

（四）选择比赛路线

果断、细心、迅速地选择最佳的行进路线，是定向越野比赛中取胜的重要手段。选择最佳行进路线的能力是建立在掌握其他定向越野技能，尤其是识图用图能力基础之上的，是体能与技能在比赛中的综合运用。选择路线时需要考虑各种选择的可能性，两点之间通常有多种选择，直线距离并不总是最佳选择。因此，选择路线的标准应该是安全性能最高以及体能消耗最少，易于发挥自己的技能和体能优势。如遇到高地、地坡、围栏之类的障碍时，是翻越还是绕行？当遇到密林、沼泽、水塘之类的障碍时，是通过还是绕行？另外，不同地形对奔跑速度也有影响，公路、空旷地、森林、山地或树林等不同地形，所需的时间也不同。

因此，选择路线要遵循下述原则：尽量沿线形地貌（公路、输电线、小径、湖边等）行进，在线形地貌上容易确定站立点，使运动员更具信心；地面相对平坦，有利于提高奔跑速度，走高不走低；如果不得不越野，应尽量在高处（如山脊、山背）行进，避免在低处（如山谷、凹地）行进。因为，地势高，展望好，便于确定站立点和保持行进方向，高处通风、干燥，荆棘、杂草、虫害及其他危险少。在山脊这样的地方，常常会有放牧、砍柴的人踏出的小路，利用它，便于提高奔跑速度。在实际操作中，仅依靠上述一般原则决定路线的选择还不够，还要让自己的“感觉”或“估计”变得更有科学依据，才有可能更快地提高定向越野成绩。

(五)使用国际定向越野地图

1. 越野图的符号

识别越野图的符号对于正确地使用越野图是十分重要的。而识别符号不能靠机械地记忆,需要了解它们的制定原则,了解符号的图形、色彩和表意之间的逻辑联系,这样才能根据符号联想出每一种地面物体的外形、特点和它的专门功能。

如同其他地形图一样,越野图也要求完整而详细地表示地貌、水系、建筑物、道路、植被和境界,即所谓“地图的六大要素”。与其他地图图种相比,国际定向越野使用的地图(以下简称越野图)是一种更为清晰易读,便于在野外进行中使用的专用地图。

根据定向越野比赛的特殊需要,国际定联将越野图的符号分成五类:

(1)地貌用棕色表示

这类符号还包括小丘、小洼地、土崖、冲沟、陡坡、土垣等表示地面详细形态的专门符号。

(2)岩石与石块用黑色表示

岩石与石块是地貌的特殊形式,它们既可以为读图与确定点位提供有用的参照物,又可以向运动员表明是危险还是可奔跑通行的情况。为使它们明显地区别于其他地貌符号,这一类符号使用了黑色。

(3)水系与淤泥地(沼泽地)用蓝色表示

这类符号包括露天的明水系和水生或沼泽生的植物。

(4)植被用空白或黄色和绿色普染表示

植被情况的详细区分和全面表示非常重要。植被是按下列基本原则表示的:

白色(空白):指一般性起伏地上的树林的密度适度,地面上无阻碍行进的灌木或杂草丛,可以按正常速度奔跑的地区。

黄色:空旷的地域。分为空旷地、半空旷地及凌乱的空旷地。

绿色：树林中密度较大的地区。按可跑性分为：慢跑，使正常跑速降低 20% ~ 50%；难跑，使正常跑速降低 50% ~ 80%；通行困难，使正常跑速降低 80% ~ 100%。

上述可跑性的区分均取决于树林的生态，如树种、密度及矮树、草丛、蕨类、荆棘、荨麻等的生长情况。

（5）人工地物用黑色表示

包括各种道路、房屋、栅栏、境界等地图符号。

2. 读图的规则

（1）要完整、正确地理解越野图

越野图不是地面客观存在的机械反映，它是通过制图工作者采用取舍、概括、夸大、移位等制图综合方法完成的。因此，图上物体的数量、形状、大小、精确位置等与实地并非总是完全一致的。例如：

——在多种地物聚集的地方只表示了对运动有价值的，其他地物通常不表示或仅象征性地选择表示；

——山背上、河岸边的细小凸凹，图上不可能全部表示，仅表示出了它们的概略形状；

——公路、铁路等线状地物，其符号的宽度是夸大了的。地图比例尺越小夸大程度越高，这必然引起线状地物两旁其他符号的移位，因此这些符号的位置就不可能十分精确。

（2）要有选择地了解地图的内容

读图时不能漫无边际什么都看，而应有选择地把注意力集中在与解决如何定向和越野跑问题有关的地域和内容上。可以先综合扫视一下图上的比赛地域，而后确定需要重点考察的内容，进而获取需要的信息。

（3）要对各类符号进行综合阅读

不能孤立地看待地物或地貌的单个符号，而应将它们与地貌和其他地形要素联系起来阅读。即不仅要了解它们的性质，还要了解它们之间的方向、距离、高差等空间位置关系，从而明确这些要素对竞赛的综合影响。

(4)要注意读图与记图的关系

读图时,要边理解边记忆,对在竞赛中可能有助于判定方位与确定站立点的各种要素更应如此。有效的读图应转变为这样一种能力:比赛中不必过多而频繁地查看地图就能在自己的意识中清楚地再现从图上得到的信息,并根据自己的记忆快速而准确地确定自己在图上的位置、下一步的运动路线和方向。

(5)要考虑现地的可能变化

虽然越野图的测制十分强调现势性,但由于人工或自然的原因造成地形变化是不可避免的,有时甚至是十分迅速的,因此,读图时必须根据图廓外说明注记中注明的测图时间,考虑图上表现内容落后于现地变化的可能性。一般地,测图时间距离使用时间越久,图上与现地之间的差异就会越大。

第三节　钓　鱼

一、钓鱼运动概述

垂钓,在我国有着悠久的历史,很多古籍如《战国策》、《吕氏春秋》、《史记》、《水经注》等都有记载。据传3 000多年前,姜太公垂钓于渭水,巧遇文王而被封侯拜相,从而流传下了一段民间佳话——姜太公钓鱼,愿者上钩。

时至今日,随着人民生活水平的不断提高,闲暇时间的不断增多,垂钓这种陶冶情操、有益于身心健康的活动,愈来愈受到人们的喜爱。

垂钓是一种身静脑动、身心并用、静中有动、以静待动的运动。当鱼在水下捕食鱼饵时,只待浮漂一动的刹那间立即运用臂腕力,通过竿、线、钩巧妙的传导而将鱼儿钩牢,这种抖竿提鱼动作锻炼了人的思维，能训练人观察、判断和决策的稳、准、快而又恰到好处。经常进行垂钓活动，有利于促进肩周炎、颈椎病、支气管炎、肺气肿、消化性胃溃疡、慢性胃炎、消化不良、习惯性便秘、慢性肝炎、高血压、冠状动脉供血不足等多种疾病的治愈或好转。

二、钓具的准备

“工欲善其事，必先利其器”，因此，学钓鱼者第一件事就是准备钓鱼者使用的工具——钓具。选用钓具，说简单也简单，因为，一副装备齐全的手竿也就 10 件左右的钓具，海竿的钓具更简单。说复杂也复杂，因为在钓鱼时，水面有大有小，有深有浅，所钓的常见淡水鱼有 10 多种，由于这些不同的环境，不同的鱼种，所使用的钓具也有差别，若选择不当，针对性就不强，钓鱼效果也就不好。所以，钓具的选择要根据具体的情况，有差别的进行选择。

（一）工具预备

1. 必备工具

渔竿、绞轮（渔绞）、渔丝（作子线用）、渔具箱或分类盒（内盛钩、铅锤、拧圈）、剪刀。

2. 后备用具

后备竿和绞轮、后备铅锤和渔钩（不同大小）、丝排（渔排、手钓用）。

3. 鱼饵

虾（如经济些可用死虾）、沙虫、蚯蚓、面食等。

4. 辅助工具

鱼笼、手捞网、刀、磨石、浮泡、竿座、冰箱、水桶和气泵。

5. 食品和水

随个人喜好。

6. 救伤用品

胶布、手提电话(求救用)。

(二)功能各异的钓具

在制作或选购渔具时,必须认真对待,精心加工或仔细挑选。根据垂钓需要,现将钓鱼的主要装备——竿、线、钩、轮、坠、漂等作个概要介绍。

1. 渔竿

渔竿是钓具的主体部分,渔线、渔钩、铅坠、浮漂等,都是与渔竿相配套而联结为一体的。近年来,传统的竹、苇竿或竹苇混合制成的渔竿已基本不再使用,取而代之的是各式各样的现代化渔竿,如玻璃钢竿、碳素竿及玻璃纤维与碳素纤维混合制造的渔竿等。这些渔竿的特点是重量轻,弹性好,韧性大,耐弯曲,抗水性强,不怕虫蛀,操作灵便,外形玲珑美观。另外还有电脑全自动钓鱼器和可调式渔竿架等,深受钓者喜爱。

在选购渔竿时,要注意把好三关:一是外观完好无硬伤,带划痕、凹坑或挤变形的不能要;二是结构严紧配件齐全,尤其是抽拉式、插接式等多节竿,凡衔接部位松动、易脱节并存有潜在裂缝的不能要;三是总体强度和韧性符合要求,不坚挺柔韧、不耐弯曲或有其他折竿征兆的均不能要。若参加钓鱼比赛,必须选购制式渔竿,一般是每人一只手竿、一只海竿,或任选其一。平常垂钓,也可以自选材料、自制渔竿,自己用着得心应手就行。

2. 渔线

渔线的粗细、拉力、透明程度以及染色的好坏,都会直接影响上钩率。目前市售渔线，多是单丝尼龙线。按照垂钓需要，应分为三种。一是人工合成尼龙渔线，包括单丝尼龙线、多股锦纶线。单丝尼龙线抗拉力强、韧性大、不吸水、耐腐蚀、透明度高，应用极为广泛。但在寒冷季节垂钓，线会变硬发脆；长期在阳光下曝晒易老化。锦纶线质地柔软，耐压抗碰，耐磨抗冷。但线径较粗、不透明、隐蔽性差、抗拉力低，除少数钓者用其冬钓外，通常用它制缆绳、养鱼网箱、编抄网和渔护等。二是天然纤维渔线，包括蚕丝线和棉线，既柔软又耐低温，是冬钓的适用线。尤其是蚕丝线，具有天然浅黄色，隐蔽性好，抗拉力强，用它作脑线，一般淡水凶猛鱼不易将其咬断。三是金属渔线，包括铜线、镍线等。目前市售很少，可以自筹。如报废的铜芯细电线、多股电话线等，剥掉绝缘层取出细丝即可使用，主要用作脑线，以适应垂钓凶猛鱼类的需要。

在选购渔线时，最好实际测试其拉力。方法是用布袋装沙子，拴线吊起，把线拽断时的沙子重量就是该线的实际拉力，将其与标定的标准对照，即可判定是否合格。另外，将线揉成团，用双手挤压。松开后看其能否在瞬间自动复原，很快复原无褶痕的，说明该线柔韧性好。同时，还要观察有无硬伤、松劲现象。如是彩色花线，要用手捻一下，看是否掉色。经过检查，只要发现残次品征兆，就不要购买。

3. 渔钩

按照使用目的，渔钩可分为生产性捕钩和娱乐性垂钓钩两大类。前者钩条粗、钩门大；后者钩条细、钩门小。渔钩由钩柄、钩底、钩尾三部分组成。以钩体的部位来说，渔钩可分柄头、钩柄、钩背(底)、钩端、钩尖、钩刺六个部分。柄头的作用是使缚的线不易滑出。有直扁头、侧扁头、带圈头、带刺头等多种形状，只要不太大或太小，一般不须讲究。钩柄有长有短，长柄钩适用于串蚯蚓、昆虫等长形饵，短柄钩适用于串面筋、饭粒等小颗粒饵。钩背有圆背、平背、斜背、拱背等形状。圆背钩能承受的拉力最大，平背较差。如果钢性好,拱背钩上钩后最易脱落。钩背还有宽窄的不同。柄与端的距离就是背的宽度。太窄了,刺进鱼嘴着肉小,鱼容易挣脱;太宽了,所能承受的拉力相对减弱。理想的宽度是根据整个钩子的大小,(并考虑钩条的粗细)使钩端、钩背、钩柄三者基本上构成一个圆形。钩子大了,圆形也大,宽度增大。鱼上钩后,钩背起着主要的受力作用,钩形的不同主要体现在钩背上,最值得研究。钩端的长短意味着进钩后着肉的深浅。长了,着肉深,但不易进钩;短了,易进钩,也容易脱钩。钩端还有正直、内斜、外倾的不同。这三种钩形以正直的最合理;内斜的不易脱钩也不易进钩;外倾的容易脱钩。钩尖要求锋利。但过于锋利了一碰到水草什么的很容易被钩住,串蚯蚓也较困难,无锡钩是较好的选择。倒刺要求清楚。过长了退钩麻烦,过短了会失去倒刺的作用。选择渔钩除了讲究钩形,还要注意钢条的质量,太脆太软都不好。买回一些钩子,不妨拿几只作破坏性试验:用尖嘴钳夹住钩柄,钩尖刺入木头拉拉看。一拉就断的钢质太脆,一拉就直的钢性太软,都不能用。钓到过大鱼、钩到过草石,如果发现钩子有些变形,就应弃之不用,切勿因小失大,后悔莫及。

挑选鱼钩要遵循材质好、钢火好、做工好的原则。具体是:钩尖锐利,倒刺分明,钩端弯曲角度适宜;钢火坚韧,不软不脆,富有弹性;钩条粗细均匀适中,制作工艺精良,外表要有防护涂层。鱼钩大小的选择取决于钓鱼的种类、个体大小、鱼嘴大小和软硬,宁小勿大是选择鱼钩的基本原则。

4. 绕线轮

绕线轮是钓具登上新台阶的一个重要标志,越来越受到广大钓者的重视。比较有代表性的,有以下几种。

(1)电动式绕线轮。特点是操作灵便,钓力大,有数字显示器。鱼上钩后能自动接通电源,从而驱动绕线轴自动旋转收线。但价格很贵,体积较大,不便携带。

(2)旋压式绕线轮。这是目前应用较为普遍的一种。操作简便，投竿阻力小，收线速度也比较快，物美价廉，但结构比较复杂。

（3）密封式绕线轮。其工作原理同旋压式绕线轮。在绕线盘顶部镶嵌一个轻金属外壳，留有出线孔。特点是不乱线，泥沙不易进入，有利于保护渔线和绕线盘。

（4）盘式绕线轮。形状像圆形马蹄表。优点是坚固耐用，钓力大，重量轻，不会发生与鱼“拔河”现象。但制作粗糙，投竿阻力较大，没有旋压式轮灵活。

（5）袖珍式摇线轮。日本产，为纯娱乐性绕线轮，工作原理同旋压式绕线轮。体积小，重量轻，适宜与手海两用竿匹配钓小鱼。

选择绕线轮时，还可以选择木料或其他材料，自制个人喜欢、适用的绕线轮。通常情况下，是长竿配大轮，短竿配小轮。在选购绕线轮时，应配竿试验，各个部位都要检查到，以免购买残次品。

5. 渔坠

渔坠的作用主要是凭借钓者的投掷力量带动饵钩远投，并将其固定在欲钓水域的某个水深层次。主要品种有海竿坠、手竿坠和抛砣法重坠。

（1）海竿坠。分活坠和死坠。前者中心部为线条状空心，拴线后可自由滑动，多与各式集团钩搭配，钩在前，坠在后。死坠则无空心，尾部有易拴线的金属环，坠在前，钩在后。各式诱鱼器，多属死坠。

（2）手竿坠。全为死坠。根据渔漂浮力配重的坠，多为0.5～2克。有些特殊钓法如戳孔、钓拱、近岸钓鲇鱼等都不使用渔坠。习惯钓法，多用绿豆粒大的铅坠，夹在渔钩上方5～7厘米处，可单钩钓，也可双钩钓。台湾地区，多用立柱形两头带金属环的铅坠。根据渔漂浮力，在两环中间立柱上增减铅皮(用牙膏皮也行)，直至与漂坠搭配适当。

（3）抛砣法重坠。与海竿坠大同小异，只是重量应加大，以便抛砣时能形成较大离心力和惯性力。为此,一般都选用 80 ~ 120 克的重坠。拴坠时,可在坠与主线之间加一个能转动的联接器,这样不仅拆卸方便,而且可使拧扭的渔线自动回复。

6. 渔漂

渔漂是钓者的耳目。不同鱼种咬钩,渔漂就有不同的动态反应,从而为钓者采取相应措施提供了信息。同时,借漂的浮力可探明水深、水底地貌概况,又是选择钓位的助手。其主要品种有直漂、圆漂、蜈蚣漂和荧光漂等。每个人可根据自己视力强弱、渔竿长度、近钓与远钓特点等加以选择。

三、钓鱼基本知识与技巧

(一)判断鱼情

1. 看水纹

水面平如镜,看不到小鱼活动,水下可能无鱼或鱼少或鱼不吃东西。如水波粼粼冰面不时漾起涟漪,有鱼打出水花、游涡或追逐嬉戏,时而跃出水面,表示水下的鱼很多;水面游动嬉戏的小鱼突然受惊,四处逃散,或水面有隐约的波纹,多是大鱼活动觅食所致;如果有鱼群浮在水面嚼水,这是水里缺少氧气,鱼儿不会进食。

2. 看水色

俗话说:水清无大鱼,浑水好藏鱼。水过清多是无鱼或鱼少,在沟河中垂钓,适合垂钓的水色多为淡绿色、淡蓝色或淡青色,如果水草较多则水色比较清淡。池塘中最适宜的水色是淡白色、淡褐色、淡绿色或清中略带点浑(围田、围垦养鱼),色泽越深越难垂钓。水色太浑,鱼看不见食饵,不宜垂钓;水色太清,如果水浅又没有浮萍水草等隐蔽,鱼容易看见人和鱼竿的影子,不敢前来摄饵，极难钓获。

3. 看水泡

水泡是鱼类呼吸、觅食、触动泥土或从鱼嘴里吐出的水泡。水泡是反映鱼类游动的方向、品种、数量、大小、密度高低的重要标志，鱼的种类不同，出现的鱼星也不同。

（1）鲫鱼的鱼星：水泡细小而密集，一次连续两个或多个，大小基本相同，有时一大一小。水泡的大小决定鲫鱼的大小，50 克的鲫鱼鱼星细如绿豆大，500 克的大鲫鱼鱼星有蚕豆般大。

（2）鲤鱼的鱼星：水泡成团，大大小小，一次连续数十个同时向上冒，持续不断向前移动，水泡越多越大，说明鲤鱼也越大。

（3）草鱼的鱼星：水泡比鲫鱼的泡多且大，但又不如鲤鱼的多而成团，一般先冒一两个较大的水泡，尔后陆续冒一些小的水泡。

4. 看水草

看水中有无水草长出，水草多鱼少，食草性鱼少。看水草的痕迹，如果水草头残缺不齐，草茎漂浮，表明食草性鱼类较多。水草的草叶震动，草丛中必有鱼栖聚，是垂钓的理想场所。

5. 试水温

在一天之中，由于太阳的照射，昼夜的温差不一样，使水温发生变化。而水温的变化，是鱼儿是否出来活动觅食的主要原因。鱼儿生长的最佳水温是 15 ~ 30℃，在这个水温范围内，鱼儿活跃，食欲旺盛，贪食易钓。如果水温低于 5℃或高于 30℃，鱼儿就极少觅食活动，不宜垂钓。冬夏两季只要不是骤冷骤热的天气仍可垂钓。

6. 闻水味

垂钓之前，迎风站或蹲在岸边（俗称下风口），闻一闻从水面上吹来的风有无鱼腥味，或用手捧水闻闻有无鱼腥味。鱼腥味越浓，表明鱼群留下的黏液分泌物所形成的泡沫就越多，鱼也就越多；反之则无鱼。

7. 听水声

具有一定垂钓经验的人根据鱼跳跃时伴随的击水声可以判断鱼情和鱼的种类；听鱼儿吃草发出的“嚓嚓”声和大鱼追捕小鱼发出的“扑通”声来判断是否有鱼，有声则有鱼，无声则少鱼或无鱼。

8. 看水鸟

垂钓者来到湖泊、河流，如果见到栖息在水草边的水鸭、白鹭等突然起飞，或看到白鹭在水面的上空盘旋、翱翔，鸬鹚、水鸭在水面戏水，说明此处的鱼儿较活跃，适宜下钩垂钓。

9. 看岸边有无小鱼活动

如果岸边有小杂鱼游动，则也有其他鱼类。小鱼多，其他的鱼儿也多，可以垂钓。

（二）手竿钓鱼的方法与技巧

1. 打窝

选择好钓点后就要下诱饵打窝。一般水面大的，窝子打远些；水面小的，窝子打近些。春天宜打在近岸的浅水区，夏天应打在阴凉的深水区，秋天可打在较远的深水区，冬天则要打在向阳背风的地方。

2. 投饵

一般来讲，投饵多少要看诱饵质量、水面大小和深浅而定，质量好的要少投些，质量差的要多投些。水深水面宽的宜多投，水浅水面小的可少投。诱饵投放要适量，过多则鱼只吃诱饵，咬钩率差，过少则鱼聚集的时间太短。

3. 装饵

钓饵有荤素之分，以蚯蚓为例，正确的装钩方法有二：一是用钩尖从其一端穿入，剩下 0.5 ~ 1 厘米长的部位不穿到，使其能摆动，以引鱼抢食；二是用钩尖从背部中间穿入留头尾不穿，在外摆动，这样更显活蹦乱跳的效果。特别应该注意的是，钩尖都不能外露。

4. 下钩

正确下钩要注意四个字："轻、准、动、避"。轻就是不要有太大的声响，否则不但惊跑鱼群，而且容易使饵脱钩。准就是要把钓钩抛在窝点上，不要偏离。动就是要轻轻抖动钓线，引起鱼儿的注意。避就是要避开小鱼的干扰与抢食。

5. 看钩

鱼的咬钩动作因鱼的种类而异。鲫鱼吞饵一般是头朝上，尾朝下，这时浮子的现象是先下沉一两厘米，然后浮子上送。青鱼、草鱼游动快，吞饵也快，浮子浮沉一两次后就出现"拖漂"现象。黑鱼吞饵凶猛，咬钩拖劲大。

6. 提竿

鱼咬钩后应该及时提竿。提竿有很多技巧，这也是能否钓到鱼的最关键一环。提竿首先应该掌握正确的姿势：一般是竿透出肘后 30 ~ 40 厘米，提竿时，手腕向上一翘，同时肘部往下一压。既要用力，又不能大翘大压。在鱼竿处只需上翘 5 厘米左右，就能使鱼钩钩住鱼嘴内的软肉。提竿要顺着鱼浮拖的方向提或斜向提，不可向后提。提竿时还须注意的问题是：提竿时不能用力过猛，不能死拉硬拽，用手提渔线想强行使鱼上岸。因为这样做，会把鱼嘴拉裂或只钩了个鱼唇上来，或者造成线断、钩断、鱼逃走的后果。

参考文献

[1] 汪可一，王艳红 . 新编体育与健康 [M]. 南京：南京大学出版社，2011.

[2] 易锋，曹红卒 . 大学体育教程 [M]. 苏州：苏州大学出版社，2011.

[3] 李丰祥 . 新编大学体育教程 [M]. 北京：高等教育出版社，2010.

[4] 张先锋 . 田径运动训练理论与实践 [M]. 长春：东北师范大学出版社，2012.

[5] 李鸿江 . 田径 [M].3 版 . 北京：高等教育出版社，2014.

[6] 曹玲 . 球类运动——足球、篮球、排球 [M]. 大连：大连理工大学出版社，2013.

[7] 王崇喜 . 球类运动——足球 [M]. 北京：高等教育出版社，2005.

[8] 何志林 . 足球 [M]. 北京：人民体育出版社，2005.

[9] 黄滨，翁荔 . 篮球运动 [M]. 杭州：浙江大学出版社，2014.

[10] 全国体育院校教材委员会审定 . 排球运动 [M]. 北京：人民体育出版社，2006.

[11] 贾纯良，穆亚楠 . 乒乓球快速入门与实战技术 [M]. 成都：成都时代出版社，2014.

[12] 蔡仲林，周之华 . 武术 [M]. 北京：高等教育出版社，2010.

[13] 张虹，刘智丽，党云辉，黄咏 . 健美操 [M]. 北京：北京师范大学出版，2008.

[14] 马鸿韬 . 健美操运动教程 [M]. 北京：北京体育大学出版社，2010.

[15] 卢兵 . 中华民族传统体育文化导论 [M]. 北京：民族出版社，2005.

[16] 饶远，刘竹 . 中国少数民族体育文化通论 [M]. 北京：人民出版社，2009.

[17] 张选惠 . 民族传统体育概论 [M]. 北京：人民体育出版社，2006

[18] 曲小锋，罗平，白永恒 . 民族传统体育研究 [M]. 北京：中国商务出版社，2007

[19] 方哲红 . 民族传统体育教学与训练 [M]. 北京：北京体育大学出版社，2010

[20] 李相如，凌平，卢锋 . 休闲体育概论 [M]. 北京：高等教育出版社 .2011.

[21] 李泰舞，吴小茂 . 休闲体育理论与实践 [M]. 哈尔滨：哈尔滨地图出版社，2007.

[22] 陈庚仁 ."课程思政" 视域下的高职体育教学研究 [J]. 智库时代，2019, 187（19）：110+112.

[23] 程斌 . 高职院校体育课程实施思政教育路径研究 [J]. 山西青年，2019, 000（020）：P.25-26.

[24] 杨威 . 高校体育教学中德育教育现状及对策 [J]. 西部素质教育，2016, 2（020）：145-145.

[25] 祁俊红 . 德育教育在体育教学中的渗透策略研究 [J]. 当代体育科技，2019, 009（029）：116+118.

[26] 黄东辉 . 高校体育课程中融入思政教育的有效策略研究 [J]. 体育科技文献通报，2020（8）.

[27] 葛乐 . 普通高校公共体育课程与思政教育融合研究 [J]. 休闲，2019（6）.